国家社科基金项目成果（项目编号：17BYY116）

汉语语篇难度级差
与
语篇习得研究

田然　著

北京语言大学出版社
BEIJING LANGUAGE AND CULTURE
UNIVERSITY PRESS

©2024 北京语言大学出版社，社图号 24067

图书在版编目（CIP）数据

汉语语篇难度级差与语篇习得研究 / 田然著. -- 北
京：北京语言大学出版社，2024.5（2025.1 重印）
ISBN 978-7-5619-6091-2

Ⅰ.①汉… Ⅱ.①田… Ⅲ.①汉语—语体—研究
Ⅳ.①H15

中国国家版本馆CIP数据核字（2024）第092903号

汉语语篇难度级差与语篇习得研究
HANYU YUPIAN NANDU JICHA YU YUPIAN XIDE YANJIU

排版制作：华伦图文制作中心
责任印制：邝　天

出版发行：北京语言大学出版社
社　　址：北京市海淀区学院路 15 号，100083
网　　址：www.blcup.com
电子信箱：service@blcup.com
电　　话：编辑部　　8610-82303647 / 3592 / 3395
　　　　　国内发行　8610-82303650 / 3591 / 3648
　　　　　海外发行　8610-82303365 / 3080 / 3668
　　　　　北语书店　8610-82303653
　　　　　网购咨询　8610-82303908
印　　刷：北京富资园科技发展有限公司

版　　次：2024 年 5 月第 1 版　　　印　　次：2025 年 1 月第 2 次印刷
开　　本：710 毫米 ×1000 毫米　1 / 16　　印　　张：15.75
字　　数：248 千字
定　　价：69.00 元

PRINTED IN CHINA
凡有印装质量问题，本社负责调换。售后 QQ 号 1367565611，电话 010-82303590

前　言

汉语是话题凸显型语言［topic-prominent language，Chao（1968），Li & Thompson（1979）］及语篇倾向型语言（Tsao，1979；Chu，1998），这在学界已达成共识。然而我们发现，《汉语水平等级标准与语法等级大纲》是以传统语法单句（复句）研究为基础的，没有跨越单句的有关语篇及其难度级差与参数的内容。也就是说，我们目前并没有一部汉语语篇（text / discourse）难度等级大纲。现阶段语篇难度水平的判定主要是通过词汇手段、语法手段（语法点、单复句运用）以及主观感受（连贯、主旨清晰等）等方式，尚无语篇层面的判定手段。

本书通过基础性实证研究，从汉语本体角度出发，尝试探索语篇难度级差的判定参数，并基于本体研究所得，考察以汉语为第二语言的学习者习得语篇的发展脉络、偏误模式（中介语语篇现象），反过来验证本体语篇研究成果，最终希望为"汉语语篇难度等级大纲"的制定提供重要依据。

研究发现：在叙事语篇中，话题链（topic chain）、小句设置、整句 / 依附零句可以作为评判语篇难度级差的三个显性参数。依托中介语语料库，我们分析了留学生学习汉语时在这三个参数上的语篇表现，发现从初级到中高级水平阶段，三个参数显现出不同的习得趋势。本研究将为对外汉语语篇教学大纲的制定、中文水平考试（HSK）评判标准的确定、中高级汉语教材的编写提供参考依据。

具体章节内容如下：

第一章，介绍选题缘起、价值，对前人语篇研究成果进行系统的梳理，依托功能理论、中介语理论提出本书的研究思路。语料选自北京大学CCL语料库、北京语言大学BCC语料库、北京语言大学HSK动态作文语料库、小学语文课本等。

第二章，汉语语篇本体研究。通过对比儿童语料与成人语料，发现叙事语体语篇中，话题链、小句设置、整句／依附零句三个参数在儿童低难度语篇与成人母语者语篇（相对的高难度语篇）中的表现有差异，可以作为评判语篇难度级差的三个显性参数。

第三章，以第二章本体研究为基础，展开以汉语为第二语言的学习者的习得研究。本章是以话题链为参数的语篇习得研究，我们发现话题链类型丰富度、话题链后小句延续值、话题游移度等均与二语学习者的汉语水平正相关。

第四章，以小句设置为参数的语篇习得研究。我们发现，二语学习者在小句排列、小句设景能力、语法手段形式表现上正在逐渐发展变化。但使用时体标记如"了"的设景能力，即使到了高级汉语水平阶段，依旧很低，应采取应对策略，设置专门训练。

第五章，以整句／依附零句为参数的语篇习得研究。初级阶段，二语学习者大量使用整句，整句凸显。随着汉语水平的提高，依附零句用量开始增多。我们对英语背景学习者的语料进行分析发现：第一，依附零句（在境＋非独立整句）的使用量与汉语水平正相关；第二，在离境零句表达上，汉语水平对离境零句的使用不构成显著影响；第三，与汉语母语者相比，留学生依附零句的使用能力依旧薄弱，这是造成衔接力差异的语篇层面的主要原因。

这里，我们还提出了"语篇合法句""语篇非法句"概念，前者指进入语篇正确但未必符合汉语单句语法的小句，后者指符合汉语单句语法但进入语篇不适用的小句。后一种情况在语篇中有一定的占比，若不能解决，那么二语学习者依据单句语法生成的正确句子进入语篇时出现的偏误便会长久存在。因此，我们迫切需要发现更多篇章语法特征，形成篇章语法及语篇教学大纲。

第六章，对全书研究进行总结，结论框架如图0-1：

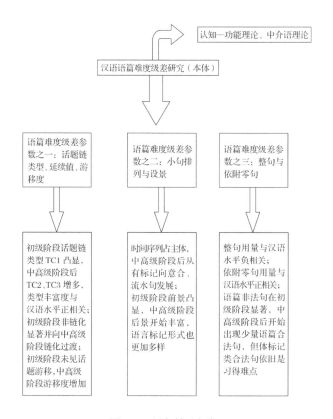

图0-1　研究结论框架

　　然而语篇研究变量很多，还有很多问题需要学界共同探讨、面对。

　　首先是语篇难度级差的参数问题。从语篇中提取参数，进而判断语篇难度等级，应该说困难重重。这不仅是因为缺乏前人的相关研究，更是因为相较于汉字、词汇、句法研究，语篇研究中的变量、不定量太多，组成语篇的单位信息更加复杂，这是由语篇本身的特性决定的。因此，我们目前选取的语篇难度级差参数体现的是一种倾向性，有的是强倾向，有的是弱倾向，并不是严格确定的规则。另外，本书研究语料主要为叙事语篇，新闻语篇如领导人讲话、说明性语篇如菜谱操作等的表现是否与叙事语篇相同，依然需要进一步探索。

　　其次是二语学习者母语背景对语篇习得的影响问题。本书注意到二语学习者母语的语言类型可能会影响汉语语篇习得，发现了一些习得趋势，但限于篇幅与主旨，并没有对话题—主语突出的日韩学生、主语突出的欧美学生做全方位的对比。学习者所处的汉语水平阶段其实是一个自变量x，当自变量发生变化时，某种程度上会影响到因变量y，即y = f(x)，但究竟是怎样影响的，需要依赖大量的数据去进一步分析。

按照不同语言类型，对这些问题展开细致、全面的论述、统计与分析，是后续非常值得做的很大的课题项目，是语言类型学视角下的习得对比研究。尽管做起来相当有挑战性，但值得我们今后去探索、挖掘。

参考文献

Chao, Y. R. (1968). *A Grammar of Spoken Chinese.* Berkeley: University of California Press.

Chu, Chauncey C. (1998). *A Discourse Grammar of Mandarin Chinese.* New York: Peter Lang Publishing.

Li, C. N., & Thompson, S. A. (1979). Third-person pronoun and zero anaphora in Chinese discourse. In T. Givón (Ed.), *Syntax and Semantics* (Vol. 12) (pp. 311-335). New York: Academic Press.

Tsao, F. F. (1979). *A Functional Study of Topic in Chinese: The First Step Towards Discourse Analysis.* Taipei: Student Book Co.

目 录

第一章 绪 论

第一节 研究缘起

1.1.1 汉语是话题凸显型与语篇倾向型语言

从中国的语言研究史来看，文字学、训诂学一直十分发达，"字"和"字义"的研究是学者们的主要工作，语法研究基本归入了训诂学中。随着中西方的文化交流，十九世纪末期马建忠撰写了中国第一部语法著作《马氏文通》，可以说，严格意义的汉语语法研究从这时才开始。汉语语法研究从一开始便深受西方语法研究的影响，既受惠于西方普通语言学，也受到了其制约。

二十世纪二十年代，黎锦熙所著《新著国语文法》也基本是基于西方语法（英语语法）而做的现代汉语语法研究。二十世纪四十年代吕叔湘的《中国文法要略》、王力的《中国现代语法》、高名凯的《汉语语法论》等著作虽然注重挖掘汉语语法特点，但依旧属于传统范式的语法研究。二十世纪五六十年代编著的语法教材也主要是基于前期的传统语法（句法）研究成果（范晓、张豫峰等，2003）。

随着汉语语言学研究的深入，一些学者意识到西方语法对汉语的影响，开始关注汉语的独特性，许多学者"不断呼吁，应该摆脱印欧语的眼光，按汉语的本来面貌描写汉语"（陈平，2018）。

二十世纪六十年代，赵元任（Chao，1968）提出：组成汉语句子的直接成

1

分，不是西方式的"主语"（subject），而是"话题"（topic）。许多学者认可这一提法，并逐渐开始用"话题"概念来阐释汉语特点。Tsao（1979）基于话题进一步展开了对汉语话题链（topic chain）、次话题（secondary topic）的研究，Li & Thompson（1976）论证了话题凸显（topic prominence）等内容。由此，汉语研究展现出了自己的特点，汉语是话题凸显型语言［topic-prominent language，Chao（1968），Li & Thompson（1979）］及语篇倾向型语言（Tsao，1979；Chu，1998），这在学界达成了共识。

因而，将基于单句（复句）的句法研究（句子语言学，sentence linguistics）扩大到语篇层面（语篇语言学，text linguistics），在语言共性研究基础上挖掘汉语独特性，对于探索汉语特点、全面考察汉语面貌有重要的学术价值。这也是我们从语篇层面入手，挖掘汉语语篇难度级差的判定参数进而探索其应用的基点——这是基于语言实态的考量，是本书的第一个研究缘起。

1.1.2 语篇难度等级判定参数的缺失

近年来，由于功能语言学、话语分析的发展与影响，学界更多地注意到了汉语的语篇倾向性特征。然而截至目前，学界是怎样判断汉语（汉字、词汇、语法）难度等级的呢？其标准是怎样的呢？我们不妨做个简单回顾。

在众多前贤的努力下，迄今学界分别制定了《汉语水平词汇与汉字等级大纲》（以下简称《词汇大纲》）、《汉语水平等级标准与语法等级大纲》（以下简称《语法大纲》）。多年来，无论是遍布全球的中文水平考试（HSK）还是对外汉语教材，均以这些大纲为依托来界定考试范围、制定教学大纲、编写教材等，其应用成果十分丰硕，已成为学界纲领性、规范性文件。

《词汇大纲》由国家对外汉语教学领导小组办公室汉语水平考试部编制，几十名专家参与研发，1992年6月由北京语言学院出版社出版（第一版）。1994年起，编者对《词汇大纲》进行了词目、词序、词性等方面的修订。2001年6月《词汇大纲》修订本出版。

《词汇大纲》吸取了当时国内汉语词汇计量研究的最新成果，依据国内影响较大的七个动态性频度统计词典、词表与字表，按照词频进行收录，共收词语8822个，分甲、乙、丙、丁四个等级，难度递增。其中，甲级词1033个，乙级词2018个，丙级词2202个，丁级词3569个。词语按级别和音序做了两种排列，每一词目均包括序号、词语、汉语拼音、词性、等级等。

《词汇大纲》字表部分在研制过程中主要依据国家汉字规范《现代汉语通用字表》，根据需要，有针对性地依据词表部分的用字对字表进行调整，将字表的分级与词汇分级相衔接、相协调，以求在常用字和常用词之间建立一种科学的、有机的联系。

《词汇大纲》收字共分为四个级别。甲级字800个，乙级字804个，丙级字601个，丁级字700个，分别对应四个等级的词汇表，共计2905字。

《词汇大纲》发布后，有研究者根据语言实态、社会发展变化，对其进行了学术探讨。有学者（姜德梧，2004）认为，随着时代变迁，部分词语等级应随之调整。如"电脑、计算机"都在丙级，因为二十世纪九十年代初期，其使用频率低，而现在它们是绝对的高频词语。有学者（周健、李海霞，2008）依照国家语言文字工作委员会2006年发布的《中国语言生活状况报告（2005）》对甲级词进行统计发现，一些词语如"汽水"在现实生活中使用率较低，应该降级，而"压力、游戏"等应该升级为甲级词。也有学者（李红印，2005）认为应新增一个"语汇大纲"，将254个"语"（如：爱面子、按劳分配）从《词汇大纲》中提取出来，放在"语汇大纲"中。同时，可以根据实际语料和对外汉语教学需要，增补各类新"语"。还有学者（张霞、邱野，2012）认为，《词汇大纲》出版以来，关于它的问题主要集中在词语切分、词语分级、词性标注、词语筛选、词缀、词汇量、轻声儿化等方面。

《词汇大纲》用字方面，有学者（王敏、王晓明，2012）通过比对《词汇大纲》和儿童基础教育课本发现，《词汇大纲》中的甲级字与人教社用字前800字、语文社用字前800字有一定的出入，认为基础教育教材用字与大规模语料库中的常用字更为接近，基础性相对更为突出，构词能力也更强，可作为甲级字修订时的选字参考。

《词汇大纲》尽管存在需进一步探讨的问题，但瑕不掩瑜，总体上对中文水平考试和对外汉语教学起到了极大的促进作用。无论是对教学大纲的制定、教材的编写、少数民族汉语教学，还是对语言本体的研究，《词汇大纲》都产生了很大的影响，具有权威主导地位。

《语法大纲》由国家对外汉语教学领导小组办公室汉语水平考试部编写，由众多专家历时数年论证后于1996年出版，是面向对外汉语教学的规范性的水平大纲。其定位是：（1）是对外汉语教学中进行总体设计、教材编写、课堂教学和课程测试的主要依据；（2）是中国国家级中文水平考试命题的主要依据；（3）是中国少数民族汉语教学、中小学语文教学及其他相关标准化语言考试的重要参考。它包含语素、词类、词组、句子、句群五级语法单位，从而使对外汉语教学语法第一次成为一个较为科学、完整的循序递进的系统。

相较于词汇，语法具有更强的稳定性，仅有少量学者对其提出修订质疑，如认为《语法大纲》中的"又、再、也、还"不应视为频率副词，将时间副词"常、常常、老（是）、往往、偶尔"视为频率副词更为妥当。（吴春仙，2001）

尽管有部分修订意见，但应该说，《语法大纲》与《词汇大纲》一样，在学界的权威地位、纲领性文献地位是毋庸置疑的，这些汉字、词汇、语法难度等级大纲和标准的制定、出台，推动着学界，尤其是对外汉语学界的发展。

然而我们可以发现，《语法大纲》是以传统语法单句（复句）研究为蓝本的，包括语素、词类、词组、句子、句群五级语法单位。句群主要是复句关系，如"因为……，所以……""不但……，而且……，甚至……"等，《语法大纲》到句群（复句）戛然而止，跨越单句的有关语篇及其难度级差与参数的内容没有出现。也就是说，我们目前并没有一部"汉语语篇难度等级大纲"。

既然缺失"汉语语篇难度等级大纲"，缺失评判语篇难度的参数标准，那么目前我们是如何判定教材文本（语篇）难度（尤其是中高级水平）、如何判定中文水平考试作文水平、如何判定中介语语篇难度的呢？

语篇难度的判定，现阶段主要是通过单复句内的甲乙丙丁级词汇手段、语法手段（语法点、单复句运用）以及主观感受（连贯、主旨清晰等）等方式。也就是说，依然是《词汇大纲》、基于单复句的《语法大纲》在发挥着判定语篇难度的作用，因为目前学界在语篇难度判定方面，尚处于空白之中。

针对于此，我们通过基础性实证研究，从汉语本体角度出发，尝试探索语篇难度级差的判定参数，并基于本体研究所得，考察以汉语为第二语言的学习者习得语篇的发展脉络、偏误模式（中介语语篇现象），反过来验证本体语篇研究，最终希望为"汉语语篇难度等级大纲"的制定提供重要依据。

这是基于语篇难度级差判定参数及对应大纲缺失的考量，是本书的第二个研究缘起。

1.1.3 中介语语篇现象

中介语语篇即以汉语为第二语言的学习者在成段表达写作时，超越单句层面所产生的具有偏误的语篇。这类语篇的教学是汉语第二语言教学中一个突出的问题，尤其是在二语中高级阶段，单句正确而连缀在一起的篇章问题多多。这种现象十分普遍，严重制约着留学生汉语水平的提高。

不少学者早已注意到这一瓶颈问题。刘月华（1998）曾谈及"在汉语语法教学中，过去一般是教到句子为止，这可能跟过去的语法研究也是到句子为止有关。但从事对外教学的教师在几十年以前就注意到，在汉语教学中，句子并不是语法教学的终点，当时提出，在语法阶段以后，有'短文'、培养'成段表达'能力这一教学环节"，这说明前辈学者也早意识到应将语法教学扩大到语篇层面，中介语语篇问题困扰着一代代教师。前辈遇到的语篇问题今天依旧存在，请看我们搜集到的一些例子：

例1.我是大卫，我今年二十一岁，我是美国人，我是学生，我学习汉语。[①]（初级水平，美国学生课堂作业）

例2.他是我的朋友，他今年25岁，他喜欢足球，他喜欢汉语。（初级水平，韩国学生课堂作业）

例3.她在家里是个贤惠的妻子，她做家务做得好，Φ照顾家人照顾得好，她

---

① 编辑注：为保持中介语语料原貌，本书不对引用示例偏误等进行修改。下同。

真是里里外外一把手。（中级水平，韩国学生课堂作业）

例4. 前天，<u>我的一个中国朋友</u>给我送来了请柬，请我去参加他的婚礼。今天上午，<u>我</u>按照我的朋友给我的地址找到了他家，最先迎接我的是大门上的"囍"字。这个字读什么？还读"喜"吗？<u>我</u>正想着，<u>我的朋友</u>迎了出来，热情地和我握手。（中级水平，日本学生课堂作业）

例5. <u>我们</u>先到太原去了，因为中国朋友住在那里。<u>我们</u>到太原后，马上去找她，但不巧她回老家去了，<u>我们</u>没跟她见面，感到真可惜。于是，<u>我们</u>把一些礼物递给她的朋友，离开太原了。（高级水平，北京语言大学HSK动态作文语料库）

可以看出，初级阶段，学生尤为关注单句的句法完整，名词"我""他"作为话题，出现在每个小句的句首（例1、例2），学生并不清楚后续小句省略话题后而形成的零形回指（zero anaphora，以下简称ZA，在例句中以Φ标识）反而可以增强句间衔接力。

语篇衔接力（force of discourse cohesion）是语篇各小句通过ZA、词汇等方式连缀在一起的力度。通常认为，衔接力越强，语篇越连贯。（张德禄，2001）语篇中某一小句语义越自足，其与后续小句的衔接力便越弱，语篇的连贯性也越弱。这也是初级水平中介语语篇令人感觉松散、孤立的主要原因。

中级阶段，学生尝试使用了一些ZA，使得ZA小句与前面小句更好地连缀在了一起，但追求单句语义自足的现象依旧存在（例3）。例4中，学生较好地组织了话题链，使用了两个高生命度话题来表述——我的朋友、我，两个话题穿插使用，显示了一定的话题控制能力，但指称距离（referential distance）近，依旧存在冗余等问题。小句主要以时间顺序排列，前面小句推动着后面小句的发展。

高级阶段行文更加流畅（例5），词汇上可以自然使用"不巧"等，句法上也在尝试使用"把"字句，然而话题链中的小句在话题使用、ZA等方面依旧存在可以修改完善之处（如第二个"我们"可以使用ZA形式）。从小句排列上看，小句也是按照事件先后顺序排列，层层推进；各小句表现为前景（foreground），缺乏丰富主线的后景（background）。这说明二语学习者即使词汇、语法水平提高了，也并不能完全避免篇章上的问题，做不到有意识地丰富篇章表达。

究其根源，首先是我们语篇本体研究不够充分，正如刘月华所言，这是以往研究基本止步于句子所带来的影响。但值得欣慰的是，学界已经有越来越多的学者关注语篇领域，后面综述部分我们会做细致梳理，在此不展开。其次是语篇成果的应用转化不够充分，教材中少见涉及语篇教学的内容设计。

这里呈现了二语学习者中介语语篇的现状与存在的问题，是基于二语学习者语篇表现的考量，是本书的第三个研究缘起。

1.1.4 语篇教学应用的缺失

从学习者中介语语篇的表现可以看出，话语交际能力、成段表达能力的培养不是靠单纯的字词句训练就能奏效的，需要有特别的语篇训练。尽管诸多学者意识到了语篇缺失所带来的问题的严重性，早在二十世纪便呼吁要重视语篇教学与研究，适时地、尽快地投入语段教学（陈灼，1991；李杨，1993），然而语篇教学至今一直做得很不理想（彭小川，2004）。除了前面所论述的语篇本体研究力量偏弱外，语篇教学应用方面也存在较多问题，主要是：相对于词汇、语法研究来说，已然偏弱的语篇研究成果至今也未能有针对性地反映到对外汉语教材中。

据统计，截至2017年9月，我国出版的对外汉语实体教材有10,000多册／种（若含数字媒体教材则为16,000余册／种，数据来源：中山大学全球汉语教材数据库），主要来自七个出版社：北京语言大学出版社、北京大学出版社、高等教育出版社、华语教学出版社、外语教学与研究出版社、人民教育出版社、商务印书馆。但专门用于语篇训练（不是一些教材中的复句关联词语练习）的教材设计还未曾见到，教材设计中缺乏的语篇练习自然难以进入教师的教学安排中，教师本身的语篇意识也不能得到激发。有些教材在撰写课文时甚至忽略了语篇的衔接连贯，偏离了汉语表达的真实面貌。（彭小川，2004）例如：

例6.<u>我</u>是＿＿＿国留学生。<u>我</u>的名字叫＿＿＿。<u>我</u>是北京语言学院的学生，<u>我</u>学习汉语。［李德津等主编《现代汉语教程·读写课本》，北京语言学院出版社，1989年。例子转引自彭小川（2004）］。

这里，课文撰写并没有遵循汉语的真实语言面貌，而是过分追求单句语义和句法完整，未能给二语学习者展现汉语语篇实态，学习者难以从这里学到语篇衔接、ZA等知识。教材中的问题，究其根源，是语篇研究及教师语篇意识的薄弱、语篇研究成果应用转化的欠缺、语篇总体应用设计的缺失等造成的。这是从教材、教师方面的考量，是本书的第四个研究缘起。

综上所述，如下两方面成为本书研究的出发点。

从本体角度看，汉语为语篇倾向型语言，汉语语篇难度级差判定参数目前处于缺失状态，我们有汉字、词汇、语法等级大纲，却没有语篇大纲。语篇难度级差参数本体研究目前处于空白状态，应成为进一步应用研究的基础。

从应用角度看，语篇本体研究成果尚未转化到语篇教学应用中，教材中普遍缺失语篇教学设计。缺乏语篇教学的直接影响是以汉语为第二语言的学习者的中介语语篇问题多多，成为其汉语水平提升的瓶颈，这一问题急需学界面对与解决。

本书将立足本体语篇研究，探讨语篇难度级差判定参数，在此基础上分析二语学习者习得语篇的发展趋势及其中介语语篇模态，为教材中的语篇训练设计提供参考。我们力求在开拓基础研究的同时，将相关成果转化为应用成果，服务于对外汉语教学。

第二节　相关研究综述

1.2.1 语篇本体研究

论及语篇研究的发端，不能不提及伦敦学派的创始人弗斯（John Rupert Firth）。20世纪40—60年代，弗斯是英国语言学界的中心人物。与美国结构主义学派相反，弗斯特别强调意义在语言研究中的重要性，认为具体语言表述的意义来自言语的上下文，强调语境对言语意义的作用，指出言语活动的环境，包括时间、地点、背景、说话人与听话人的关系等，都会对言语意义产生影响。

弗斯的学生韩礼德（M.A.K. Halliday）是促使伦敦学派鹊起的集大成者，为功能语言学代表性人物，可与形式语言学乔姆斯基（Noam Chomsky）相提并论。

韩礼德不同意索绪尔（Ferdinand de Saussure）等把语言单单看作一套符号的集合的看法。他认为，语言不是所有合乎语法的句子的集合，不能用固定的规则来解释，而是需要用潜在意义来解释。他把语言系统解释成一种可进行语义选择的网络，当有关系统的每个步骤一一实现后，就产生了结构，也就是说，结构是意义选择所带来的。

在语言的"元功能"方面，他提出如下三个概念：

（1）概念（ideational）功能。语言是对存在于主客观世界的过程和事物的反映，是说话人对外部世界和内心世界的经验，这便是"概念功能"。

（2）人际（interpersonal）功能。语言是社会人的有意义的活动，是反映人与人间的关系的，这便是"人际功能"。

（3）语篇（textual）功能。实际使用中的语言的基本单位不是词或句，而是相对来说表达完整思想的语篇，是对话、段落等。概念功能、人际功能最后要由说话人把言语组织成语篇才能实现，这便是"语篇功能"。在语篇功能中，语言和语境发生了联系，说话人在上下文对话中，只能产生与语境相一致的语篇，以此实现交际，传达完整思想。

韩礼德的主要学术著作有*System and Function in Language: Selected Papers*、*An Introduction to Functional Grammar*等。后者出版于1985年，是韩礼德功能语言学理论的重要著作。

除此，韩礼德与哈桑（Ruqaiya Hasan）合著了*Cohesion in English*，把英语的衔接关系分为词汇衔接手段与照应（reference）、省略等语法衔接手段。词汇衔接手段又可划分为词的复现（reiteration）关系和同现（collocation）关系。复现是指某一词以它的原词形式或近义词（synonym）、上义词（hypernym）、下义词（hyponym）、概括词（general word）及其他形式在语篇中重复出现，以达到衔接目的。同现是指词语共同出现的倾向性，即在某一特定主题中，相关词语经常会同时出现。如关于"市内交通"的语篇中，经常会有"公共汽车、地铁"等词语同现。

照应是指用代词等语法手段表示语义关系，从而使单句连缀成篇。韩礼德和哈桑将照应分成三类：①人称照应；②指示照应；③比较照应。还有其他方式如省略、连贯等，不再详细介绍。需要说明的是，本书中英语、汉语语篇衔接连贯研究主要是基于他们的分类模式。

可以说，韩礼德创立的系统功能语言学理论以及该理论的应用，对语言研究、语言教学均产生了重大而深远的影响。

韩礼德与中国、与汉语也有很深的渊源。他早年在北京大学、岭南大学师从罗常培、王力等前辈，因而其语言研究中也多有关于汉语的论述。逝世前，耄耋高龄的韩礼德依旧活跃在学术阵地。2015年5月13日，90岁高龄的韩礼德教授再次来到中国，在中山大学做了题为"Some Experiences of a Teacher of Chinese"的演讲，这是中山大学为纪念其从事汉语教学与研究70周年而举办的活动（同时举行了第14届功能语言学与语篇分析高层论坛）。1945年5月13日，韩礼德教授第一次在英国军队教授汉语课程，其自身汉语学习与教学经历及对于汉语语法、汉语教学的论述同样值得我们去关注。

除韩礼德外，荷兰语言学家范·戴伊克（van Dijk）的博士论文*Some Aspects of Text Grammars*（van Dijk，1972）也非常有影响，之后其又撰写了*Text and Context*（van Dijk，1977）。这两篇重要文献提出了句子语法不能满足回答需求的问题，阐述了话语句子的局部和整体连贯等一系列语义关系，提出了"语篇语法理论"。

发表于1977年的*Text and Context*讨论连贯和衔接等问题，与韩礼德的衔接讨论基本处于同一时期。1985年，戴伊克主编的*Hand Book of Discourse Analysis*正式出版，这可以看作是"话语分析"这一新的跨学科体系形成的标志。

戴伊克认为语篇中不仅仅在连续的句子之间存在局部的或微观的关系，而且在整体和全局上，也由宏观结构决定着语篇的整体连贯和组织。宏观结构分意义的宏观结构和形式的宏观结构两种，后者是管理语篇整体形式或格局的图式结构。正如句子语法解释为什么任意排列的单词不能确定为句子一样，语篇语法解释为什么任意排列的单句不能确定为语篇。戴伊克对句子排序的研究引出了后来对"连贯"等定义的细致深入的讨论。他对"连贯"的定义——如果两个连续排列的命题P1和P2所表示的事实F1和F2在某个可能世界或在某个代表这个可能世界的模型中有关联，如作为条件或原因，那么，它们是连贯的——直至今天依然是一个重要的语义定义。

随着国际交流的深入，在二十世纪八九十年代的中国，系统功能语言研究方兴未艾。相关研究者多为英语作为第二语言的教学科研人员，到今日，我国英语语篇研究已成绩斐然，有多位专家的语篇研究文献被引用超过百次（数据来源：中国知网），成为我国语篇研究界的领军人物。

值得一提的是，其中最有影响的几位学者均为韩礼德的学生，他们继承并拓展了语篇研究，分别是胡壮麟、朱永生和张德禄。

胡壮麟著有《系统功能语法概论》（合著）、《语言系统与功能》、《语篇的衔接与连贯》、《功能主义纵横谈》等，这些著作在学界极有影响。

朱永生著有《系统功能语法概论》（合著）、《英汉语篇衔接手段对比研究》（合著）、《系统功能语言学多维思考》（合著）、《功能语言学导论》（合著）、《语言·语篇·语境》（主编）等著作。

张德禄的著作有《系统功能语法概论》《语篇连贯与衔接理论的发展及应用》《系统功能语言学概论》《功能语言学与外语教学》等，译作有《英语的衔接》等。

这几位学者及另外几位如黄国文、辛斌、苗兴伟、张美芳教授等的研究，主要关注的问题包括主位推进模式、语篇分析的应用、衔接与连贯、指称问题、韩礼德理论的介绍等。这些优秀学者对国外理论的介绍及基于这些理论的研究极大地带动、促进了英语作为第二语言教学的语篇研究。

汉语学界的语篇研究同样受到了国外最新理论的影响。

中国社会科学院语言研究所的廖秋忠先生是国内最早开始大量研究汉语语篇的学者之一。二十世纪八十年代，他在《中国语文》《语言教学与研究》等杂志上发表了篇章方面的系列论文，涉及衔接、连贯、篇章管界、篇章结构等，对汉语篇章做了相对宏观的勾勒，其研究工作在现代汉语篇章研究史上具有开创性意义（后结集为《廖秋忠文集》）。时至今日，廖秋忠的文章依然是后来研究者的重要参考。

中国社会科学院学者陈平（现为澳大利亚昆士兰大学教授）在国内较早开始了指称（ZA）研究（陈平，1987）。他从话语的角度分析了ZA的适用范围、使用条件，并从微观连续性、宏观连续性（话语的线性顺序、话语层次）两个层面，指出了话语结构对ZA的制约作用。该文是目前所见国内最早的一篇汉语指称研究文章，可以说，陈平在这方面开了研究的先河。

近年来，陈平依然在话语分析领域耕耘，如对汉语定指范畴和语法化问题的讨论（陈平，2016）；从古希腊哲学发端，继续追踪语言学的核心概念"指称"问题（陈平，2015）；对话语的结构与意义及话语分析的应用做进一步的梳理（陈平，2017）；等等。

中国社会科学院学者徐赳赳（1990）在限定文体叙述文中，对重要的指称形式"他"做了考察。文章从"他"的线性结构、"他"的层次结构、"他"分布的制约因素等三个方面入手，首次系统地分析了"他"在叙述文中的使用。

徐赳赳是在篇章领域挖掘得较深的一位学者，2010年其将多年研究集成《现代汉语篇章语言学》一书。该书侧重探讨篇章类型、篇章现象、篇章层次结构等内容。

近几年，付晓丽、徐赳赳（2012）关注国际元话语（metadiscourse）研究新进展，介绍其理论、方法、类别、领域等内容。对戴伊克话语理论体系的评介（毛浩然、高丽珍、徐赳赳，2015）一文历时梳理了戴伊克40多年的话语研究成果，首次从话语理论体系建构的高度，系统阐述了戴伊克话语理论中的宏观结构理论及话语与意识形态、话语与语境、话语与权力、话语与社会、话语与知识多学科框架等领域，剖析了戴伊克话语观的主要创新点及其前沿进展，讨论了戴伊克话语理论研究的社会认知视角和批评话语分析方法，并提出了完善戴伊克话语理论体系的三个可能方向，即完善语境观、增强受众意识和关注弱势群体话语反操控。

中国社会科学院学者方梅也在篇章研究方面做了大量工作，在《篇章语法与汉语篇章语法研究》一文中，其对篇章语言学及其分类方向等做了梳理与定位：篇章语言学是以语言运用为导向的研究，关注"交际—社会"因素对言谈过程的制约和对语言产品的影响。关注"交际—社会"因素对言谈过程的制约，形成自身独立的一个门类——会话分析（conversation analysis）；关注"交际—社会"因素对语言产品产生的影响，形成自身独立的一个门类——篇章语法（discourse grammar）。

方梅（2016a）从单音双音角度对指示词语"这、这个、那、那个"做了深入研究，认为在指称功能方面，"这"和"那"的独立指称能力远不及"这个"和"那个"。在指示范畴扩展及篇章功能方面，这两对单音双音词语都存在显著差异。

方梅（2017）是关于负面评价表达的规约化问题的，涉及会话组织、元话语等内容，其认为从规约化程度来看，负面评价构式可以分为词汇构式和语法构式两类。词汇构式具有极有限的可替换性和极低的能产性，俗语化程度高；而语法构式具有一定的可替换性和能产性。负面评价表达的规约化程度与其句法分布和话语分布密切相关。可以看出，话语、互动是其分析的出发点。

2016年，方梅主编了《互动语言学与汉语研究》一书，该书包括多位学者的互动语言研究最新成果，也有对国际顶级期刊《语用学》（*Pragmatics*）2014年第三期专刊——《面向互动语言学的语法研究》（*Approaches to Grammar for Interactional Linguistics*）的专门介绍文章。

这篇对互动语言学进行介绍的最新文章谈到了芬兰学者Helasvuo的《寻求语法型式的动因》（Searching for motivations for grammatical patternings）一文，该文章由于颠覆了一些传统观念而令人耳目一新，在此做扼要介绍。

作者Helasvuo所要探讨的中心问题是芬兰语日常口语中主语隐现的规律和动因。Helasvuo（2014）的研究基于芬兰语日常口语，采用实证研究方法，详细统计了主语隐现的频率，总结了其隐现的典型语境（home environment），并进一步探讨了主语隐现的动因。

Halesvuo（2014）的结论是，在芬兰语口语会话中，无论第一人称还是第二人称，人称代词主语相对于零主语，都占绝对优势。这在一定程度上和以往的观察有所不同。已有研究认为会话中经济原则是起主导作用的，会话中的人称问题亦应遵循此原则。芬兰语中既有人称代词做主语，又有动词人称标记，即为双重标记（double marking）；若只使用动词人称标记，则为单独标记（single marking）。按照经济性原则的预测，在会话中只需使用单独标记。但是，Helasvuo（2014）的统计结果与此预测完全相反。她发现，代词主语省略的典型环境是问题的答语或并列动词结构的后半部分这种"复杂结构"，在这种环境中，受话人可以从紧邻的语境中很容易地识解所指。而其他情况中，双重标记是占绝对优势的。Helasvuo（2014）认为，会话中，所指的识解是更为重要的，因而"接受者设计原则"（recipient design principle）要高于经济性原则；又因为芬兰语口语中，代词主语和动词人称标记在语音上都会弱化，所以双重标记实为增强识解度的有效手段。

可以发现，互动语言学由于其对语言实态、互动的关注，带来了不少新的观点，已经成为国内话语功能分析学者的一个新的关注领域。

2019年5月，方梅的专著《汉语篇章语法研究》出版。作者继续以功能语言学为理论基础，将功能语言学理论与汉语实际结合起来，探讨篇章现象与句法整合现象、特殊句法结构的信息地位和篇章功能、元话语成分篇章功能的浮现、语体差异及其句法表现等问题。这本书中有些是作者已经发表的论文，是前期研究成果的系统化，沿袭篇章功能与句法—语义规律联系起来的思路，关注交际因素对语法结构的塑造，揭示语法规律背后的功能动因，阐释篇章对句法的塑造、篇章与句法的互动等内容。

除了中国社会科学院几位学者的研究外，也有其他高校学者从事篇章研究。郑贵友（2002）从传统篇章学入手进行综述，论及话语中的诸多现象，如岔断、加线式插说等，也涉及词汇衔接等内容。

更多的学者近年来是在语篇、语体环境下探索语法问题，如：从话语分析和言语互动的角度讨论条件句的会话功能（姚双云，2012）；关注连词与口语语篇的互动性（姚双云，2015）；在语篇框架下，从语体视角看"因为、由于"的差异性（赵宗飒、姚双云，2016）；等等。

也有学者从序列事件（sequential event）语篇看"了₁"的隐现规律（朱庆祥，2014），发现序列事件语篇要求完整体小句倾向传达完结有界特征。在该语篇功能的制约下，在序列事件完整体小句中，如果可以出现在"了₁"前的补语出现，小句中倾向于不出现体标记"了₁"，这是优先考虑条件。如果只能位于"了₁"后的补语或宾语出现，小句中倾向于出现体标记"了₁"。

还有学者从叙事语体出发，探索叙事语句中"了"的语篇功能（徐晶凝，2014），认为在叙事语句中，"了₂"用于叙述者对故事主要进展阶段的主观切分，与其他指向成分（时间、空间、人物等）共同设置故事推进的大框架，而故事进展框架中的具体事件则用"了₁"加以叙述，同时，在点题（abstract）和回应（coda）部分通常也使用"了₁"。

这两位学者将汉语学界难以攻克的"了"的问题放在语篇环境下进行分析，得出了有价值的结论。

曹秀玲在语篇、话语方向成果很多（将在本书语篇教学研究部分做介绍），近年来较多关注元话语研究。曹秀玲、王清华（2015）认为，话语行为包括基本话语和元话语两个层面，前者是指那些具有指称和命题信息的话语，后者是指"关于基本话语的话语"，即对命题态度、语篇意义和人际意义进行陈述的话语，基本话语和元话语处于连续统中。汉语中的元话语成分有的是自源的，有的是从其他语言借用的。文章考察了基本话语到元话语成分的历时发展过程，以此管窥基本话语和元话语两个层面的交互作用以及元话语的生成机制。

彭小川也有许多在语篇框架下研究句法问题的论文，如"倒"的研究（彭小川，1999b）、"相反"的研究（彭小川、林奕高，2006）等。

田然（2003，2004b）关注汉语叙事语篇的衔接方式——NP省略问题，从NP省略前后句法位置相同与否入手（以省略句和参考句中NP的句法位置为判断依据），给出了十余种NP省略模式，其中较为突出的是对省略后句法功能发生转换的NP省略的描写。在前期研究基础上，其对1985—2005年这二十年间汉语语篇研究进行了梳理总结。（田然，2005a）随后其开始关注语篇中的句法问题，与前面徐晶凝等学者一样，尝试在语篇框架下，探索句式进入问题。（田然，2013）2016年起，其开始从话题链、设景（grounding）机制、小句排列等方面，关注语篇难度级差问题。（田然，2016，2017a）

美籍华裔语言学家屈承熹（Chauncey C. Chu）多年研究、讲授篇章语法，收获颇丰，其在此基础上结合学界的相关研究成果，于1998年撰写了*A Discourse Grammar of Mandarin Chinese*，由美国Peter Lang出版社出版。2006年该书由潘文国先生等翻译成了中文，即《汉语篇章语法》。

屈承熹的研究始于句法，但后来他逐渐对句法理论的种种局限感到失望，于是转向篇章研究。他认为，许多句法问题的合理解释存在于篇章之中，脱离了篇章去解决这些问题是武断和不可靠的。句子的形式可能受到句子以外因素的影响，汉语尤其如此。在这部著作中，屈承熹主要谈了如下一些问题：体标记的篇章功能、情态副词在篇章中的地位、小句助词和情态、话题化、信息与焦点、前后景结构、语篇回指等。该书中谈及的许多概念与问题如前后景设置、话题链等，对我们很有启发。

综合国内外语篇研究可以看到，汉语学界学者们所关注的大体集中在如下几个方面：指称与衔接连贯问题、话题与话题链、会话分析与互动、语篇框架下的句法研究等。尚没有学者关注语篇难度等级判定等内容，可以说，语篇难度级差依然是学界的空白点，这也是本书研究的缘起。

1.2.2 语篇教学研究

教学研究基本可以分两部分：针对学生的教学研究和针对教材设计的教学研究。其中，前者占比最高。该领域的研究在二十世纪九十年代后相当多，说明学者们日益重视这一领域的问题。较早的有陈灼（1991）、李杨（1993），作者呼吁加强中高级阶段语篇训练。

吴晓露（1994）较早注意到了语段训练这个问题。她认为，语段训练应从如下几个方面入手：语段构思的框架化，即让学生按照一定的思路、模式去演绎语段；组合训练的具体化，即以关联词语、代词呼应等方式训练学生的语段表达。

刘月华（1998）针对的是限定文体的语篇教学。作者首先总结了叙述体的各种连接手段，如时间处所词语、逻辑关系等；之后提出了具体的教学操作方式，如删减连接成分、恢复省略内容让学生删除等。文章预示了不同文体语篇教学特点会有所不同。

曹秀玲（2000）主要对韩国留学生语篇中的指称类型进行了考察。作者参照胡壮麟（1994）的划分方法，分别探讨了36篇作文中语篇指称（"这样 / 那样"等）、时间指称（"这时 / 那时"等）、地点指称（"这里 / 那里"等）、事物指称（这 / 那 + NP）、人称指称（零形式、代词、名词）的使用情况。

曹秀玲、杨素英、黄月圆等（2006）是关于话题及其回指的教学研究。文章通过测试语料和自由作文语料，考察母语为英语、日语和韩语的汉语学习者在各种汉语话题句的合法度判断、话题回指辨认和话题句运用方面表现出来的共性和差异，探讨制约汉语话题句习得的因素。文章发现：

第一，学习者并没有经历一个普遍的话题为主的阶段；

第二，学习者在初期是以SVO的最简结构来分析句子的，因此句子结构影响他们对话题的理解和使用；

第三，母语中的话题突出特点可以正迁移到话题突出的目标语中，但由于学习者的保守性，母语正迁移在习得后期比早期更明显。

田然（1997）用录音的方式总结了中高级阶段留学生口语语段表达的一些偏误问题，认为表达时前后小句句式混乱、语义不连贯、指称滥用等是口语语段表达的突出问题，应该引起教学上的重视。这种实录口语语段的方式使研究本身更贴近真实语料。同时，田然（2005b）基于语篇本体研究，通过对留学生作文的考察，发现对于作为语篇重要衔接手段的NP省略，留学生的习得顺序与中国儿童类似，都是遵循NP省略内部难度级差顺序逐渐掌握的。以此为依据，文章对留学生语篇中的NP省略偏误进行了归类分析，给出了偏误的预测性常模，并提出了按照习得的难易层次进行针对性教学的原则。

田然（2006）在限定话题中，对从中介语语料库中提取的留学生语篇的词汇衔接状况进行了考察，发现了留学生词汇衔接的主要问题，并对今后的对外汉语教材编写提出了一些需要遵循的词汇方面的原则。

关于句法与语篇关系问题，田然（2010）认为：初级阶段句法教学多在单句中进行，进入中级后扩展到成段表达的语篇时，留学生表达中便出现了诸多问题。文章从超单句的语篇的角度对这一现象进行了分析，认为首发小句的语义对后续小句的句法存在制约，话语焦点对句式的生成能力、语言扩展也存在制约。

状中结构、述补结构在单句中对留学生来说很难区分，田然（2012）对此进行了研究。在语篇视角下对状中小句与表程度的述补小句进行分析后发现：状中小句在语义上与后句多为顺接关系，功能上为描述；述补小句在语义上与后句多为因果关系，功能上侧重评价。在二者句式含义相同时，倾向于选用状中句，因为符合信息最大化原则与经济原则。本研究说明单句句法选用受到了语篇的制约，对汉语教学具有参考意义。

汉语中的同义句式在进入语篇时，留学生选择起来也十分困难（如：西瓜让他吃了、他把西瓜吃了、西瓜他吃了）。田然（2017b）对此进行了研究，认为单句视角的静态分析难以很好地解释这些句式在应用时的差异。结构不同的同义句式一定是为了适应不同的语篇功能而存在的。文章以四组同义句式为例，探索了结构自变量带来的功能因变量差异，认为话题功能一致性、焦点凸显功能、平行功能、语体一致性功能是同义句选用的约束条件，具体语篇中存在着一组同义句中的优选句式。

基于对外汉语教学中介语语篇及学界研究现状，田然（2014）探讨了"对外汉语语篇语法"研究框架的主体内容，即中介语语篇中的词语组织偏误问题、语篇视角下的语法点使用问题、语篇视角下的句式使用问题等。文章从学理及应用层面论述了构建"对外汉语语篇语法"研究框架的迫切性及必要性。

彭小川（1999a，2004）多次论及对外汉语语段教学、语篇教学，指出了对外汉语语篇教学存在的问题及其症结所在，强调对外汉语语篇教学是一项系统性工程，必须明确语篇教学涵盖的内容，并从纵横两方面来构建语篇教学的整体教学框架。纵向方面，应强调语篇教学的阶段性，打好基础，层层衔接；横向方面，应强调语篇教学的整体性，分工配合，互相促进。作者针对不同技能教学课，如口语、写作等，均提出了语篇训练的思路。

马文津、施春宏（2016）关注中介语篇章现象。文章借鉴了自然语言信息处理领域的标点句理论和讨论意合机制时关注的"整句—零句"（full sentence-minor sentence）理论的基本理念，将其结合起来探讨汉语中介语"整句—零句"篇章系统的建构阶段及特征。文章从HSK动态作文语料库中选取样本，对整句、零句〔包括在境零句（minor sentence in context）和离境零句（minor sentence independent of context）〕偏误情况进行了分层次、分阶段的考察。

文章发现：在境零句是组织堆栈结构、构建篇章的难点与关键，学习者经历了整句优先、不同性质零句非同步习得并逐步完善这样一个阶段大体分明但又交互递进的过程，篇章表达系统的构建表现为"起步—发展—优化—拓展"四个阶段，这是句法和语用互动作用的结果。该研究为进一步拓展汉语中介语篇章习得研究的领域和方法提供了一个新的考察视角。

这篇文章与以往许多研究留学生语篇偏误的文章不同的是：其跳出了衔接连贯、指称、省略等常见的研究范式，开始以"句子—小句"作为观察、分析对象，并与语言信息处理结合起来，应该说其角度十分新颖，让中介语语篇研究向前迈进了一步。

杨永生、肖奚强（2020）以30万字的韩国学生作文语料为基础，发现：韩国学生语篇回指习得相对容易，时间回指和地点回指次之，人物回指和事物回指习得较为困难；从回指形式看，韩国学生"这/那"及"这/那"复合式习得相对困难，"这时/那时、这里/那里、这样/那样"习得相对容易；从偏误率变化趋势看，中级阶段较初级阶段偏误率下降显著，高级阶段较中级阶段偏误率下降趋缓。该文通过大数据统计，对回指类型、回指形式做了细致的分类和考察，对国别化教学、语言类型学视角的研究都很有参考价值。

语篇教材设计方面的研究论文极少。

我们以"教材＋语篇"及"成段表达＋教材"为关键词，在中国知网中进行检索，只发现两篇论文是直接论述教材中的语篇、语段设计问题的。

一篇是杨翼（2000），文章对教材中的语篇设计进行了较为详尽的讨论。作者针对中高级留学生语篇偏误大量存在这一事实，提出了异于传统教材编写模式的教材结构设计法，主要表现在教材的推进策略、输入方式、题型开拓等方面。传统的教材编写依据"词→词组→单句→复句→语段→语篇"这一顺序，作者主张，在中高级阶段，应突破长期以词、句为中心的观念，从"语篇→语段→复句→单句→词组→词"顺序入手，让学习者从语篇的角度认识语段，从语段的角度认识句子、词组、词，并提出了由"显性连贯"（有形式标记，可以看出语篇连贯的表层轨迹）到"隐性连贯"（无明显形式标记，需要语义意合连接）的实施步骤。

另一篇是陈晨（2005），文章从教材编写实践出发，对如何在语篇理论、第二语言学习理论以及认知语言学理论指导下编写出旨在培养学生的初步成段表达能力的新型对外汉语初级口语教材进行探讨，内容主要涉及教材的编写原则、课文语料的编排和练习的编写几个方面。

田然（2005a）对1985—2005年的语篇研究进行了分析，张迎宝（2011）对对外汉语篇章教学的研究现状与存在的问题进行了综述。两篇文章均指出了目前语篇领域教学研究存在的问题。

从研究视角看，现有研究多是微观的描写分析，研究手段多是对留学生偏误作文进行比对分析；宏观的关于汉语语篇理论研究的文章很少，系统性的文章很少。

从研究内容看，重复性研究多，在检索到的216篇论文中，有98篇是关于指称、衔接连贯研究的。关于教材中语篇设计、语篇学习策略的论文极少。

从二语学习者方面看，现有研究多关注中高级阶段语篇问题，对于初级阶段的少有论述。相对于针对以日语、韩语等为母语的学生的研究来说，以英语为母语的学生的中介语语篇受到了更多的关注。

这说明：尚未有学者系统地关注二语学习者从初级到中高级阶段的语篇习得问题，更没有从语篇难度等级角度入手而做的习得研究。

值得一提的是，我们在中国知网检索最近十年（2009—2019）"语篇教学习得"方向的论文后发现：核心期刊中该领域的论文与前十几年相比，已经非常少见，仅有8篇。说明继之前的"指称衔接"类热点后，语篇习得研究由于缺乏新的研究路径而处于相对停滞阶段，这从我们综述部分引用论文的时间节点上也可见一斑。

这一切告诉我们：汉语语篇研究需要我们探寻的地方还有很多，从语篇难度级差视角入手，应是一条新的路径，尽管道路曲折，但值得我们学人披荆斩棘。

第三节　研究的目标与价值

1.3.1 拓宽语篇的研究视角

鉴于对于指称、照应等，前人研究相对成熟，我们将从尚未有学者涉及的语篇难度级差视角切入进行研究。

一般说来，儿童语篇（小学低年级课文）在阅读解码过程中所需付出的认知处理努力（cognitive processing effort）较少，因而，我们将其视为低难度语篇；而相应的，成人小说、随笔内容纷繁复杂，所以我们将其视为高难度语篇。儿童与成人不同的识解世界能力、不同的认知视角使得其语篇布局组合也有一定的差异，这便是难度级差视角。儿童语篇、成人语篇是我们进行语篇难度级差研究的观察比较对象。

1.3.2 确定语篇难度级差的判定参数

儿童语篇、成人语篇的难易度是显著不同的，这表现在词汇难度等级上，也表现在语法难度等级上（如简单句还是复杂句，一般主动句还是"被"字句，等等）。那么，从语篇层面看，是否也存在判定不同语篇难度等级的参数呢？

初步语料观察显示：儿童语篇和成人语篇的难度级差可以通过几个参数显示出来。在跨越单句的话题链、小句排列倾向、整句零句使用上，儿童语篇和成人语篇存在着明显的差异，可以成为语篇难度级差的判定参数。

1.3.3 扩大语篇习得的研究范围

综述部分已经提及，中介语语篇分析、语篇习得研究方面目前论文极少，其中一个原因是：在指称、衔接连贯等研究热点以后，新的研究热点尚未出现。而本研究由于采取了更多样的视角切入，考察范围也随之扩大，包括如下几部分：

不同难度等级话题链类型的习得研究，本部分结合前人的成果，对话题链类型做了进一步分类；

1. 话题辖域与游移度、话题后评述（comment）小句延续情况的习得研究；

2. 小句排列顺序（时间顺序、空间顺序、逻辑因果顺序等）的习得研究；

3. 语篇前后景设置在不同阶段的习得研究（包括形式表现及对应的功能），本部分将涉及自立小句（independent clause）、依附小句（dependent clause）等内容；

4. 整句、零句等的习得情况研究。

语篇性质会影响句子表达及相邻话对关系，语篇组织会表现出一定的语体倾向性（genre preference）（赵元任，1979；陶红印，1999），口语语体、书面语体（叙事、说明、议论等）在习得上具有不同的难度表现。因此，分析时我们会关注语体差异，限定并说明语体类型，使研究体现出语体的倾向性特征。

1.3.4 勾勒中介语语篇模态

基于难度级差视角，勾勒二语学习者在习得语篇时，从初级到中高级的发展模态、趋势坡度，给出数据图表。结语部分给出基于语篇难度级差的语篇习得情况表，展示中介语语篇的发展变化特征，以汇总研究成果，填补学界在此的空白。

1.3.5 应用价值

第一，教学上的应用价值。留学生在初中高级各阶段的汉语语篇习得情况将为教师课堂教学、口语成段表达训练、作文训练提供切实的参考。

第二，教材编写上的应用价值。留学生到中高级阶段后语篇偏误显著增多，这与教材中语篇练习设计缺失有关。目前尚未有教材使用前景、后景、话题链类型等设计语篇练习，本研究可以应用于教材编写，填补这个方面的空白。

第三，中文水平考试中的评判价值。中文水平考试中作文的评判以往基本依托对词汇难度、句法难度及连贯的主观判定，本研究将提供篇章层面的评判参数及中介语语篇模态，使得标准更为清晰。

第四节　研究中涉及的理论

1.4.1 功能理论

相对于形式主义语言学，功能主义语言学更强调语言的信息传递功能和语言的社会性，认为语言结构依赖语境。归入广义的功能主义语言学的理论各种各样，一般认为有系统功能语法（systemic-functional grammar）、认知语法（cognitive grammar）、篇章语法、功能句法（functional syntax）等。（戴浩一，1990）

功能主义语言学内部流派众多，理论宏大复杂，在此我们只针对与本书有关系的部分进行论述。

从语言学史看，从柏拉图、亚里士多德开始，历来就存在着两大语言学传统：一是以人类学、社会学为本的语言学传统，这种传统重视语言的意义，重视语言与社会文化、语言与语言环境的关系，重视语言的变异性和不规则现象，重视交际能力，以话语的可接受性或用途为理想标准；二是以哲学、逻辑学、心理学为本的语言学传统，这种传统重视语言的形式，重视语言系统内部的规则现象，重视语言能力，以合语法性为理想标准。这两大传统也可分别简单称之为人文主义传统和科学主义传统。在西方语言学史上，大部分时间都是科学主义传统占主导地位，特别是从布龙菲尔德到乔姆斯基的时代。二十世纪中后期功能语言学的出现丰富了形式语言学的研究。

韩礼德的思想与人文主义传统一脉相承，他认为语言学家应该研究人类真正使用的语言，而不是凭空想象的所谓理想的语言。真实语言既包括口语，也包括书面语；既包括符合语法规则的语言现象，也包括不符合语法规则但可以为人们理解和接受的语言现象。语言学家的任务是找出语言使用的倾向或原则，找出语境因素与语义表达之间的关系。

此外，语言学家还应该研究语言的各种变体以及这些变体的特点和彼此在意义上的差异。要解释语言为什么会有这样那样的结构，以及结构的变化除了受语言规则的制约外，还有哪些因素在发挥作用，就要把语言结构和语言环境联系起来。

韩礼德重视语言的语篇功能（胡壮麟、朱永生、张德禄，1989），认为语篇将概念功能和人际功能组织在了一起。实际使用中的语言的基本单位不是词或句这样的语法单位，而是表达相对完整的"语篇"（text / discourse）。概念功能与人际功能最后要由说话人把话语组织成语篇才能实现，这就是语篇功能。语篇功能使语言与语境发生联系，使说话人只能生成与情景相一致和相称的语篇。体现语篇功能的主要是句子的信息结构，一般包含话题（主位）和述题（述位）两部分。此外，语篇功能还包括衔接系统，如词语之间的照应关系和各种关联手段、指称方式等。

韩礼德重视情景与语境，认为一种语言基本上根植于说该语言的民族的文化和社会生活习俗中，不参照这些广泛的语境便难以正确理解语言。韩礼德进而发展了弗斯的"情景上下文"的理论，提出了"语域"（register）的概念。他认为语言的情景由场景、方式和交际者三部分组成，语域是语言使用中由于语言环境的改变而引起的语言变异，场景、方式或交际者的不同都会产生不同的语域。由于场景的不同，可以形成科技语域、非科技语域等；由于方式的不同，可以形成书面语域、口头语域等；由于交际者的不同，可以形成正式语域、非正式语域等。

广义的功能主义语言学的另一个重要分支是认知语言学。与转换生成语言理论不同，认知语言学强调语言能力与认知能力相关。自然语言既是人类认知活动的产物，又是认知活动的工具，自然语言的结构和功能是人类一般认知活动的结果和反映。人的语言能力并不是一种独立的能力，它与人的一般认知能力紧密相关，是人的一般认知能力不可分割的一部分。语言能力跟一般认知能力没有本质上的差别（王寅，2005）。

在形式语言学看来，句法是自足（autonomous）的，是语法和语言的核心，是体现人类语言能力的最重要的方面。认知语言学却认为，句法作为语言结构的一部分不是自足的，句法跟语言的词汇部分、语义部分和语用部分密不可分，它们之间并没有明确的界限。词法到句法到语义再到语用是一个渐变的"连续统"。

认知语言学认为语言范畴大多是典型范畴（prototype-based category）而不是离散范畴，各范畴的边界不是十分清晰。以"鸟"范畴为例，"鸟"包括"生蛋""有喙""有双翼和双腿""有羽毛"等十多种属性，但并不是所有的"鸟"都具有这些属性。

认知语言学研究的主要内容包括象似性、语法化、隐喻等，与本书关系更为密切的是象似性（iconicity）。

结构主义语言学认为语言符号的能指与所指之间的关系是任意的，认知语言学则认为语言符号及其组合不是任意的，而是受到认知的制约，具有象似性。象似性指人类语言的结构与人类所认识到的世界的结构恰好对应。在语言结构中，成分象似和关系象似分别对应于肖像象似和图式象似。成分象似对应于肖像象似，指各种句法成分与各种概念相对应；关系象似对应于图式象似，指句法关系与经验结构的成分之间的关系相对应。就关系象似而言，主要原则有三条：距离象似原则、顺序象似原则、数量象似原则。

距离象似原则指语言单位之间的距离象似于概念之间的距离，即在功能、概念以及认知方面关系越近的概念，在语表上就靠得越近，联系越不紧密的概念就分得越开。比如，"小张不认为他明天以前会离去"比"小张认为他明天以前不会离去"否定程度弱，因为前一句中的否定成分"不"离"会离去"较远。

顺序象似原则指语言单位的顺序象似于实际状态或事件的先后顺序。时间概念是人类认知系统中最根本、最重要的概念之一，语言符号的排列顺序从一定程度上反映了概念的先后顺序，恺撒的名言"veni，vidi，vici"（我来了，我看见了，我征服了）就是这一原则的体现。

数量象似原则指语言单位的数量象似于所表概念的数量和复杂程度。语言单位的数量与所表示概念的数量和复杂程度成正比，即语言倾向于用更多的形式来表达更多、更复杂的概念；语言单位的数量与可预测度成反比，在语言交际中，对于那些量大的信息、说话人觉得重要的信息、听话人较难预测理解的信息、想间接表达的信息，表达它们的句法成分会相应增多，句法结构也会相对复杂。

我国语言学研究历来注重语言的意义，结合意义和文化来研究语言是汉语语言学的传统。正是由于国内语言学的这种学术传统，认知语言学引入中国后，在学界影响巨大，取得了丰硕的研究成果。

戴浩一（1990）通过对形式学派、功能学派的综合研究，并结合汉语的特点，提出了汉语研究的新框架，即认知基础上的功能语法（cognition-based functional grammar），希冀独立于欧洲语言研究框架来解释作为汉语语法基础的那些概念化原则。这并不表示他反对语言的共性，而是说希望通过追求语言（汉语）的特殊性，"从容、谨慎地采取归纳的方法来达到语言的共性"。

戴浩一希望这种研究能够揭示汉语独有的基底的观念原则，包括对时间顺序原则（Principle of Temporal Sequence，以下简称PTS）的扩充、整体与部分的关系、空间词语的比喻用法、凸显原则、"信息中心"原则等。

PTS指两个句法单位的相对语序决定于它们所表示的概念里的状态或事件的时间顺序。戴浩一认为，这条原则抓住了汉语语序最一般的趋势，概括了汉语里时间上相连的两个分句和短语的自然顺序，例如：

例7a. 张三骑自行车走了。

例7b. *张三走了骑自行车。

"骑自行车"是先发生的事件，"走"在其后。

在谈及"顺序"时，戴浩一提出了"自然语序"与"凸显语序"。前者以感知为基础，比如儿童，当儿童开始会描述连续的事件时，他们总是紧紧守住现实中事件发生的实际顺序，先发生的事先说，后发生的事后说。后者则带有说话人的兴趣、焦点等，如"他天天读书，以便能顺利考上大学"，凸显结尾焦点。若表述为"为了考上大学，他天天读书"，凸显的小句便发生了变化。也就是说，语序的不同安排影响着语义及话语功能。

空间表达原则：英语前置词at、on、in是分别代表一个、两个、三个维度的空间关系的抽象符号；汉语则用"在"字指出客体的存在，同时通过"整体—部分"的图式来谈论空间关系。例如"那本书在桌子的上头"，"桌子的上头"表示"整体—部分"关系，跟"我的书"类似。这表明汉语的表述习惯是整体在前、部分在后。汉语母语者的空间感与"整体—部分"相关，因而在语言排列上也有所反映。

关于认知—功能理论部分，在后面行文中会有具体的展开应用，在此不再详述。

1.4.2 中介语理论（interlanguage theory）

美国语言学家Selinker于1969年提出中介语（interlanguage）假说，这是试图探索第二语言学习者在习得过程中的语言系统和习得规律的假说。

所谓中介语是指第二语言学习者建构起来的、介于母语和目的语之间的过渡性语言，它处于不断的发展变化过程中，并逐渐向目的语靠近。Selinker的中介语理论重点强调了第二语言习得中三个方面的问题：什么样的认知过程负责中介语的建构？中介语知识系统的性质如何？为什么多数第二语言学习者不能完全获得目的语的语言能力？

关于中介语的建构，一般认为是这样五个方面：

语言的迁移（language transfer）、训练的迁移（transfer of training）、第二语言学习的策略（strategies of L2 learning）、第二语言交际的策略（strategies of L2 communication）和目的语材料的过度泛化（overgeneralization of the target language linguistic material）。

Selinker认为，学习者形成的中介语知识系统实际上是一系列心理语法构成的，学习者利用这些语法来解释和生成言语。这些心理语法是动态的、易于变化的，随着学习的深入，中介语知识系统会包含越来越复杂的心理语法。

第二语言习得过程中存在着语言石化（fossilization）现象，即某些非目的语的语法、语音等长期存在于中介语中，并且不易改变，这使得多数学习者不能完全获得目的语的语言能力。

中介语理论后来有所发展，主要关注这样几个问题：

中介语具有可渗透性（permeability），即组成中介语的规则并不是固定不变的，它可以受到来自学习者母语和目的语的规则或形式的渗透。（王建勤，2000）一是母语规则向中介语系统的渗透，二是目的语规则的泛化。母语规则的渗透以母语规则的"入侵"为特征，目的语规则的泛化则以目的语规则的扭曲或变形为特征。

中介语具有可变性（variability），即中介语是不断变化的，这种变化不是从一个阶段突然跳到下一阶段，而是不断地借助"假设—检验"手段，缓慢地修改已有的规则以适应目的语新规则的过程。

中介语具有系统性（systematicity），即中介语是相对独立的语言系统，它具有一套独特的语音、语法和词汇规则体系，这是第二语言学习者在习得语言过程中所呈现出来的语言面貌。

针对学习者习得二语过程的研究就是习得研究，二语学习者的语言习得过程历来是学界的研究热点。第二语言习得研究主要经历了四个阶段（孙德坤，1993），即对比分析（contrastive analysis）阶段、错误分析（error analysis）阶段、语言运用分析（performance analysis）阶段和话语分析（discourse analysis）阶段。

将二语学习者母语与目的语进行对比，寻找差异，或对二语学习者的错误进行分析，或从二语学习者目的语运用，由静态到动态，进入到话语分析，是目前中介语分析的普遍的研究范式。

还有一个问题也是学者们所关心的：二语学习者在不断修复自己的中介语系统后，能否完全接近母语者呢？

Selinker认为，由于"石化"现象，只有5%的学习者可以达到与母语使用者相同的心理语法水平，大部分学习者在缓慢向目的语靠近的过程中还会有部分"回退"现象的发生。我们通常的研究所观察到的基本是随着习得的深入，二语学习者在缓慢地靠近目的语。

以上为与本书相关的主要理论。研究中，我们首先从本体入手进行分析，然后在本体语篇研究所得的框架内，针对留学生从初级水平到中高级水平的语篇习得情况，进行偏误分析、语言运用分析、话语分析，考察其中介语的渗透性、可变性以及向目的语不断靠近的过程。

第五节　研究思路、方法与语料情况

1.5.1 研究思路

要想了解"把"字句的习得情况，就要先搞清楚"把"字句的分类与使用情况，语篇习得同理。

基本思路是：首先进行本体语篇难度级差研究，结合国内外优秀学者的相关成果，给出判定语篇难度级差的参数或维度；然后依托本体研究所得，考察留学生在该参数上的习得情况及向目的语过渡的情况，尝试建立中介语语篇模态，勾勒语篇习得趋势。因此，本研究将包括两部分：

第一部分：本体语篇研究，包括汉语语篇难度级差参数设定等的分析。

第二部分：语篇习得研究，即应用本体研究成果，对中介语语篇发展趋势做出分析与勾勒，探索留学生习得过程，从而为汉语作为第二语言的语篇教学提供帮助。

研究框架如图1-1：

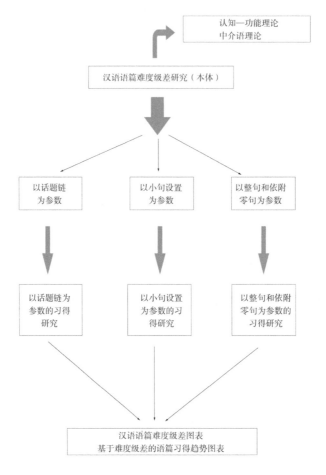

图1-1 研究框架

1.5.2 研究方法

一、理论与应用结合。

本书主要涉及功能理论与中介语理论，研究中将采用夹叙夹议的方式，在分析语料时，适时地应用有关理论，并结合权威学者的最新研究，对本书所涉内容做出针对性分析。

二、描写与分析结合。

行文中先结合所得的语料，描写语言现象，包括本体的语篇状态及中介语语篇现象，然后对相关现象进行分析、归纳。

三、定量统计与定性分析结合。

注重对所选语料的数据统计，在数据基础上做出推断。同时结合归纳与演绎、概括与抽象等方法，由表及里，努力去接近、发现语篇难度级差与语篇习得的倾向性、规律性本质。

四、分类描述与汇总归类结合。

行文中，采取分小类进行讨论分析的方法，然后在章节后以图表的形式进行汇总归纳，使得研究结果清晰明确、一目了然。

1.5.3 语料情况

本书中，汉语本体语篇部分的语料主要来自北京大学CCL语料库（以下简称CCL语料库）、北京语言大学BCC语料库（以下简称BCC语料库）、中国传媒大学媒体语言语料库（以下简称媒体语言语料库）等。儿童语篇的语料来自中国经典语文教材——人民教育出版社的小学生一、二年级《语文》课文，以及小学生作文网和相关儿童读物。根据2022年中华人民共和国教育部制定的《义务教育语文课程标准（2022年版）》，小学生的识字量要求为：1～2年级学生须累计认识常用汉字1600个左右，其中会写800个。由此可以看出儿童识字量、词汇量与成人的差距。由于小学生词汇水平、认知理解能力的制约，小学生阅读的语篇中词汇使用受到限制，在句法、篇章组织方面有低等级特征，与成人语篇表现有所不同。通过对比分析小学生语篇与成人语篇的参数特征，来考察不同难度等级语篇的参数变化情况，是我们选取小学低年级语文课本语料作为分析对象的初衷。

本体语料来自报纸、杂志等媒介，涉及文史哲、科技等多个方面，时间跨度为从五四运动至今，具有通用性与平衡性，因而基于此所得出的结论更具普遍意义。

中介语语料来自北京语言大学HSK动态作文语料库（以下简称HSK动态作文语料库）、暨南大学留学生口语语料库（以下简称留学生口语语料库）、北京语言大学留学生课堂作文作业等。

全部语料来源见表1-1：

表1-1 语料库说明

语料类别	语料来源	语料说明
本体语料	CCL 语料库	现代汉语部分字符数为 581,794,456 个（古代汉语语料库总字符数为 201,668,719 个）
	BCC 语料库	100 亿字符（不包括 30 亿微博语料，因语段不够完整，另有 20 亿古代汉语语料）
	媒体语言语料库	241,316,530 字符
	人民教育出版社《语文》一年级上下册、二年级上下册	约 6,036 字
中介语语料	HSK动态作文语料库	收集了 1992—2005 年部分母语为非汉语的外国人参加高等汉语水平考试（HSK高等）作文考试的答卷语料库。语料库 1.0 版收入语料 10,740 篇，约 400 万字，于 2006 年 12 月下旬上网试运行。经修改补充，语料库 1.1 版语料总数达到 11,569 篇，共计 424 万字
	留学生口语语料库	暨南大学留学生汉语口语语料库的语料来源于在暨南大学华文学院学习汉语的留学生的汉语口语考试，主要指学期考试。该口语语料库所收录的音频在完成文字转写后总计达 35 万字
	北京语言大学留学生课堂作业作文	初级到中高级学生的课堂作业、作文等材料，为直接来自教学一线的语料。作文主要为叙事类语篇，共 87 篇，字数合计约 2 万余字

参考文献

曹逢甫，1995，《主题在汉语中的功能研究》，北京：语文出版社。

曹逢甫，2005，《汉语的句子和子句结构》，北京：北京语言大学出版社。

曹秀玲，2000，韩国留学生汉语语篇指称现象考察，《世界汉语教学》第4期。

曹秀玲、王清华，2015，从基本话语到元话语：以汉语让转义"X然"类词语为例，《中国语文》第 6 期。

曹秀玲、杨素英、黄月圆等，2006，汉语作为第二语言话题句习得研究，《世界汉语教学》第3期。

陈晨，2005，培养初步成段表达能力的新型初级口语教材的编写，《海外华文教育》第1期。

陈平，1987，汉语零形回指的话语分析，《中国语文》第5期。

陈平，2015，语言学的一个核心概念"指称"问题研究，《当代修辞学》第3期。

陈平，2016，汉语定指范畴和语法化问题，《当代修辞学》第4期。

陈平，2017，话的结构与意义及话语分析的应用，《当代修辞学》第2期。

陈平，2018，中国语言学的过去、现在与未来，《语言战略研究》第1期。

陈灼，1991，试论中级汉语课的设计，《中高级对外汉语教学论文选》（国家对外汉语教学领导小组教学业务部编），北京：北京语言学院出版社。

戴浩一，1990，以认知为基础的汉语功能语法刍议（上），叶蜚声，译，《国外语言学》第4期。

戴浩一，1991，以认知为基础的汉语功能语法刍议（下），叶蜚声，译，《国外语言学》第1期。

戴浩一、薛凤生，1994，《功能主义与汉语语法》，北京：北京语言学院出版社。

戴炜栋，2004，《功能语言学导论》，上海：上海外语教育出版社。

范晓、张豫峰等，2003，《语法理论纲要》，上海：上海译文出版社。

方梅，2005，篇章语法与汉语篇章语法研究，《中国社会科学》第6期。

方梅，2016a，单音指示词与双音指示词的功能差异："这"与"这个"、"那"与"那个"，《世界汉语教学》第2期。

方梅，2016b，《互动语言学与汉语研究》（第一辑），北京：世界图书出版公司。

方梅，2017，负面评价表达的规约化，《中国语文》第2期。

方梅，2019，《汉语篇章语法研究》，北京：社会科学文献出版社。

付晓丽、徐赳赳，2012，国际元话语研究新进展，《当代语言学》第3期。

国家对外汉语教学领导小组汉语水平考试部，1992，《汉语水平词汇与汉字等级大纲》，北京：北京语言学院出版社。

国家对外汉语教学领导小组汉语水平考试部，1996，《汉语水平等级标准与语法等级大纲》，北京：高等教育出版社。

国家汉语水平考试委员会办公室考试中心，2001，《汉语水平词汇与汉字等级大纲》（修订本），北京：经济科学出版社。

国家语言资源监测与研究中心，2006，《中国语言生活状况报告（2005）》，北京：商务印书馆。

韩礼德，2007，《英语的衔接》，北京：外语教学与研究出版社。

韩礼德，2008，《功能语法导论》，北京：外语教学与研究出版社。

何立荣，1999，浅析留学生汉语写作中的篇章失误，《汉语学习》第1期。

胡壮麟，1990，《语言系统与功能》，北京：北京大学出版社。

胡壮麟，1994，《语篇的衔接与连贯》，上海：上海外语教育出版社。

胡壮麟，2000，《功能主义纵横谈》，北京：外语教学与研究出版社。

胡壮麟、朱永生、张德禄，1989，《系统功能语法概论》，长沙：湖南教育出版社。

胡壮麟、朱永生、张德禄等，2005，《系统功能语言学概论》，北京：北京大学出版社。

黄国文，1988，《语篇分析概要》，长沙：湖南教育出版社。

姜德梧，2004，关于《汉语水平词汇与汉字等级大纲》的思考，《世界汉语教学》第1期。

李红印，2005，《汉语水平词汇与汉字等级大纲》收"语"分析，《语言文字应用》第4期。

李杨，1993，《中高级对外汉语教学论》，北京：北京大学出版社。

廖秋忠，1992，《廖秋忠文集》，北京：北京语言学院出版社。

刘辰诞，1999，《教学篇章语言学》，上海：上海外语教育出版社。

刘月华，1998，关于叙述体的篇章教学：怎样教学生把句子连成段落，《世界汉语教学》第1期。

马文津、施春宏，2016，基于整句—零句表达系统的汉语中介语篇章现象考察：以日语母语者汉语语篇为例，《世界汉语教学》第4期。

毛浩然、高丽珍、徐起起，2015，van Dijk话语理论体系的建构与完善，《中国外语》第5期。

彭小川，1999a，对外汉语语法课语段教学刍议，《语言文字应用》第3期。

彭小川，1999b，论副词"倒"的语篇功能：兼论对外汉语语篇教学，《北京大学学报》（哲学社会科学版）第5期。

彭小川，2004，关于对外汉语语篇教学的新思考，《汉语学习》第2期。

彭小川、林奕高，2006，充当语篇连接成分的"相反"辨疑，《汉语学习》第4期。

屈承熹，2006，《汉语篇章语法》，北京：北京语言大学出版社。

孙德坤，1993，中介语理论与汉语习得研究，《语言文字应用》第4期。

陶红印，1999，试论语体分类的语法学意义，《当代语言学》第3期。

田然，1997，外国学生在中高级阶段口语语段表达现象分析，《汉语学习》第6期。

田然，1999，从系统功能角度分析语篇探讨语篇教学，《汉语速成教学研究》（第2辑），北京：华语教学出版社。

田然，2001，语篇对留学生句式选择使用的制约简析，《海外华文教育》第3期。

田然，2003，现代汉语叙事语篇中NP的省略，《汉语学习》第6期。

田然，2004a，论词语的组织方式与语篇难度及词语教学的关系，《云南师范大学学报》（对外汉语教学与研究版）第4期。

田然，2004b，叙事语篇中NP省略的语篇条件与难度级差，《语言教学与研究》第2期。

田然，2005a，近二十年汉语语篇研究述评，《汉语学习》第1期。

田然，2005b，留学生语篇中NP省略习得顺序与偏误，《云南师范大学学报》（对外汉语教学与研究版）第1期。

田然，2006，留学生限定话题语篇中词汇衔接状况考察，《云南师范大学学报》（对外汉语教学与研究版）第1期。

田然，2010，语篇对句法的制约探究，《云南师范大学学报》（对外汉语教学与研究版）第4期。

田然，2012，语篇对状中 / 述补结构选用的制约，《云南师范大学学报》（对外汉语教学与研究版）第2期。

田然，2013，《对外汉语教学语篇语法》，北京：北京语言大学出版社。

田然，2014，"对外汉语语篇语法"研究框架的探索，《宁夏大学学报》（人文社会科学版）第1期。

田然，2016，叙事语篇难度级差及其参数关联，《汉语学习》第6期。

田然，2017a，设景机制与语篇难度级差之关联，《语言与翻译》第1期。

田然，2017b，语篇中同义句选用的约束机制，《美国中文教学与研究》2017期。

王洪君、李榕，2014，汉语最小和次小语篇单位的特点和流水句的成因，《互动语言学与汉语研究》（第一辑），北京：世界图书出版公司。

王建勤，2000，历史回眸：早期的中介语理论研究，《语言教学与研究》第2期。

王敏、王晓明，2012，《汉语水平词汇与汉字等级大纲》字表的收字分级考察例析，《河北大学学报》（哲学社会科学版）第4期。

王寅，2005，《认知语言学探索》，重庆：重庆出版社。

吴春仙，2001，《汉语水平等级标准与语法等级大纲》中几个值得讨论的语法问题，《暨南大学华文学院学报》第2期。

吴晓露，1994，论语段表达的系统训练，《世界汉语教学》第1期。

徐晶凝，2014，叙事语句中"了"的语篇功能初探，《汉语学习》第1期。

徐赳赳，1990，叙述文中"他"的论语分析，《中国语文》第5期。

徐赳赳，1995，话语分析二十年，《外语教学与研究》第1期。

徐赳赳，2010，《现代汉语篇章语言学》，北京：商务印书馆。

杨翼，2000，培养成段表达能力的对外汉语教材的结构设计，《汉语学习》第4期。

杨永生、肖奚强，2020，韩国学生"这／那"类指示代词篇章回指习得考察，《汉语学习》第4期。

姚双云，2012，汉语条件句的会话功能，《汉语学习》第3期。

姚双云，2015，连词与口语语篇的互动性，《中国语文》第4期。

张宝林，1998，语段教学的回顾与展望，《语言教学与研究》第2期。

张德禄，2001，衔接力与语篇连贯的程度，《外语与外语教学》第1期。

张德禄、刘汝山，2003，《语篇连贯与衔接理论的发展及应用》，上海：上海外语教育出版社。

张德禄、苗兴伟、李学宁，2005，《功能语言学与外语教学》，北京：外语教学与研究出版社。

张霞、邱野，2012，"汉语水平词汇和汉字等级大纲"研究20年述评，《淮海工学院学报》（人文社会科学版）第11期。

张迎宝，2011，对外汉语篇章教学的研究现状与存在的问题，《汉语学习》第5期。

赵元任，1979，《汉语口语语法》，北京：商务印书馆。

赵宗飒、姚双云，2016，从语体视角看"因为"、"由于"的差异性，《当代修辞学》第1期。

郑贵友，2002，《汉语篇章语言学》，北京：外文出版社。

中华人民共和国教育部，2022，《义务教育语文课程标准（2022年版）》，北京：北京师范大学出版社。

周健、李海霞，2008，对《汉语水平词汇与汉字等级大纲》甲级词的修订意见，《暨南大学华文学院学报》第3期。

朱庆祥，2014，从序列事件语篇看"了₁"的隐现规律，《中国语文》第2期。

朱永生，1993，《语言·语篇·语境》，北京：清华大学出版社。

朱永生，2001，《英汉语篇衔接手段对比研究》，上海：上海外语教育出版社。

朱永生、严世清，2001，《系统功能语言学多维思考》，上海：上海外语教育出版社。

Chao, Y. R. (1968). *A Grammar of Spoken Chinese.* Berkeley: University of California Press.

Chu, Chauncey C. (1998). *A Discourse Grammar of Mandarin Chinese.* New York: Peter Lang Publishing.

Halliday, M.A.K., & C.M.I.M. Matthiessen (2004). *An Introduction to Functional Grammar (3rd edn).* London: Arnold.

Halliday, M.A.K., & Hasan, R. (1976). *Cohesion in English.* London: Longman.

Helasvuo, M. L. (2014). Searching for motivations for grammatical patternings. *Pragmatics. Quarterly Publication of the International Pragmatics Association (IPrA)*, 24(3), 453-476.

Li, C. N., & Thompson, S. A. (1976). Subject and topic: A new typology of language. In C. N. Li (Ed.), *Subject and Topic* (pp. 457-489). New York: Academic Press.

Li, C. N., & Thompson, S. A. (1979). Third-person pronoun and zero anaphora in Chinese discourse. In T. Givón (Ed.), *Syntax and Semantics* (Vol. 12) (pp. 311-335). New York: Academic Press.

Li, C. N., & Thompson, S. A. (1981). *Mandarin Chinese: A Functional Reference Grammar.* Berkeley: University of California Press.

Tsao, F. F. (1979). *A Functional Study of Topic in Chinese: The First Step Towards Discourse Analysis.* Taipei: Student Book Co.

Tsao, F. F. (1990). *Sentence and Clause Structure in Chinese: A Functional Perspective.* Taipei: Student Book Co.

van Dijk, T. A. (1972). *Some Aspects of Text Grammar.* The Hague:Mouton.

van Dijk, T. A. (1977). *Text and Context.* London: Longman.

第二章 汉语语篇难度级差及其参数关联研究

第一节 话题链与语篇难度级差

2.1.1 话题链类型与语篇难度级差

本节我们将以超越句子的话题链为参数，探讨其与语篇难度级差之关联。

2.1.1.1 相关研究与概念

说到话题链，要先提及"话题"〔topic，有学者使用"主题"的译法，如曹逢甫（1995）等〕。一般认为，"话题"这个术语是由Hockett（1958）最先提出的，目的是更好地分析一种句法功能与主语相似的语言现象。当时的国际语言学界，许多研究者从结构主义语言学视角出发，考察话题的结构位置、标记特征、指称特点及语义结构等。Givón（1983）认为，这类研究把话题视为"原子式的、不连续的"实体，当作小句的独立成分，忽视了对话题连续性机制的讨论。

赵元任（Chao，1968）也采用结构主义分析方法，最早将话题概念应用于汉语分析中。他认为汉语语法研究不应禁锢于印欧语法的研究范式，而应以生动的汉语语料为研究对象。在对汉语口语进行细致分析的基础上，赵元任提出了汉语是"话题突出型语言"的说法。尽管其分析主要局限在句子范围之内，且"主语即话题"之说学界有争论（沈家煊，2012），但其引入话题概念研究汉语这一做法依旧是开创性的，引发了新一轮的汉语研究热潮。

由于话题在句子中的位置、功能与主语相近，因而，对于二者的关系，从一开始便有种种争论。二十世纪六十年代到现在，语法界对话题的句法地位以及话题和主语的关系形成了三种主要观点。（石定栩，1998）第一种基本上继承了马建忠的理论，不承认话题的独立句法地位，而是主张句子中可以有多个主语。第二种观点的代表人物是LaPolla。LaPolla（1990，1993）把Li & Thompson（1976）关于汉语是话题凸显型语言的理论推向了极端，认为主语和宾语在汉语发展过程中从来没有达到虚化（grammaticalized）的程度，因而没有任何语法地位。汉语的句子是按信息结构（information structure）组织起来的，与句法结构无关，所以句子中能够找到的成分只有话题和焦点（focus）。第三种观点为大多数人所接受，主张话题和主语都是汉语句子的成分，而且具有不同的句法地位。（Li & Thompson，1976，1981；Tsao，1979，1990；等等）

值得一提的是曹逢甫（1995）的研究。他以汉语为主要研究对象，在《主题在汉语中的功能研究：迈向语段分析的第一步》一书中提出了话题的诸特性：

1. 话题总是占据话题链中第一个句子的句首位置；

2. 话题同句子的其他成分之间可以由"啊（呀）、呢、嘛、吧"这四个语气助词之一隔开；

3. 话题总是定指的；

4. 话题是个话语概念，通常会将其语义范畴扩展到多个句子；

5. 话题控制话题链中同指名词的删除或代词化；

6. 除非话题同时也是句子的主语，不然主题与被动转换、反身代词转换、使令式转换等句法过程无关。

这里，曹逢甫谈到了话题与话题链的关系问题，说明他不认为话题局限在句子之中。在后续研究中，学者们一般也进一步将话题认定为话语层面的概念（石定栩，1998），认为其可以引领后续多个小句。

同一个话题所连缀的、多个小句组合而成的语言链条构成了话题链。复杂的语言现象用新的概念命名时，会带来不同视角的解读。迄今为止，关于话题链有多种定义方式（杨彬，2016），最具代表性的有如下几家：

其一，曹逢甫（1995）率先提出了"主题串"（topic chain，也即"话题链"）的概念，认为"主题则是语段概念，它可以将其覆盖范围扩展到数个句子"，并讨论了主题的联系、引介、串联、对比等语段功能，明确提出汉语是语段取向的语言。曹逢甫的这种界定强调话题链的语篇功能，但并未对话题链的边界做出明确的形式划分，他使用的例子是：

例1.那棵树花小，Φ叶子大，Φ很难看，所以Φ我没买。

其二，Li & Thompson（1981：659）所提出的话题链定义为：由多个语句组成且共享一个话题的语段，且该话题在第二个及之后的语句中以零形式出现。他们的例子是：

例2.Φ下车以后，Φ先到大华饭店，Φ休息一会，Φ吃了午饭，Φ就去开会，Φ散了会，Φ没事了，Φ可以到湖边看看，或者Φ雇一个船划划。

其三，屈承熹（2006）认为，话题链形成的完整过程包括三个阶段：导入、选取、接续。在论述Li & Thompson、陈平、许余龙等关于回指研究成果的基础上，他做出了如下概括："回指与'话题'密切相关，用回指衔接小句的篇章功能主要体现在话题的位置上。ZA（零回指）连接小句，构成'话题链'；PA（代词性回指）和NA（名词性回指）则分别显示篇章中的次要和主要停顿，而这两种停顿正好可以用来作为话题链和'段落'（paragraph）的边界。"（屈承熹，2006：247）随后，他在回顾话题链这一概念发展过程的基础上，给话题链下了定义，认为话题链是一组以显性NP为引导、以ZA形式的话题连接起来的小句。例子如下：

例3.一天，Φ趁他洗澡，我便去检查他的衣服，Φ翻了上衣的每个口袋，Φ又去翻裤子的口袋。

屈先生从形式、语义及功能三个角度考察分析话题链，相对而言更为全面，能使我们对话题链这一语言现象形成更深入的认识。

对于上述学者的定义，有学者（孙坤，2015）认为还有这样那样的不完善，如边界不清等，于是在综合各家说法基础上，进一步将话题链定义为：话题链表现为由共同话题引起一系列评述而构成的语言现象，突出表现为零形式的使用，零形式所指内容并非完全一致，但都共享部分话题，并允许显性共享话题形式出现。按照零形式与话题链的关系，可将话题链分为三种类型：双名词型、同指零形式、非完全同指零形式。

还有学者直接撰文《"话题链"的重新定义》（杨彬，2016），认为：话题链是（叙事性）语篇建构的基本单位，它是一个由具有同指关系的名词性回指（nominal anaphora，以下简称NA）、代词性回指（pronominal anaphora，以下简称PA）和ZA等三种形式的话题引领的单个或多个小句连缀而成的话语链条，其中可能内嵌由意向动词或言说动词纳入的其他非同指话题所引领的子链，意向动词和言说动词在话题链中也可能处于缺省状态，ZA与PA则可能出现于话题链的起始小句之首。

杨彬认为其所提出的定义在话语分析实践中或许能够统摄更多话语现象，在操作上也更方便，而且能够保证分析结果具有更高的结构化程度。

可以看出，关于话题链，直至今日，并没有一个完全为学界各方所接受的统一定义，这或许是语篇分析中变量太多、语篇研究太过复杂的一种折射。

本书在前人研究基础上，考虑到语料涉及儿童语篇、中介语语篇等，将话题链定义为：形式上，话题链是一组以显性NP为引导、以ZA形式的话题连接起来的小句（数量大于等于2个小句）。它们共享部分或全部话题，中间可以有新的NP介入。语义上，该组小句表意完整、连贯，不以句号为边界而以意义连贯来切分。功能上，共享话题、ZA的存在使得该组小句紧密衔接在一起。这样构成的篇章单位为话题链。

综合语料情况，我们将话题链分成三类：单一型话题链（以下简称TC1）、种属型话题链（以下简称TC2）、主次型话题链（以下简称TC3）。下面将分别讨论。

2.1.1.2 话题链类型与语篇难度级差

语料情况：我们从小学一、二年级《语文》课文及小学生作文网和相关儿童读物等儿童语篇，以及北京作家作品（CCL语料库中的老舍小说《骆驼祥子》、王朔小说《玩的就是心跳》）等成人语篇中，分别选取了200个话题链（合计400

个叙述性语段，不包括对话）对话题链这一参数进行差异分析（下一节中小句排列这一参数的差异分析所用语料与此相同）。体裁方面，有学者（陶红印，1999）认为以语体为核心的语法描写应该是今后研究的重点，语言描写同理，因此本研究将主要限定在"叙事语体"框架内进行。

之所以对研究语料做出界定，是因为语篇分析本身变量较多。为了使研究更可控、更科学，我们将在叙事语体内，重点关注、描写叙述性话题链及链中小句在不同难度语篇中的差异表现。非话题链及对话部分不进入语料分析范围。

根据语料情况，我们将话题链分为如下三类。

第一种：TC1。其例句如下：

例4. 祥子想找个地方坐下，Φ把前前后后细想一遍，Φ哪怕想完只能哭一场呢，Φ也好知道哭的是什么；事情变化得太快了，他的脑子已追赶不上。（老舍《骆驼祥子》）

例5. 老者吃完自己的份儿，Φ把杯中的酒喝干，Φ等着小马儿吃净了包子。Φ掏出块破布来，Φ擦了擦嘴，他又向大家点了点头："儿子当兵去了，一去不回头；媳妇——"（老舍《骆驼祥子》）

此类为TC1。例4中话题只有"祥子"一个，是单一NP，未有其他高生命度主体介入，后面连续小句以ZA形式照应前面小句，连缀成篇。指称追踪（referent tracking）后可以找到显性指称"祥子"，从而消解零指称话题，ZA容易识别。例5话题是"老者"，也是高生命度NP，没有其他NP话题插入。

第二种：TC2。其例句如下：

例6. 虎妞刚起来，Φ头发髭髭着，Φ眼泡儿浮肿着些，Φ黑脸上起着一层小白的鸡皮疙瘩，Φ象拔去毛的冻鸡。（老舍《骆驼祥子》）

例7. 这话还没说完，门外的人进来了，Φ也是个拉车的。看样子已有五十多岁，Φ穿着件短不够短，长不够长，莲蓬篓儿似的棉袄，襟上肘上已都露了棉花。Φ脸似乎有许多日子没洗过，看不出肉色，只有两个耳朵冻得通红，红得象要落下来的果子。Φ惨白的头发在一顶破小帽下杂乱的髭髭着；Φ眉上，短须上，都挂着些冰珠。一进来，Φ摸住条板凳便坐下了，Φ扎挣着说了句："沏

42

一壶。"（老舍《骆驼祥子》）

例6的后续小句中存在 "分话题"（subtopic）如"头发""眼泡儿"等NP。链中显性话题高生命度"虎妞"为共指（coreference）话题，管控其他小句，与后续低生命度NP存在着整体—部分关系，为双名词TC2。低生命度NP基本不构成解读干扰。例7同理，高生命度话题"门外的人"为这一段的共指话题，后面的"脸""惨白的头发""眉"等都是其身体的一部分，虽然也是NP，但因为与"门外的人"具有种属关系且都为低生命度NP，同样不构成解读障碍。

第三种：TC3。其例句如下：

例8. 虽然<u>虎妞</u>能替他招待，可是<u>他</u>忽然感到自家的孤独，Φ_1没有老伴儿，Φ_1只有个女儿，而且Φ_2长得象个男子。假若虎妞是个男子，当然Φ_2早已成了家，Φ_2有了小孩，即使自己是个老鳏夫，Φ_1也就不这么孤苦伶仃的了。（老舍《骆驼祥子》）

例9. <u>祥子</u>一点也不知道这个，Φ_1帮助刘家作事，Φ_1为是支走心中的烦恼；晚上Φ_1没话和大家说，因为本来没话可说。<u>他们</u>不知道他的委屈，Φ_2以为他是巴结上了刘四爷，所以Φ_1不屑于和他们交谈。虎妞的照应祥子，在大家心中特别的发着点酸味。（老舍《骆驼祥子》）

例8中除高生命度话题"他"（虎妞父亲刘四爷）外，另杂糅进来"虎妞"，链中既有以Φ_1回指的情况，也有以Φ_2回指的情况，出现了主话题与次话题。二者均具有高生命度，但是全话题链依旧以主话题视角展开，而将刚出现的实体视为最为可及的对象，按照语境进行消解，构成TC3。此时两个NP具有高生命度特征，因而ZA消解难度增大，与先行语的指称距离成为消解要素。

例9中，主话题是"祥子"，后续小句均以此消解ZA，但后来插入了另外的生命体NP"他们"，即跟祥子一起干活儿的其他车夫。因此，后面"以为"小句中的ZA，按照指称距离原则，指称对象应是最近的NP"他们"，而不是始发句中的主话题"祥子"。"祥子—他们"构成了主话题—次话题。

按照上述分类，我们对儿童语篇与成人语篇的话题链类型进行了统计（合计

400个），情况见表2-1：

表2-1　儿童语篇和成人语篇话题链类型对照

话题链类型	儿童语篇占比	成人语篇占比
TC1	98%	82%
TC2	2%	11%
TC3	0	7%

可以看出：

话题链类型方面，成人语篇更为丰富，TC2和TC3合计占比接近20%。儿童语篇中TC1（例10、例11、例12）占比高达98%，处于绝对优势地位：

例10. <u>小蝌蚪</u>游哇游，过了几天，Φ长出了两条前腿。他们看见一只乌龟摆动着四条腿在水里游，Φ连忙追上去，Φ叫着："妈妈，妈妈！"（《小蝌蚪找妈妈》）

例11. <u>小白兔</u>玩累了，Φ就回家休息。屋子里很冷，他往火里加了一些柴，Φ就上床睡觉了。火把旁边的柴堆烧着了。小白兔睡得正香，Φ一点儿也不知道。

例12. <u>松鼠</u>聪明活泼，Φ学会了摘松果吃。他高高兴兴地走进了大森林，Φ摘了一个又一个。每个松果都那么香，那么可口。忽然，松鼠眨眨眼睛，Φ想起来了：如果光摘松果，不栽松树，总有一天，一棵松树也没有了！（《松鼠和松果》）

例10中，NP为"小蝌蚪"，后续几个小句的零指称均可以追踪到开头的显性指称"小蝌蚪"上，单一生命体指称，指称消解难度低，减少了阅读理解障碍；例11中，NP为"小白兔"，后续也没有其他生命体插入干扰解读；例12中，NP指称是句首就出现的"松鼠"，后续没有其他干扰项出现。这几例均为单一指称，且为高生命度话题。

儿童语篇中，TC2只有4例（见例13、例14），分话题NP皆为人体部件（"脸上""额头"），主话题"国王""邓小平爷爷"具有高生命度，语义清晰明确。例13中，"国王"管辖后续"脸上"小句，形成种属关系，ZA易消解，"国王"为主话题；例14相同，"额头"前面也是主话题"邓小平爷爷"。

儿童语篇中TC3未见。

例13. <u>国王</u>从孩子们的面前走过，Φ看着一盆盆鲜花，Φ脸上没有一丝高兴的表情。突然，国王看见了手捧空花盆的雄日。（《手捧空花盆的孩子》）

例14. 在北京天坛公园植树的人群里，83岁高龄的<u>邓小平爷爷</u>格外引人注目。只见他手握铁锹，Φ兴致勃勃地挖着树坑，<u>Φ额头</u>已经满是汗珠，Φ仍不肯休息。（《邓小平爷爷植树》）

成人语篇中TC2数量为儿童语篇中的5.5倍，TC3也有一些；而儿童语篇中这两类话题链极少或者根本没有。因此，我们可以得出如下初步结论：话题链类型在不同难度等级语篇中表现不同，能够标识语篇难度级差。TC1占绝对优势的语篇，其难度等级更低；三种话题链共存且TC2和TC3占一定比例的语篇，其难度等级更高，因其干扰项更多，ZA更难消解。同时，三种话题链共存且交互使用将使得语篇布局更加丰富多样。

2.1.2 评述小句延续与语篇难度级差

话题链典型形式为话题引领ZA评述小句，标识为：$T + C1 + C2 + C3 + \cdots\cdots$。

关于评述小句延续，有学者（钟小勇，2015a）做过相关研究，不过其切入点是话题的存在状态，即哪类话题影响了后续小句的延续值。例如，"一只小麻雀"带修饰成分"小"，是"数量结构$_{修}$"；"一只麻雀"不带修饰成分，是"数量结构$_{修0}$"。统计显示，"数量结构$_{修}$"的持续值（均值是2.1393）显著高于"数量结构$_{修0}$"的持续值（均值是1.3293）。由此可以看出，修饰成分具有凸显名词短语的作用。"数量结构$_{修}$"的持续值显著高于"数量结构$_{修0}$"的持续值，跟生命度、语义指称性、数都有较大关系，但跟句法功能无关。

另外，含多重修饰语的话题，即"数量结构$_{修多}$"的持续值显著高于"数量结构$_{修一}$"的持续值，这跟话题生命度有较大关系，跟语义指称性、数和句法功能有一定关系。

在话题带不带"的"是否影响后续小句的延续方面，作者认为："数量结构$_{修的0}$"（不带"的"的话题）的持续值显著高于"数量结构$_{修的}$"（带"的"的话题）的持续值，这也与生命度等因素有关，表明生命度等因素与持续性存在普遍而密切的关系。

在这篇文章中，话题的生命度对后续小句的持续具有很大的影响，但作者的考察没有将语料分出难度层次。

我们感兴趣的是，在不同难度等级语篇中，评述小句延续情况是否有差异？话题管辖功能、辖域是否相同？

我们将评述小句ZA延续高低标准设置为：当C量值（ZA延续小句数量）大于等于3时，为高延续（以CH标记），见例15、例16；反之则为低延续（以CL标记），见例17、例18。这里例句中的话题均具有高生命度特征。

例15. 这人见人就交朋友，Φ处处占便宜，Φ喝别人的茶，Φ吸别人的烟，Φ借了钱不还，Φ见汽车不躲，Φ是个地方就撒尿，Φ成天际和巡警们要滑头，Φ拉到"区"里去住两三天不算什么。是的，这样的车夫也活着，Φ也快乐，Φ至少是比祥子快乐。（老舍《骆驼祥子》）

例16. 到后半夜，他忍了几个盹儿，Φ迷迷糊糊的，Φ似睡不睡的，Φ象浮在水上那样忽起忽落，Φ心中不安。Φ越睡越冷，Φ听到了四外的鸡叫，他实在撑不住了。Φ不愿惊动老程，他蜷着腿，Φ用被子堵上嘴咳嗽，Φ还不敢起来。Φ忍着，Φ等着，Φ心中非常的焦躁。Φ好容易等到天亮，街上有了大车的轮声与赶车人的呼叱，他坐了起来。（老舍《骆驼祥子》）

例15中，话题为"这人"。后续评述小句ZA延续八个小句，中间始终没有其他NP插入，C量值为8，C = 8 > 3。

例16中，话题是代词"他"，后续评述小句ZA延续六个小句，C = 6 > 3。

例17. 小白兔弯着腰在山坡上割草。天阴沉沉的，小白兔直起身子，Φ伸了伸腰。小燕子从他头上飞过。小白兔大声喊："燕子，燕子，你为什么飞得这么低呀？"（《要下雨了》）

例18. 一只乌鸦口渴了，Φ到处找水喝。乌鸦看见一个瓶子，瓶子里有水。但是，瓶子里水不多，瓶口又小，乌鸦喝不着水。Φ怎么办呢？（《乌鸦喝水》）

例19. 小马背着麦子，Φ很快活地蹚着水，Φ"扑通扑通"地过了河，Φ到磨

坊去了。（《小马过河》）

例17中，话题是"小白兔"，后续评述小句ZA延续了一次，C量值为1，C = 1 < 3。

例18中，话题是"乌鸦"，后续评述小句ZA也延续了一次，然后马上重提NP，C量值为1，C = 1 < 3。也就是说，儿童语篇的ZA评述小句多是低延续的。

语料观察发现，成人语篇CH数量明显多于儿童语篇，共有46个语篇符合CH特征，占比为23%。而儿童语篇中，CL占比为99%，CH只有两例（例14和例19）。即使没有其他NP话题介入，唤起前面主话题时，也多采用NA（例17"小白兔"NP重提）或PA（例10"他们"）形式，与成人多ZA特征不同。CH数量方面，成人语篇与儿童语篇之比是23∶1，成人语篇具有明显优势。也就是说，语料难度分层后，不同难度等级语篇中评述小句ZA延续情况差异较大，与话题修饰语数量多少的关系不显著。

成人语篇评述小句多，ZA分布距离远，象似话题的影响力度，说明话题管辖功能更强，辖域更广。依托ZA而形成的小句环环相接，语篇衔接力同时增强。而儿童语篇ZA在延续一至两个评述小句后，便要重新以NA或PA指称，其ZA与话题分布距离近，说明话题管辖功能弱，辖域小。例17、例18反复重提"小白兔""乌鸦"是为了凸显已知信息，减轻ZA消解压力，以降低认知理解力尚在形成中的儿童识解篇章的难度，于是形成了CL现象。而以NA或PA的形式反复重提，则削减了小句间衔接力，弱化了语篇连贯性，切割了同一话题的辖域空间，儿童语篇低衔接力特征在此显现。因而我们可以得出结论：C量值（含ZA）、话题辖域与语篇难度级差正相关。

通过对儿童语料的观察，我们发现回指可及性序列问题似值得再商榷。

关于篇章回指，Ariel（1990）提出了回指的可及性理论（accessibility theory），认为不同形式的指称词语，即可及性标示语（accessibility marker）可以标示指称对象不同程度的心理可及性，按照可及性从低到高的顺序可概括为：NA < PA < ZA 。ZA为可及性最高的标示语，在心理模型中最易唤起。国内也有学者认为，篇章理解过程中，低可及性词语回指当前不活跃的、可及性较低的实

体。（许余龙，2013）也就是说，低可及性名词经常在篇章中回指不活跃的部分。然而在儿童语篇中，事实真的如此吗？

前面例17、例18中的"小白兔""乌鸦"均为NP重提回指，即使没有其他NP生命体介入，也没有使用可及性稍高的PA或可及性最高的ZA。类似例子极多：

例20. 乌鸦把小石子一颗一颗地放进瓶子里。瓶子里的水渐渐升高，乌鸦就喝着水了。（《乌鸦喝水》）

以NP重提回指的用法在儿童语料中占比非常高，我们选取的200个语篇中，有162个语篇（语段）在2~3个小句内选择以此方式回指。可以说，儿童语篇中NA处于优势地位，ZA、PA处于弱势，与上述回指可及性唤起顺序相逆。我们推测，儿童语篇中NA的优势地位与回指的实体性有关，已知信息反复重提可以降低儿童阅读理解难度，ZA对儿童而言并不是最易理解的可及性符号，NP凸显、ZA慎用且低延续符合其认知心理特点。在此，我们只是对可及性在儿童语篇中的排序是否与相关研究中的相同表示怀疑，尚需另外撰文专门研究。

2.1.3 话题游移度与语篇难度级差

成人语篇中，话题不是只能出现在首发句作为先行语来指称，也可以是跨越数个小句后才出现指称实体NP，显示出了话题的游移性特征。此时，实体NP出现前ZA小句的数量便是话题的"游移度"。

例21. Φ看着院内的空棚，被水月灯照得发青，和撤去围裙的桌子，老头子觉得空寂无聊，仿佛看到自己死了的时候也不过就是这样，不过是把喜棚改作白棚而已，棺材前没有儿孙们穿孝跪灵，只有些不相干的人们打麻将守夜！他真想把现在未走的客人们赶出去。（老舍《骆驼祥子》）

例22. Φ脱得光光的，Φ看着自己的肢体，他觉得非常的羞愧。下到池子里去，热水把全身烫得有些发木，他闭上了眼，身上麻麻酥酥的仿佛往外放射着一些积存的污浊。（老舍《骆驼祥子》）

例23. Φ扛起铺盖，Φ灭了灯，他奔了后院。Φ把铺盖放下，Φ手扒住墙头低声的叫："老程！老程！"老程是王家的车夫。没人答应，祥子下了决心，先

跳过去再说。（老舍《骆驼祥子》）

例21中，"看着"前指称空位，需要跨越小句到后面寻找。在此，话题NP "老头子" 出现前，ZA出现了一次，话题游移度为1。例22中，话题游移度为2，即在连续两个ZA小句后，出现了话题指称 PA "他"。例23中，话题游移度也为2。

这几个例句中，话题都是后位出现，起始部分空位，下指消解空位所指。尽管没有其他生命体NP介入造成解读干扰，但下指消解方式依旧比首发句出现话题后以ZA消解这一方式更具解读难度。

儿童语篇中尚未见到段落首发句空位而需要下指消解的情况，都是在首发句以NP显示或重提当前话题，未出现游移现象，成人语篇与儿童语篇中话题游移用例数量之比为26：0。

例24. <u>小猴子</u>扛着玉米，Φ走到一棵桃树下。他看见满树的桃子又大又红，Φ非常高兴，Φ就扔了玉米去摘桃子。<u>小猴子</u>捧着几个桃子，Φ走到一片瓜地里。他看见满地的西瓜又大又圆，Φ非常高兴，Φ就扔了桃子去摘西瓜。<u>小猴子</u>抱着一个大西瓜往回走。Φ走着走着，Φ看见一只小兔蹦蹦跳跳的，真可爱。他非常高兴，Φ就扔了西瓜去追小兔子。（《小猴子下山》）

这里，每个事件链起始均以NP "小猴子" 作为话题，尽管没有其他NP出现，但依旧重提NP实体，保持"首发句出现NP话题"状态，后续则以ZA或PA方式回指。这是因为，在篇章阅读理解过程中，读者每遇到一个引入新的篇章实体的指称词语，便会在自己大脑里建立一个关于那个实体的心理表征。（许余龙，2003）以后再遇到与那个指称词语同指的回指语，读者便会在大脑里搜索并找出关于那个实体的心理档案，从而进行消解。这种"顺序"链消解难度低于先ZA、后出现话题的"逆序"小句链的消解难度，这也是儿童低难度语篇中话题集中出现在首发句而成人语篇中话题在链中游移的原因。

据此可以推论：儿童语篇中NP话题处于首发句，显性标记话语实体，"顺序"消解，这是其区别于成人语篇可"顺序"消解也可"逆序"消解的显著特征。也可以说，话题在链中的游移区间和自由度标识了语篇的难度。

前面我们都在观察现代汉语语料，这里也可以看一下古代汉语中的话题游移情况（董秀芳，2015），尽管作者的大量例证属于承前省略（例25、例26），但也有部分话题游移的下指情况发生，如例27。结合实例分析后，该文认为，古代汉语中语段话题对与其同指的主语的省略的控制力度比现代汉语同类语篇大。这也告诉我们：话题游移现象在古代汉语中便已存在，并不只是现代汉语中才有。

例25. 颍考叔为颍谷封人，Φ闻之，Φ有献于公。公赐之食。Φ食舍肉。公问之。Φ对曰：……（《左传·隐公元年》）

例26. 秦伯伐晋，Φ济河焚舟，Φ取王官及郊，晋人不出。Φ遂自茅津济，Φ封殽尸而还。Φ遂霸西戎。（《左传·文公三年》）

例27. Φ出于五鹿，Φ乞食于野人，野人与之块。公子怒，Φ欲鞭之。子犯曰："天赐也。"Φ稽首，受而载之。……公子不可。姜与子犯谋，醉而遣之。Φ醒，Φ以戈逐子犯。（《左传·僖公二十三年》）

综合前面话题链的分析与数据，儿童语篇和成人语篇的话题链情况见表2-2：

表2-2 儿童语篇和成人语篇话题链情况

分类	话题链类型	话题链评述小句延续	话题在链中游移区间	结论
儿童语篇	TC1占比高达98%，处于绝对优势地位	CL占比为99%，CH占比为1%	话题主要固定在首发句，未见首发空位	TC1难度等级低；ZA分布距离象似话题的管辖功能与辖域；儿童"顺序"链，ZA消解
成人语篇	TC2和TC3合计占比为18%，TC1占比82%	CH占比为23%，与儿童语篇中CH之比为23∶1	话题除在首发句外，也可以首发空位，游移到后续小句下指消解；成人语篇与儿童语篇中首发空位数之比为26∶0	TC1、TC2、TC3共用型，语篇难度等级高，语言丰富度增加；成人语篇ZA跨越多个小句，因而话题管辖功能更强，辖域更广；成人除"顺序"链外，也有"逆序"链下指消解

第二节　链中小句设置与语篇难度级差

2.2.1 小句排列顺序与语篇难度级差

2.2.1.1 相关研究

关于话题链内小句排列的研究并不多，陈平（2017）谈到过话语内的连贯组织问题：现在做话语分析，无论是把它作为一个认知现象还是社会文化现象来研究，在连贯性判断问题上绝大多数都是用的意义标准。会话隐含理论和关联理论解释了语言活动的当事人如何通过这样的推理过程确认话语成分之间的连贯性——所谓连贯性从根本上来说是语言信息流的重要属性。因此，研究话语连贯性得从语言信息流入手。那么语言信息流有哪些具体的内容呢？

信息流的一个主要方面是该话语单位的主题及其步步展开的过程，这同话语篇章结构密切相关。另外一个主要方面是话语中连续性较强的人和物，这是指称问题的研究对象。信息交流总是涉及两大类成分：首先是人和物，其次是动作和属性。从语言形式表现角度来看，前者主要体现为名词，后者主要体现为动词和形容词。动词和形容词在话语中的连续性表现得不太突出，规律性的东西较少。体现话语中连续性强弱的主要是人和物，这些指称成分在话语组织中的引进和追踪向来是话语分析的重点研究领域。

语言的信息结构是促进信息顺畅传递的主要手段之一，涉及的主要概念有话题—陈述结构、信息焦点、新信息、已知信息、激活状态等等。发话人为自己的语句采用什么样的信息结构、哪些先说、哪些后说、哪些作为主要内容说、哪些作为背景说，与他的发话意图有关，但主要目的是增强语句的连贯性，便于对方更清晰、更容易地理解自己想要表达的意思。

陈平这篇文章主要告诉我们：话语连贯与否是采用意义标准，而非形式标准来确定的。体现信息流中话语连续性强弱的因素主要是指称性的人和物。发话人意图决定了哪些句子排列在前、哪些在后。

孙坤（2015）较为细致地分析了话题链内评述小句的排列组织情况，认为话题链内评述部分组合机制大致可分为三类：认知顺序排列、关联词汇链接和平行结构（骈偶结构）。正是依靠这几类手段，话题链中的评述部分可以紧密结合在一起，与前面的话题一起发挥作用。

认知顺序排列是按照人类认知规律的顺序来安排评述部分的次序，如时间顺序、空间顺序、心理轻重顺序等。时间顺序不仅在句法中很重要，在语篇中也非常重要，话题链内部各成分很多情况下也按时间顺序排列。很多双名词话题链则遵循整体—部分的安排次序，评述部分也多按照由远及近、由外到内、由上到下的认知顺序来安排。不然则需要使用关联词语来表明小句间较为复杂的关系，特别是表转折等的逆向认知关系。使用平行（骈偶）结构是评述部分组织的一种常用手段，能使很长的评述内容有机结合起来，例如使用三个连续的"有 + 修饰语 + 名词短语"等类似结构可以达到很好的连接效果。

何清强、王文斌、吕煜芳（2019）关注汉语语篇内小句之间的关系，但侧重英汉对比、小句总量差别、小句进入篇章的结构差别等内容。

前面各位学者的研究采用的都是成人语篇语料，对我们有一定启发。我们下面要讨论的是：成人语篇和儿童语篇中的小句排列情况是否相同？小句排列与语篇难度等级是什么样的关系？

2.2.1.2 成人语篇和儿童语篇中的小句排列顺序

语言表达是客观现实与主观认识的统一，其形式的选用受制于主观意象。同一个客观场景有可能映射为不同的意象（image），并通过不同语言形式反映出来。（任鹰、于康，2007）小句排列组合方式也能映射出客观世界在儿童与成人的表征中的差异，从而使其成为探索难度等级的另一维度。

人类在表述完整事件时，主要以认知顺序来安排小句序列，认知顺序包括时间线性顺序、空间顺序、逻辑因果顺序等。（戴浩一，1990，1991）成人语篇中小句排列情况多样，有时间线性排列，如例28、例29：

例28. 我刚喝了一大口冰镇啤酒，Φ哇地一下从口鼻中喷出来，Φ一脸酒沫儿，Φ放下酒杯连连咳嗽着忙用餐巾纸擦揩鼻子。（王朔《过把瘾就死》）

例29. Φ听到老车夫说肚子里空，他猛的跑出去，Φ飞也似又跑回来，Φ手里用块白菜叶儿托着十个羊肉馅的包子。Φ一直送到老者的眼前，Φ说了声：吃吧！然后，坐在原位，低下头去，仿佛非常疲倦。（老舍《骆驼祥子》）

例28以动作先后顺序排列，先是"喝酒"，然后是"喷出来"，后面是"放下酒杯"，几个小句一气呵成。例29也是以祥子一连串动作的先后顺序排列的。

除了时间线性排列外，也有空间排列：

例30. Φ₁快到新华门那一带，路本来极宽，加上薄雪，更教人眼宽神爽，而且一切都仿佛更严肃了些。"长安牌楼"，新华门的门楼，南海的红墙，都戴上了素冠，配着朱柱红墙，Φ₂静静的在灯光下展示着故都的尊严。（老舍《骆驼祥子》）

例31. 屋里，摆着虎妞原有的桌椅与床；火炉与菜案却是新的；屋角里插着把五色鸡毛的掸子。他认识那些桌椅，可是对火炉，菜案，与鸡毛掸子，Φ又觉得生疏。新旧的器物合在一处，使他想起过去，又担心将来。（老舍《骆驼祥子》）

空间排列时，例30中新华门门楼、红墙、朱柱的介绍没有明显从上到下、从里到外的空间特征，比较随意；例31是按照由旧到新，而不是明显的方位顺序来介绍摆设的，这与祥子跟虎妞结婚后的心境有密切关系。这种排列方式与儿童语篇中的空间排列不同（见例36），显示了成人的空间组织与解构能力。另外，还有因果逻辑排列等：

例32. 没方法处置她，他转过来恨自己，Φ₁很想脆脆的抽自己几个嘴巴子。可是，说真的，自己并没有什么过错。一切都是她布置好的，Φ₂单等他来上套儿。毛病似乎是在他太老实，老实就必定吃亏，没有情理可讲！（老舍《骆驼祥子》）

例33. 他知道娶来一位母夜叉，可是这个夜叉会做饭，Φ会收拾屋子，Φ会骂他也会帮助他，Φ教他怎样也不是味儿！（老舍《骆驼祥子》）

例32是祥子上了虎妞的套儿，一起过上了日子，却极不情愿，祥子归因为自己"太老实"，所以"吃亏"，小句间存在潜在的由结果逆向溯因的逻辑过程，而这类不使用关联词语显性标记的因果倒置型隐性逻辑排序方式在儿童语篇中未见。例33中，虎妞一方面是"母夜叉"，另一方面又是个能干的主妇，所以让祥子不是滋味。这里最后表结果的小句没有添加标记语"所以"，但成人可以根据连贯的语义推出后面小句的结果含义。

相比之下，儿童语篇的显性特征是以时间顺序排列为最主要的排列方式，且话题具有高生命度，呈动态性。

例34. 小马背着麦子，Φ很快活地蹚着水，Φ"扑通扑通"地过了河，Φ到磨坊去了。（《小马过河》）

例35. 小蝌蚪游哇游，过了几天，Φ长出了两条前腿。他们看见一只乌龟摆动着四条腿在水里游，Φ连忙追上去，Φ叫着："妈妈，妈妈！"（《小蝌蚪找妈妈》）

例34是以小马的动作顺序来编排小句，先蹚水，然后过河，过河后去磨坊。例35也是，小蝌蚪先长出了两条前腿，看见了乌龟有四条腿，马上追上去，对乌龟叫"妈妈"。这两例中，小句排列具有极强的时间性，完全遵循事件发生先后来排序。

对200个儿童语篇和200个成人语篇话题链的统计显示：以时间顺序排列的儿童语篇占比高达92%，而以此顺序排列的成人语篇占比只有44%。以空间顺序排列的儿童语篇极少，占比为2%，且按照由大到小的顺序显示NP，存现句位移顺序清晰（参见例36、例37），叙事者视角随NP推进（例36的推进是"假山—假山—水缸—缸里"，例37的推进是"村庄—村庄—瓜果园—瓜果"）。以其他逻辑排列的儿童语篇占比为6%，如例38为因果型直接顺承，未见成人语篇中如例32那种需要更高认知分析能力的因果倒置型排列方式。

例36. 花园里有假山，假山下面有一口大水缸，缸里装满了水。（《司马光》）

例37. 离小白兔家不远有个村庄，村庄后面有一个瓜果园，瓜果长得特别好。

例38. 爸爸告诉小明，我国的火车不断提速。现在从北京到上海，可以夕发朝至。（《火车的故事》）

从小句序列关系角度看，时间序列凸显且话题生命度高是儿童语篇区别于成人语篇的显著特征，而时间顺序同空间、逻辑因果、心理轻重顺序等多种排列方式杂糅在一起是成人语篇的突出特点。

2.2.2 小句设景方式与语篇难度级差

2.2.2.1 设景机制的相关研究

叙事语篇中，直接描述事件进展、构成主线的信息属于前景信息；围绕事件主干进行评价、铺排，如场景介绍等为背景信息。（Hopper，1979）Hopper & Thompson（1980）将信息属性与小句的句法特征和及物性（transitivity）联系起来，指出前景信息所在小句往往具有一系列高及物性特征，背景信息所在小句则常常具有一系列低及物性特征。在小句层面上，自立小句常用于表现前景核心信息，依附小句常用于表现背景信息。

屈承熹（2006）以汉语为对象，专门探讨了前后景特征并根据Hopper & Thompson（1980）对语篇前景要素（动作性、完成性、时点性）的研究，将汉语中的体标记按照前后景标记能力高低排成了"了—起来—过—在—着"这一序列。其中，"了"的前景标记能力最强，"着"更多地充当后景标记。

沈家煊在纪念赵元任先生诞辰一百二十周年所作的《"零句"和"流水句"》（沈家煊，2012）一文中，认为汉语大量用并置的流水句来表达从属关系（例如：那位女同志，昨天来过了，怎么又来了？其中，"昨天来过了"以流水句形式后置，而没有以"昨天来过的那位女同志"这种形式出现），也就是说，背景化的从句在汉语中多以流水句去体现，这也是汉语中存在大量流水句的一个释因。作者认为，从流水句着眼，一些过去难以解决的问题也许可以得到解决。例如按照当前语言类型学的观点，凡是SVO语序的语言，关系从句一律位于它所修饰的中心名词之后，唯有汉语是例外（吴福祥，2012），这个问题实在令人费解。沈家煊认为有了流水句的观念，这个问题便很容易解释了。作者在此主要是立足于流水句来谈背景从句，认为流水句改变了背景句的排列。

方梅（2008）从背景化角度探讨了主语零形反指和描写性关系从句（descriptive relative clause），认为这两种句法形式是书面语中由背景化需求驱动的句法降级。零主语、依附性，以及非内嵌、后句/末句含有完句成分是汉语反指零形主语小句的总体特征。也可以说，句法降级有一种手段是以强制性要求主语零形反指为特征的，这种强制性可以理解为对缺少形态标记的补偿手段。小句采用零形主语反指是将小句间的关系从等立关系转为主次关系的手段，通过综合运用语序和连贯手段对背景信息进行包装，取得功能与句法形式的协调。

关于描写性从句，作者认为：无论表现行为主体的恒常特征还是某一时刻的动态特征，描写性从句都是叙述主线之外的附加信息，不参与行为主体在所述事件中的动态过程，是背景信息。正是这种充当背景信息的属性，决定了这类关系小句虽然是增加新信息的，但是也只能用从属句的形式来表现。

胡建锋（2015）的研究发现："知道吗"语义指向的小句排斥充当前景信息可能性小的体标记，却可以出现具有凸显功能的焦点标记。另外，"知道吗"还有前景化功能，即通过凸显某一已知信息，以提高其信息值，使其成为前景信息，起到"标记"前景的作用。

李晋霞（2021）发现，叙事语篇流水句中，若小句处于背景地位，那么其会对流水句的断连有影响，这一点突出表现在叙事语篇的环境小句上。断连差异主要与背景小句的"背景度"有关：背景小句的背景度越高，对后续流水句的前景依附性越强，背景小句与前景小句之间越倾向于出现非完结性停顿；相反，背景小句越独立，越不依附于后续前景，则背景小句与前景小句之间越倾向于出现完结性停顿。在这里，如何设景影响到了流水句的断连，影响到了语篇中小句的排列组织。

通过前面的综述可以发现，设景机制影响到了语篇中的句法构成、小句排列及语篇组织。下面我们将以此为视角，探索设景与语篇难度级差的关联，主要涉及如下问题：

第一，儿童语篇与成人语篇在前后景设置方面有无差异？

第二，在儿童语篇与成人语篇中，前后景设置是通过怎样的句法形式、手段体现的？有没有差异？

第三，这些句法形式、手段在设景中发挥了怎样的功能？在成人语篇和儿童语篇中是否存在功能上的差异？

我们试图通过对上述问题进行分析，探寻设景与语篇难度级差的关联度。如果存在关联，那么可以推导出：前后景机制是判定语篇难度级差的一个参数。

语料方面：儿童语篇依然来自小学一、二年级《语文》课文以及小学生作文网和相关儿童读物，与话题链研究所用语料相同；成人语篇来自CCL语料库中老舍、刘震云、王朔等的小说，与前面话题链所用语料不同的是，截取的小说章节有一定差异，并增加了刘震云的小说内容。截取时为等量截取，各200个叙事段落，合计400个，字数为23,679个。鉴于句号与语篇单位的复杂对应性（王洪君，2014），截取时我们更关注语篇表意的完整性。

2.2.2.2　设景表现与语篇难度级差

前面谈到，前景材料推动叙述进行，处于事件线索当中，倾向于以时间为序排列，使用非静态动词，用完成体表示；后景材料通常并不推动叙述进行，也不处于事件线索当中，不必按时序排列，可以使用状态动词，并且常用未完成体表示。（屈承熹，2006）不同的设景方式是推动事件链进程还是介绍场景、评价铺排，构成了不同的语篇表现。例如：

例39. 小壁虎爬呀爬，Φ爬到小河边。他看见小鱼在河里摇着尾巴游来游去。小壁虎说："小鱼姐姐，您的尾巴借给我行吗？"小鱼说："不行啊，我要用尾巴拨水呢。"小壁虎告别了小鱼，Φ又向前爬去。（《小壁虎借尾巴》）

例40. 小蝌蚪游哇游，过了几天，Φ长出了两条后腿。他们看见鲤鱼妈妈在教小鲤鱼捕食，Φ就迎上去，问："鲤鱼阿姨，我们的妈妈在哪里？"鲤鱼妈妈说："你们的妈妈有四条腿，宽嘴巴。你们到那边去找吧！"（《小蝌蚪找妈妈》）

例39中，小壁虎爬后"看见"小鱼，"说"要"借"它的尾巴。因为小鱼的尾巴要拨水，小壁虎继续爬去"借"别人的尾巴。可以发现：在此，小句按照事件时间顺序线性排列，几乎每个小句都在推动叙事链进程，表现为前景。例40同理，每个小句都处于事件链进程，如"长出了两条后腿""看见鲤鱼"等，小句具有高及物性。再来看成人语篇：

例41. 糖水刚放在老车夫的嘴边上，他哼哼了两声。还闭着眼，抬起右手——手黑得发亮，象漆过了似的——用手背抹了下儿嘴。（老舍《骆驼祥子》）

例42. 汽车来了，祥子愣头磕脑的坐进去。<u>雪不大不小的落着，车外边的东</u><u>西看不大真</u>，他直挺着腰板坐着，头几乎顶住车棚。他要思索一番，可是眼睛只顾看车前的红箭头，红得那么鲜灵可爱。<u>驶车的面前的那把小刷子，自动的左右</u><u>摆着，刷去玻璃上的哈气，也颇有趣。</u>刚似乎把这看腻了，车已到了家门，心中怪不得劲的下了车。（老舍《骆驼祥子》）

成人语篇中例41、例42的表现却很不同。在描述车夫动态时，作者插入了"手黑得发亮，象漆过了似的"，这一结构为铺排性的后景介绍，具有极强的描摹性，与整个事件链不构成直接关系，后面又用动作动词"抹"返回到前景主链中。例42的前景为"祥子坐车—到家"，而"雪不大不小的落着"等为描摹性信息，用于烘托情境，构成后景，而且其中出现了后景标记"着"。

不同的设景对比让我们觉得十分有趣，进而会追问：这是否具有普遍性呢？

由此，我们对400个叙事性语段做了统计，观察前后景在不同难度等级语篇中的凸显情况，结果见表2-3：

表2-3　儿童语篇和成人语篇中前后景统计

分类	前景凸显语篇占比	后景凸显语篇占比
儿童语篇	91%	9%
成人语篇	46%	54%

统计发现：儿童语篇内部，前景凸显语篇占绝对优势，占比显著高于含后景的语篇，其比值有10倍之差，说明低难度儿童语篇的显著特征是前景凸显。后景设置的比较也给我们带来了有趣的发现：成人语篇后景设置远多于儿童语篇，为其6倍，高难度语篇表现出了强烈的倾向性特征——后景凸显。

由此可初步推导出：不同难度等级语篇的设景机制不同，高难度语篇后景凸显，低难度语篇前景凸显。

分析与阐释：言者与客观世界之间形成的特定关系以及由此建立的特定的认知模式会带来对事件不同的识解效应，进而带来语言表述形式的变化，类似于"概念结构和语言结构之间的'象似性'"（沈家煊，2011：189）。也就是说，认知视角、识解方式的变化投射到篇章中，会带来对应的变化。儿童语篇和成人语篇组织的难度差异象似儿童和成人认知能力的差异，因此，成人语篇中会存在复杂的后景穿插。

另外，基于儿童的认知理解能力，叙述简单故事、助其阅读识字为行文要义，因而常以高生命度NP话题引领故事前景主线。后景会对儿童解读前景信息造成干扰，增加理解难度，所以儿童语篇后景弱化，前景凸显。

成人语篇中存在大量的后景信息，多为场景描述、铺排、气氛烘托、言者评价等，这使得叙事进程更加复杂、信息更加丰富、句子结构更加多样，也使得语篇呈现出多维度的立体性、复杂性、可读性。将单一维度儿童语篇与多维度成人语篇相比，便会发现前者存在小句结构简单及链进程过快等问题，这也是低难度语篇单调枯燥在语篇层面的释因。

2.2.2.3 语篇设景形式

前面谈到，Hopper & Thompson（1980）认为前后景设置不仅与小句在篇章中的主次地位有关，同时也对应一系列句法语义表现，小句可基本分为自立小句和依附小句。前者用于表现前景核心信息，具有强事件性倾向；后者要依附自立句解读，倾向于表现背景信息，多具有弱事件性。

成人语篇特征是后景凸显，依附小句在句法上有多种表现方式：

第一，零形主语反指。

例43. Φ进屋，Φ把笤帚放在原处，他想往起收拾铺盖。老程醒了，打了个哈欠。（老舍《骆驼祥子》）

例44. Φ想了想，祥子不好意思不都告诉给老程了。结结巴巴的，他把昨夜晚的事说了一遍，虽然很费力，可是说得不算不完全。（老舍《骆驼祥子》）

例43为零形主语反指，缺省的主语需要到后面小句找回，缺省主语的小句具有一定的依附性。宾位"屋"为光杆名词，不能完句。方梅（2008）归纳此类反指小句的特征时，认为其缺少时（tense）与语气（mood），句法格式为"动＋了＋名、动＋着＋名、动＋趋（＋名）、动＋处所动＋完（＋名）"几种。但例43表明"动＋了＋名"在后景中时，"了"可以省略（进了屋／进屋），与屈承熹（2006，2009）中"了"多出现在高峰句的观点吻合。

例44表明，动词重叠"V了V"格式也可进入零形反指小句，充当后景。有学者认为动词重叠具有体标记地位（鞠志勤，2013），有设景的语篇功能，"短时体事件在语篇中充当前景事件"。而例44中，"想了想"并非前景，因此，"V了V"的设景情况还有待进一步探讨，似不能断言。

第二，描写性关系小句。

例45. 辩论到这点时，仿佛自尊心起始受了点损害，<u>躺着向天的那个我</u>，沉默了。<u>坐着望梅的那个我</u>，因此也沉默了。（沈从文《水云》）

例45画线部分为描写性关系小句，句法上为"VP + 的 + NP"格式，若"躺着向天""坐着望梅"移动到"我"后，则将打乱叙事主线"沉默"。归位到"我"前，从述位句法"我躺着向天""我坐着望梅"降级为目前的关系小句，便是描写"我"的状态的后景。此时，该格式的句法降级对应着后景，功能—句法的互动在此可见。

第三，插入有标记原因句。

例46. 于是放心排队买豆腐。豆腐拿回家，<u>因急着赶公共汽车上班</u>，忘记把豆腐放到了冰箱里，晚上回来，豆腐仍在门厅塑料兜里藏着，大热天，哪有不馊的道理？（刘震云《一地鸡毛》）

例47. 在冬天，遇上主人有饭局，或听戏，他照例是把电石灯的水筒儿揣在怀里；<u>因为放在车上就会冻上</u>。刚跑了一身的热汗，把那个冰凉的小水筒往胸前一贴，让他立刻哆嗦一下；不定有多大时候，那个水筒才会有点热和劲儿。（老舍《骆驼祥子》）

例46中插入了有标记原因句，"因 + 体标记（也是后景标记）'着'"确定了其后景性，后面的"豆腐"使得小句又回归到"买豆腐—忘了放冰箱—豆腐馊了"这一主链进程上。例47中，"祥子把石灯放在怀里—有点热和劲儿"是叙述主线，"因为"引领的小句为后景信息，交代原因，之后又回到了主线上。

第四，插入比喻性小句。

例48. 我往屋里走，一阵风吹来，门帘呼地兜头包住我的脸，使我看上去<u>像个蒙面大盗</u>。我一把扯开贴在脸上的门帘，看到杜梅坐在被窝里正望着我。（王

朔《过把瘾就死》）

例49. 这话还没说完，门外的人进来了，也是个拉车的。看样子已有五十多岁，穿着件短不够短，长不够长，莲蓬篓儿似的棉袄，襟上肘上已都露了棉花。脸似乎有许多日子没洗过，看不出肉色，只有两个耳朵冻得通红，<u>红得象要落下来的果子</u>。（老舍《骆驼祥子》）

我们知道，前景信息小句往往具有一系列高及物性、强事件性特征，例48在高及物链中间插入了比喻标记语"像"引领的小句，具有弱事件性、后景特征，随后又回到高及物性"扯开""看到"前景中，比喻句只是丰富了故事叙述。例49中的比喻句也不推进链进程。再有：

例50. 她背着沉甸甸的书包在车水马龙的马路上走走停停，东张西望，<u>像是一只鹤小心翼翼地涉水过河</u>。她一看见我就笑了。（王朔《过把瘾就死》）

需要说明的是，例43到例47的句法形式在儿童语篇中未见，说明上述句法形式主要是成人语篇中的后景设置方式。"像"类依附性小句在成人语篇中更为复杂（可由"仿佛、恰似"等引领），但在儿童语篇中也有出现（例51），说明"像"类比喻句式难度等级偏低。

例51. 一棵绿油油的小柏树栽好了，<u>就像战士一样笔直地站在那里</u>。邓爷爷的脸上露出了满意的笑容。（《邓小平爷爷植树》）

前面谈到高及物特征的句子常用来构建话语主干部分，组成叙事主体脉络，构成前景。（Hopper & Thompson，1980）国内有学者系统地采用这一理论，选取了汉语中最具代表性的四类句式——"把"字句、一般主动句、"被"字句和受事主语句，构拟出了汉语句式及物性强弱的连续统（王惠，1997），认为："把"字句处于及物性链条顶端；然后是一般主动句，其具有［＋动作］［＋完成］［＋瞬间］等高及物性特征；最后是中低及物性的"被"字句、受事话题句等。高及物性句式更容易进入前景，偶尔客串充当后景；中低及物性句式倾向于进入后景，且很少客串充当前景。

下面来看儿童语篇和成人语篇在前景的句法结构表现上是否存在差异。

第一类，"把"字句。

例52. 在冬天，遇上主人有饭局，或听戏，他照例是把电石灯的水筒儿揣在怀里，因为放在车上就会冻上。（老舍《骆驼祥子》）

例53. 别的小朋友都慌了，有的吓哭了，有的叫着喊着，跑去找大人。司马光没有慌，他举起一块石头，使劲砸那口缸，几下子就把缸砸破了。（《司马光》）

高及物性的"揣""砸"等构成的"把"字句在成人语篇和儿童语篇中，均可以作为前景。再有：

例54. 她已把红袄脱去，又穿上平日的棉裤棉袄，头上可是戴着一小朵绒作的红花，花上还有个小金纸的元宝。祥子看了她一眼，她不象个新妇。（老舍《骆驼祥子》）

例55. 乌鸦把小石子一颗一颗地放进瓶子里，瓶子里的水渐渐升高，乌鸦就喝着水了。（《乌鸦喝水》）

第二类，一般主动句。

例56. 我有个办法。把大象赶到一条大船上，看船身下沉了多少，就沿着水面，在船舷上画一条线。再把大象赶上岸，往船里装石头，等船下沉到画线的地方，称一称船里的石头，不就知道大象有多重了吗？（《曹冲称象》）

例57. 我们到了街拐角处的那个大饭庄，进去楼上楼下找了一圈，没发现潘佑军和他的女伴。（王朔《过把瘾就死》）

例58. 老头子听了他们的话，弹了一下烟灰："行了，这事就到这里为止了。以前大家偷没有偷，就既往不咎了，以后注意不偷就行了！"说完，站起来，做出宽怀大量的样子，一瘸一瘸走了，留下小林和小林老婆在那里发尴。（刘震云《一地鸡毛》）

例56中，"画一条线"等为一般主动句，具有强事件性，构成前景。这里的"把大象赶到一条大船上""把大象赶上岸"不能单独完句，依附于后续主体事件"画线—装石头—称石头"而客串充当了后景，再结合例53中充当前景的"把"字句，说明该句式对于儿童设景不构成显著困难。例57、例58也是一般主动句作为前景。

　　观察语料后我们发现，低难度语篇与高难度语篇在采用这两类句式设置前景时未出现显著差异，说明无论是儿童还是成人，均可以采用"把"字句、一般主动句来设置前景。

　　需要说明的是"了"的标记问题。

　　屈承熹（2006）从前后景、事件整合（event integration）视角出发，发现"了"经常用于前景句及主要事件（main event）中，这是一种超越句法的、篇章层面的研究。根据对儿童语篇的观察，我们发现："了"多用于设置前景，但它只是前景句的充分条件之一而非必要条件，前景句不一定都使用"了"（例55）；"了"更多出现在主要事件链终结小句中，即语篇的结语部分（例51、例53、例56）。而成人语篇前景中的"了"并非集中在尾部（例48、例57），具体情况还需另外撰文分析。或许这可以让我们发现篇章组织中"了"的运用规律，解决对外汉语教学中学生叙述过去事件时句句用"了"的偏误。

2.2.2.4 设景功能

　　前面谈及了设景中的句法形式表现，事实上，任何形式的产生和发展，背后都有其功能动因，是功能需求在不断地塑造形式的创新。尤其在篇章层面，单纯的句法手段无法在超越小句的更广的语段跨度（scope）内促成景的配置。（张健军，2014）此时，语序、小句排列、零指称、话题延续等维持链进程的语篇机制有效地弥补了句法机制的不足，句法机制和语篇机制有机结合，共同作用，完成了语篇的定景过程。在这一过程中，"景"呈现出了它的设置功能。

　　首先，完成信息传递。

　　事件链中小句从已知信息推向新信息，信息量线性递增（方梅，2005），即遵循从后景到前景的逐级推进，有学者（屈承熹，2006：171）将其总结为BFP（Background-to-Foreground Progression）原则，如例43中从后景"进屋"推向前景"收拾铺盖"等。关于信息传递的研究较多，不赘述。

　　值得一提的是，信息传递中的前后景并非一成不变，而是处于动态转换过程中。Givón（1987a）采用了n与n＋1来说明这种动态关系，即在篇章的n点位置上的命题（前景），在n＋1点位置会变成预设（相对后景）。是前景还是后景，取决于小句在具体篇章结构中的位置，正是这种变化、重构组成了不断推进的事件链进程。

其次，增强语篇层次性。

前文谈及的零形主语反指（例43）、描写性关系小句（例45）等，都比单一前景的儿童语篇（例39、例40）层次更丰富。若将儿童语篇单一前景推进方式比喻为独奏，那么成人语篇前景—后景—前景的推进方式便是含有鼓、小号、中提琴、大提琴的交响乐，呈现出多维立体状态。除了前面例子中的句法形式上的［＋结构性依附］，成人语篇还会采用［－结构性依附］，即非句法结构的、整段插入的方式构成后景。

例59. Φ听了老头儿的话，小林与小林老婆脸上都一赤一白的。<u>说来惭愧</u>，因为上个礼拜小林家就偷过几次水，是小林老婆在单位闲聊中听到的办法，回来指使保姆试验。后来小林看不上，觉得这事太猥琐，一吨水才几分钱，何必干这个？一夜水管嘀嘀嗒嗒个没完，大家也难心安理得睡觉。于是在第三天就停止了。但这事老头子怎么会知道？是谁汇报的？（刘震云《一地鸡毛》）

例59中，老头儿来查水表、小林家偷水被老头儿发现是整段的主线前景。"说来惭愧"是回忆过往的话语标记，引领了大段后景，补足了信息，丰富了语篇层次。而类似用法在儿童语篇中未见，这也是低难度语篇层次单一从设景视角的阐释。

再次，提升语篇衔接力。

语篇衔接力是语篇中各小句通过零指称、词汇等方式连缀在一起的力度。衔接力越强，语篇越连贯。（张德禄，2001）依附小句对前景关系句的依附使得二者有机地结合在一起，如例59，零形反指将首发句与后续小句连缀在了一起。

儿童语篇中没有零形反指，此外，ZA延续量值偏低（田然，2016），如例39中NP"小壁虎"在后续句中只有一次使用了ZA，然后马上又以代词指称、名词指称重提，指称距离（referencial distance）近，话题辖域窄，小句NP（名词或代词）完整，语义自足自立，使得各小句不依附相邻话对而存在，这反而削弱了句间衔接力。

由此也可以看出：小句间的依附关系可以提升语篇衔接力。儿童语篇前景凸显，零形反指类依附小句缺失，ZA延续值低，使得语篇的衔接力随之降低。低难度语篇表现出的是低衔接力，语篇难度级差与衔接力正相关。

最后，促使小句排列多样化。

语篇中小句主要是线性排列的，且基本依照时间序列进行（例40、例43等）。然而后景的设置打破了单纯的时间序列，使得小句排列更加多样：可以是无标记的逻辑因果序列（例60），也可以是倒装补充信息序列（例61），还可以是时间性不凸显的主观评价序列（例62、例63）。

例60. 祥子端起碗来，立在火炉前面，大口的喝着。茶非常的烫，火非常的热，他觉得有点儿发困。（老舍《骆驼祥子》）

例61. 祥子一点儿也不知道这个，帮助刘家做事，为是支走心中的烦恼；晚上没话和大家说，因为本来没话可说。他们不知道他的委屈，而以为他是巴结上了刘四爷，所以不屑于和他们交谈。（老舍《骆驼祥子》）

例62. 小林初次听他讲，还有些兴趣，问了他一些细节，看他一副瘟样，年轻时竟还和大领导接触过！但后来听得多了，心里就不耐烦，你年轻时喂过马，现在不照样是个查水表的？大领导已经死了，还说他干什么？（刘震云《一地鸡毛》）

例63. 怎知道别人不去偷呢？那个姓孙的拿走些东西又有谁知道呢？他又坐了起来。远处有个狗叫了几声。他又躺下去。还是不能去，别人去偷，偷吧，自己的良心无愧。自己穷到这样，不能再教心上多个黑点儿！（老舍《骆驼祥子》）

不同的功能需求促使小句以不同的方式组合、重构，丰富了语篇表达。而儿童语篇中，小句几乎完全是按照时间顺序排列的，偶有空间排列，也采取的是"宾位直接成为后续主位"的推进方式，这种为降低儿童解读难度的排列也可看作视觉空间中的"点到点"线性序列。

例64. 花园里有假山，假山下面有一口大水缸，缸里装满了水。（《司马光》）

通过以上分析，儿童语篇和成人语篇中设景形式与功能的情况见表2-4：

表2-4　设景形式与功能

设景	分类	形式类别	成人语篇	儿童语篇	语篇功能	语篇表现
前景	句法形式	有标记"把"	+	+	推进事件链进程；信息传递	成人语篇和儿童语篇中均有表现
		有标记"了"	+	+		
		一般主动句	+	+		
后景	句法形式[＋结构性依附]	反指零形主语	+	－	提升语篇衔接力，丰富细节，补充信息；增强语篇层次性；提升小句排列多样性	主要表现在成人语篇中
		关系小句	+	－		
		比喻标记"像"	+	－		
		因果标记	+	－		
	插入句段[－结构性依附]		+	－		

二者的功能方面，为清晰说明，以图形表示为：

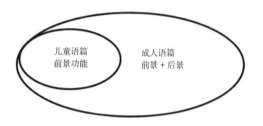

图2-1　功能与语篇难度关系

可以看出：

儿童语篇具有低后景性，前景凸显；成人语篇后景丰富。"景"的不同设置方式可以成为判定语篇难度级差的一个参数，二者有关联。

后景设置中，成人语篇形式多样，既有句法形式如反指零形主语、关系小句，也有整段插入式。丰富的后景设置方式成为成人语篇区别于儿童语篇的难度级差标识。

前景设置中，"把"字句、体标记"了"、高及物性一般主动句为儿童语篇和成人语篇共同的前景组成方式。

功能方面：推动事件链进程、传递主线信息是成人语篇和儿童语篇中设景的主体功能，而提升语篇层次性、衔接力、小句排列多样性等功能主要体现在成人语篇中。成人语篇涵盖了儿童语篇的功能，为全集—子集关系。

前后景是动态的连续统，语篇难度级差的判定涉及诸多变量，从设景机制入手，经过语料定量统计，我们认为结果可以验证"设景与语篇难度级差有关联"这一定性判断。这样，在判定HSK作文考试、对外汉语教材文本难度时，便可在汉字词汇、语法句式标准外，增加一个超单句的篇章维度的标准。

第三节　链中整句 / 依附零句与语篇难度级差

2.3.1 成人语篇中整句 / 依附零句情况

2.3.1.1 相关研究

谈及整句 / 依附零句，将涉及自立小句、依附小句等概念，因此，我们还是从小句着手进行论述。

关于小句，前贤已经做了诸多研究。刘复很早便在其专著《中国文法通论》（1920）中提出了"小句"概念，但是他没有把小句当作语法单位，他是为定义"子句"而提到小句的。在他的论述体系里，小句不是一个句法单位，只是一个名称。后来的学者对小句开展了多角度的研究。

吕叔湘（1979）给小句做出了一个大致的限定，认为小句是汉语语法研究的一级单位，包括复句中的分句以及处于句法位置上的主谓短语等。邢福义（1995）认为，小句主要指单句，也包括结构上大体相当于单句的分句，提出了很有影响的"小句中枢说"，并对小句所指、小句地位、小句三律做了进一步说明。储泽祥（2004）关于小句的论述涉及跨语言研究，也涉及句群篇章，与本书关系更为密切。

储泽祥的文章介绍了系统功能语言学派代表人物韩礼德的研究。韩礼德强调语言的社会性，认为语言是社会活动的产物，语言使用者用语言从事各种各样的社会活动，语言就是从这些活动中进化来的。韩礼德提出意义单位的层级建构理论和纯理功能理论，强调语言的交际作用，把语言的功能分成三种：概念功能、人际功能和语篇功能。他选择小句作为基本的语法单位，如讨论及物性时涉及物质过程、心理过程、关系过程、行为过程、言语过程和存在过程等，无一不是以小句为核心来研究问题。韩礼德对语言的性质有自己的认识，以小句为基本对象体现了他的研究策略。正是这种认识和策略，使得他在世界语言学史上独树一帜。

储泽祥认为，韩礼德的理论与邢福义的小句中枢观"异曲同工"。韩礼德以英语为主要研究对象，把语言看作一个多层次的语义系统，邢福义以汉语为研究对象，强调语表形式和语里意义的相互验证，这是"异曲"；二者都重视小句，这是"同工"。韩礼德虽然没有说小句是中枢，但他在论述意义单位的功能配置组合时，把意义单位分成三个层级，即元素、图式和序列。元素是图式的组成成分，图式通过依赖关系形成序列。小句（即图式）实际上处于中枢层级，因而，二者关于小句的论述在理念上具有一致性。

在进一步谈及小句的地位时，储泽祥特别强调：小句有独立小句与非独立小句之分，非独立小句应引起高度重视。我们通常站在独立小句的立场上来判定一个结构体合不合语法，这是片面的，这种观念必须改变。随后其以主语无定NP形式为例，证明在非独立小句中，它们是合格的，不能单说不等于不合法。由此，其将小句的讨论扩展到了句群、语篇之中。相较于前面一些学者的研究，该文扩大了小句的研究范围。

屈承熹、赵世开（1994）从篇章视角谈及小句问题，认为汉语普通话的篇章是由三个层面组织起来的，这三个层面是小句、话题链和段落，其中小句是基本单位，若干个小句构成话题链，若干个话题链构成段落。但是目前，中国汉语语法界研究句子以上单位的成果相对来说还是比较少。（郑贵友，2002）

从上面的梳理我们可以大致看到：小句的研究范围逐渐从单句层面、小句内部句法构成层面向话题链、句群、篇章层面拓展。

国外学者在做关于及物性的研究时，将前景后景信息属性与小句的句法特征联系起来，指出前景信息小句往往具有一系列高及物性特征，背景信息小句则往往具有一系列低及物性特征。（Hopper & Thompson，1980）就小句这一层面来说，他们认为自立小句用于表现前景或核心信息，依附小句用于表现背景信息。通过依附（dependent）与内嵌（embedded）两个基本特征，可以区分出等立（coordination）、主次（cosubordination）、从属（subordination）三个句法等级。

方梅（2008）继续论述了这一组概念：自立小句和依附小句。该文认为在形态语言里，自立小句具有完备的句法屈折，表现为带有时体标记、主语的所指不依赖其他小句以及可以不依赖其他小句而进入语篇。依附小句是句法上不自足的小句，表现为时和语气成分受限制、主语的所指依赖其他小句以及不能独立进入篇章。然后作者从背景化角度出发，运用自立小句和非自立小句，探讨了零形主语反指与描述性小句中章法对句法的影响，认为零主语、依附性，以及非内嵌、后句 / 末句含有完句成分是汉语反指零形主语小句的总体特征。也可以说，句法降级有一种手段是以强制性要求主语零形反指为特征的，这种强制性可以理解为对缺少形态标记的补偿手段。小句采用零形主语反指是将小句间的关系从等立关系转为主次关系的手段，通过综合运用语序和连贯手段对背景信息进行包装，取得功能与句法形式的协调。

方梅认为：体现背景信息属性是篇章功能需求，为了满足这个功能需求，将背景信息以句法上的低范畴等级形式进行包装，这是小句主语零形反指和描写性关系从句产生的动因。信息包装在形态丰富的语言里可以是用谓词的屈折手段做降级处理。汉语由于缺少屈折形态，句法降级必然会采用另外一些方式，以取得意义、功能和形式的统一。小句主语零形反指和描写性关系从句反映了汉语信息包装的特点，即通过句法手段体现范畴的层级。以语法层级较高的范畴体现前景信息，以语法层级较低的范畴体现背景信息。

唐正大（2014）认为，依附小句的依附性强弱不同，需要区分。大体可分为两种，一种是严格依附，其具有显性依附标记，如连动结构、复合句的"前件"〔例如：一X（就）Y、一旦X、由于X、不X则已等〕以及话题式依附（例如：考虑到X、说起X、X呢 / 嘛 / 么 / 吧、X的话等）。对于严格依附小句，任何内部的添加、替换等操作都不能改变它的依附属性（如"昨天，考虑到他日益下降的学习成绩"中，"日益下降"是内部添加成分，"考虑到"属于严格依附，添加"日益下降"后依然没有改变"考虑到"引领的小句的依附属性）。另一种是非严格依附，对于这一类小句，可以通过一些手段使其自立，例如添加前续小句，或者增加一些和动词形态无关的信息（例如从"他望着树叶"到"他望着一片精致的树叶"的变换）。

在小句降级、完句方面，高增霞（2005）结合汉语实际讨论了"非句化"问题，认为在小句整合过程中，部分语义处于次要地位的小句会失去做句子的资格，小句的时态等也会受到影响。非句化其实是一个完整、独立、自足的小句逐渐丧失其独立性变成依存性小句，甚至成为句子中某一个部分的过程。在这个过程中，自足的语言特征被压制，小句逐渐丧失其独立性，依存性提高。该文是在研究小句的降级，不过是在句子层面而非篇章层面。

李泉（2006）在论及现代汉语完句范畴时，对前人研究进行了总结。前辈学者如胡裕树、张斌（1986）把根据句子本身提供的语言因素（如词义、句法关系、结构层次、语义关系、语气和口气等）就能够理解句意的句子叫作自足句，把需要凭借言语环境才能够理解句意的句子（如"票！"）叫作非自足句。主谓句一般是自足的，但是自足句不一定是主谓句，如"出太阳了"。参考前人的研究，李泉将自足句界定为：不需要借助说话时的具体场景，不跟现实发生特定联系，而是语言片段本身带上陈述语调就能够独立成立的句子，如小王个子很高；或是带上陈述语调后还需要有后续句照应才能成立的句子，如小王个子高（，小柳个子矮）。

非自足句指的是，一个始发性的语言片段带上陈述语调，或因句法结构上还有缺损（包括结构安排不合理）而语义不够确切，如"我把窗户关［上］"，或因结构完整但语义上还不够明确（包括缺少或错用时体等成分），如"我三点钟来了［的］"，或因结构和语义上的问题兼而有之，如"从他［身上］我学到了很多东西""张教练一连没有来几天［张教练一连几天没有来］"，而不能自主成句的"句子"（以上"［］"表示缺失成分、替换成分或修改后的小句）。该文将完句范畴归纳为如下十类：

1.时体范畴：动态助词、结构助词、时频副词（正在、立刻、常常）。

2. 语气范畴：语气助词（了、呢）、语气副词（也许、幸亏、好在）。

3. 程度范畴：程度副词、程度补语（极了、透了）。

4. 数量范畴：范围副词、量词、数量词、时量补语。

5. 方所范畴：方位词、方位短语、时地状语（在食堂、给家里）。

6. 情态范畴：情态副词（暗暗）、方式副词（就手）、助动词、方式状语（好好）。

7. 趋向范畴：趋向补语、虚化助词（起来、下去）。

8. 结果范畴：结果补语（见、懂、完、上、光、净、好、会、到、大）。

9. 指代范畴：人称代词、指示代词、疑问代词。

10. 关联范畴：关联副词、关联词语、介词短语。

完句范畴是汉语非自足句转化为自足句过程中不可缺少的广义形态，但是不同的非自足句对完句范畴的依赖程度并不相同，特别是在具体的语言环境中，不同完句成分或完句手段的适用范围以及在成句过程中所起的作用也很不一样。因此，哪些句式在成句过程中必须或经常需要完句成分或完句手段，需要什么样的完句成分或完句手段，完句范畴中哪些成分或手段是典型的或非典型的，它们对非自足句在成句过程中的制约作用是如何体现的，等等，都需要进一步研究。

司红霞（2003）从对外汉语教学角度，谈到了完句成分的应用问题，这是区别于上述本体研究的为数不多的教学研究之一。

司红霞认为，在句型教学时，我们不仅要讲解句型的结构、语义，还应该注重语用表达功能的讲解。一个句子完全实现其交际功能应该是结构、语义、表达三者有机结合、共同作用的结果。"我吃饭"虽具备基本的语义和句法结构，可以理解它的意义（sense或conceptive meaning），但并不能理解它的内容（content），即它的交际价值（communicative value）。它只是一个静态的语言备用单位，要使之成为可用于交际的"活"的句子，就必须添加一些词语，如语气、时体、模态、数量等与具体言语交际事件有关的范畴，使这一静态的句法—语义结构带上形式标记，表示这一事件已经完成或对这一事件的评判，从而使其具备新的信息，完成交际任务。

比如介绍形容词谓语句时，仅仅指出它的结构框架和语义还不够，我们还应该告诉学生"她漂亮"不是一个能独立用于交际的句子。要使它成为现实交际中的句子，必须在"漂亮"前加上"很、十分"等完句成分。

再比如留学生滥用"了"的问题，留学生认为"了"表示过去的时间及事件的完成，所以在介绍过去事件时，出现了泛用、滥用现象。如果我们告诉学生"了"在汉语中除了表示过去完成，还具有不同的完句功能，那么学生的错误将会减少。如"$了_1$"不能单独完句，它常常要和数量范畴一起表示一个句子的结束；若"$了_1$"单独使用，则是一个非自足句，其后一定要有后续句；"$了_2$"及"$了_{1+2}$"常常是句子完结的标志。这对篇章写作教学很有益处。

该文研究后还发现，句子是否自足同其为始发句、后续句、终止句有很明显的联系。这组概念对于篇章教学及语言预测都有一定意义。

不自足的句子就是缺少完句成分的句子形式，如不带"很"的形容词谓语句（她漂亮）、只带"$了_1$"的主谓句（我吃了饭）等。这些句子虽然结构上较为完整，但在汉语实际运用中给人的感觉是话还没说完，需要添加词语或者后续句，也就是说其不能作为终止句，可以作为始发句或中间句。反之，只要带了完句成分"$了_2$"或模态词语的句子都是自足的，它们都可以表示终止。

语体方面，上述研究主要基于书面语体（司红霞的研究涉及中介语语篇），赵元任（1979）基于汉语口语实际情况，采取了一些灵活新颖的解释来处理汉语语法中一些难以解决的问题，例如建立整句和零句的概念。其基本观点在 *Mandarin Primer*（《国语入门》）中已提出。整句有主语、谓语两部分，是连续话语中最常见的句型。零句无主谓形式，常见于对话或边说边做的场合。大部分零句是动词性或名词性词语，叹词是典型的零句。赵元任认为零句是根本，在日常生活中，零句占优势。整句只是在连续的加工过的话语中是主要句型。更重要的是，整句是由零句构成的，两个零句放在一起正好是一个整句，所以一个整句是由两个零句组成的复杂句。这种处理法是比较符合汉语实际情况的。在日常说话的时候，汉语中确实是不完整的句子居多。以零句作为句子的更基本的单位，体现了汉语句法结构比较灵活、比较松散的特点。

以上各家的研究，有探讨小句的范围、性质的，也有探讨完句成分、整句零句的。有从篇章角度谈小句的自立与依附关系及其对小句句法塑造的，也有从对外汉语教学角度谈小句完句成分在篇章中的应用的。综合以上前贤成果，本小节的研究中，我们将探索一个前人较少关注的领域，即成人语篇和儿童语篇中不同类型小句的分布情况，希望通过二者的对比，发现该参数与语篇难度级差的关联。

本研究不仅涉及汉语本体小句，后续也会讨论中介语语篇中小句的使用情况。因此，基于适用性、可操作性，结合整句、零句概念及小句自立与依附关系，我们采用了"整句"与"依附零句"的概念，希望通过不同难度等级语篇中整句/依附零句的使用情况来判定语篇难度，为语篇难度级差判定提供另一对参数标准。赵元任先生是基于口语语料对整句、零句加以界定，我们所用的主要是书面语语料。因此，考虑到可操作性，我们对本小节所用的概念界定如下：

整句：主语所指不依赖其他成分的、主谓结构完整地存在于语篇中的句子。

依附零句：一类是句法不自足的、主语需要在语篇中依附上下文追踪的小句，这是我们主要讨论的一类，这里的主语含上位大主语；另一类是说明时间地点的零句，依附语境而存在，本书中称作"时间地点依附零句"（以下简称"时空零句"）。零句的种类很复杂，其他类型本研究暂不讨论。

需要注意的是，这里的整句、零句，不同于倾向于做前景的自立小句与多做后景的依附小句，自立—依附这对关系侧重的是小句在篇章中的设景功能、前后景信息地位，自立小句不一定是主谓结构完整的整句，依附小句也不一定是零句，可以结构完整。整句—零句主要是从句子的句法完整性这一形式化因素出发划分的，涉及句子的自立依附情况、设景情况等。

2.3.1.2 整句/依附零句的分布情况

本小节的成人语料来自CCL语料库和BCC语料库。我们随机抽取了老舍的《骆驼祥子》、王朔的《我是你爸爸》等叙述性语篇，另外抽取了若干新闻报道，合计字数为6006字。例句如下：

例65. 初六，<u>虎妞坐上了花轿</u>。Φ没和父亲过一句话，Φ没有弟兄的护送，Φ没有亲友的祝贺；只有那些锣鼓在新年后的街上响得很热闹，花轿稳稳的走过

西安门，西四牌楼，Φ也惹起穿着新衣的人们——特别是铺户中的伙计——一些羡慕，一些感触。（老舍《骆驼祥子》）

例66. <u>前不久我读了一本德国作家伦茨新创作的《一个充满爱的家庭》</u>，<u>书中描写的是我们老龄人的爱情生活</u>，Φ读来荡气回肠，Φ催人泪下。<u>媳妇对网上读书兴趣不大</u>，但Φ对网上有关裁剪缝纫知识情有独钟，<u>这也许和她的服装设计师的职业有关</u>，所以<u>她每星期都上网一趟</u>，Φ去访问巴黎、东京时装网址。（《厦门晚报》）

例65中，"虎妞坐上了花轿"一句为整句，可以独立存在，体标记"了"标识这个动作的结束。然而，"没和父亲过一句话"等小句需要依赖前面小句添加指称成分才能表意清楚，尽管合乎基本句法，但小句内句法成分不够完整，存在零指称，与前面句子构成依附关系，因而为依附小句。"花轿稳稳的走过西安门"，此句前缺省了指称"虎妞"，NP指称属于"虎妞"生命体的下位，表意不是很完整，同时也要后续句来形成完整语义，受到了语篇压制，不能算作整句。后面我们也会探讨这类情况。

例66中，"我读了一本德国作家伦茨新创作的《一个充满爱的家庭》"为自立整句，主谓结构完整，表意清晰，后面画线句同此。"读来荡气回肠"等，单独地看，由于缺少指称成分，句法不完整，表意也不清晰，需要依附前面小句才能得到最佳解读，为依附零句。

通过对语料的统计分析，我们发现（参见表2-5）：

表2-5 成人语篇整句/依附零句统计

分类	数量	占比	结论推导	时体范畴倾向性
整句	261	48%	成人语篇中整句占比不到一半，说明成人语篇不追求单句进入语篇的句法完整性	了$_1$或无凸显标记
依附零句	11 + 274	52%	成人语篇中依附零句占比超过了整句，说明非完整性小句表达在成人语篇中倾向于常态化	无凸显标记

第一，成人语篇中，整句占比为48%；依附零句占比较高，为52%。整句在成人语篇中占比不到一半，说明成人语篇不追求单句进入语篇的句法完整性；依附零句占比超过了整句，说明非完整性小句表达在成人语篇中倾向于常态化。

第二，整句可以是前景，也可以是后景，其自立小句的时体范畴特征并不显著。屈承熹等学者认为"了"常做前景自立小句标记，在我们搜集到的语料中，有部分句子如此，如前面的例65、例66。但也有很多自立句并没有明显的时体范畴形式标记，比如：

例67. <u>冯先生们把刘四爷也劝进去</u>，老头子把外场劲儿又拿出来，请大家别走，还得喝几盅："诸位放心，从此她是她，我是我，再也不吵嘴。走她的，只当我没有过这么个丫头。我外场一辈子，脸教她给丢净！倒退二十年，我把她们俩全活劈了！现在，随她去；打算跟我要一个小铜钱，万难！一个子儿不给！不给！看她怎么活着！教她尝尝，她就晓得了，到底是爸爸好，还是野汉子好！别走，再喝一盅！"（老舍《骆驼祥子》）

例68. <u>虎妞在毛家湾一个大杂院里租到两间小北房</u>，马上找了裱糊匠糊得四白落地；求冯先生给写了几个喜字，贴在屋中。（老舍《骆驼祥子》）

例67中的整句并没有使用体标记，使用的是高及物性"把"字句，后续动词加趋向补语完句。例68中画线部分是整句，不依附其他小句而存在，主谓完整，这里没有出现"了"而是用结果补语"到"，后面的依附零句中反而出现了常表前景的"了"这一体标记。

设体标记"了"为X，前景自立小句为Y，可以说，X→Y，即从X基本可以推导到Y，"了"倾向于标记前景自立小句，但相反推导难以成立，即很难说前景自立小句常带体标记"了"，因为目前的语料统计很难支持这个结论。

另外，有学者认为"了"不仅标记前景，更标记顶峰句（peak clause）。Chang（1986）从语篇角度认为顶峰是一个片段中语义上特别重要的小句，"了"的篇章功能是明确地标记担任顶峰的小句。Chang认为顶峰小句多数情况下就落在系列事件的最后一个前景性小句上，屈承熹（2006）也基本持有同样的观点，认为能标记顶峰是因为该事件是一连串相关事件的最终阶段，所以该

75

事件对应的小句也是这一陈述性篇章的最后部分。然而，朱庆祥（2014）基于大量时间序列事件语篇的语料观察后发现，在其所找到的433个小句中，112个小句带"了₁"，可是只有26个以"了₁"来结句，其他的都处于链中位置，而非终结位置，结句占比并不高，说明"了₁"标记顶峰句这一提法还需要进一步检验商榷。

我们对语料的观察结果与朱文的研究基本一致。若说结尾前景句是顶峰句，那么它们并不是经常带"了"标记，目前还很难发现规律性倾向。同时，前景句的标记很复杂，还难以做整体的概括。

关于小句在语篇中的位置（始发句、中间句、终结句）与自立小句的关系，有学者认为：末尾小句在语气、情态等方面的功能比句中小句更完善，小句的自立性也更强；如果整个句子要起到完整的作用，它的语气和情态在最后就要得到明确。Chang（1986）曾谈到这个例子：他回到美国后，就信了天主教（了），一天一天消瘦（了），到圣诞节的时候，已经不成人样了。Chang认为只有句末小句的末尾需要添加完句语气词"了₂"，使整个句子在此结束。而前面两个小句如果不添加"了₂"，则倾向于做句中小句，前后依存于其他成分；如果添加了括号里的"了₂"，则其倾向于成为自立句，不需要依存于后续小句。

Chang的发现有其价值，给我们以启发。但根据我们语料所见，终结句比句中小句情态更完善似乎跟语体（叙事）有关，时间序列事件链中，终结句倾向于标识整段的高峰。而就例65至例68而言，终结句标识高峰、更自立不具有说服力，这几个句子都不是以完整句面貌出现的，语气、情态、体方面并不够完善。因此，末尾小句倾向于为整句还是依附零句、自立还是依附小句，叙述语篇中目前情况很复杂，也许结合并对比其他语体（新闻语体、说明语体等）会看得更清楚，这是个待挖掘、探究的课题。

2.3.1.3 依附零句的形式分类

按照前面的定义，依附零句主要是指句法不自足的、需要到上下文中追踪主语指称的依附性小句，也包括表时间地点的语境依附零句。因而，其主要有三类。

第一类，零回指依附句。

篇章回指（anaphora）是指如下一种语言现象，一个（往往是简略的）语言表达式用来指代同一篇章中（通常是上文已出现过的，但也不排除是下文中的）另一个语言表达式所表达的事物或意义。用来指代的那个语言表达式称为回指语，被指代的那个语言表达式称为先行语。（许余龙，2004）ZA是指称对象被省略后依旧可以被理解的语言现象。从语言类型学角度看，英语常常用人称代词来回指，汉语则常常直接省略。例如：

例69. 不过，大家只能浮面皮的敷衍几句，Φ_1劝双方不必太挂火，Φ_2慢慢的说，事情没有过不去的。他们只能说这些，Φ_1不能解决什么，Φ_1也不想解决什么。Φ_1见两方面都不肯让步，那么，清官难断家务事，Φ_1有机会便溜了吧。（老舍《骆驼祥子》）

例70. 虎姑娘瞪了老头子一眼，Φ回到自己屋中，Φ尖着嗓子哭起来，Φ把屋门从里面锁上。（老舍《骆驼祥子》）

例69中零指称很多，而且交叉省略，属于前面划归的TC3（主次型话题链）。Φ_1位置回指的是"大家"（后面以代词"他们"回指）；而Φ_2位置回指的是"双方"，就是吵架的刘四爷和虎妞。例70中，Φ位置都是回指前面的"虎姑娘"这一高生命度NP。

例69中出现了代词"他们"回指名词"大家"。关于第三人称代词回指，Li & Thompson（1979）曾做过一个有趣的调查。他们把一段《儒林外史》叙述当中的"他"删除，请母语为汉语的被调查者填上他们认为应该有"他"的地方。结果发现，没有两个人的答案完全相同。同时，被删除"他"的几处中，只有两个地方半数的被调查者认为该用"他"，其余的地方认为要用"他"的被调查者不到一半。这个调查说明，汉语中代词的用与不用有一定的灵活性，强制性地要求使用代词的情形不多。

这个研究给我们以启发：ZA的使用是否也存在同样的问题？是否有的人（汉语母语者）在某些位置不用ZA而用代词或者名词回指先行语呢？不同的人使用ZA的位置是否不同呢？这是个值得去关注的课题。若被调查者使用情况不一致，差异显著，则能说明ZA的非强制性、灵活性。但有些地方是一定要使用ZA的，否则会割裂小句衔接。具体是哪些小句前有强制性，以及与语篇衔接连贯的关联怎样，也需要进一步研究。

第二类，零形反指依附句。

所谓零形反指，是指当前小句中没有出现先行语，而是以零指称形式出现，需要到后面小句去寻找先行语的一种语言现象。例如：

例71. Φ顺着西四牌楼一直往南，他出了宣武门：道是那么直，他的心更不会拐弯。出了城门，还往南，他看见个澡堂子。他决定去洗个澡。（老舍《骆驼祥子》）

例72. Φ脱得光光的，Φ看着自己的肢体，他觉得非常的羞愧。下到池子里去，热水把全身烫得有些发木，他闭上了眼，身上麻麻酥酥的仿佛往外放射着一些积存的污浊。（老舍《骆驼祥子》）

例71中，"顺着"前面是空位，需要到下面去追踪"他"，因而属于零形反指现象。例72"脱""看"前面的空位都是反指后面的"他"。从语言认知角度看，反指增加了解读难度，而回指更容易被理解，前文已经提及此现象，在此不再赘述。总体上看，反指零形主语小句句法上具有依附性，语气类型和情态动词的使用受限，而具有依附性、没有时和语气的分别以及缺少严格意义上的主语正是非限定性小句的句法特征。（方梅，2008）

第三类，时空零句。

前面已经提及，这里的"零句"参考了赵元任先生（Chao，1968）的概念，但为了说明问题及研究方便，我们未考察叹词、单独使用的动词等，只选择了依赖语境的、可以清晰标注的、介绍时间地点的名词性零句作为考察对象。

例73. 婚夕，祥子才明白：虎妞并没有怀了孕。象变戏法的，她解释给他听："要不这么冤你一下，你怎会死心踏地的点头呢！我在裤腰上塞了个枕头！"（老舍《骆驼祥子》）

例74. 平日，这里的说相声的，耍狗熊的，变戏法的，数来宝的，唱秧歌的，说鼓书的，练把式的，都能供给他一些真的快乐，使他张开大嘴去笑。他舍

不得北平，天桥得算一半儿原因。（老舍《骆驼祥子》）

例75. 立在天桥，他什么也没有，什么也不是；<u>在那两间小屋里</u>，他有了一切。回去，只有回去才能有办法。明天的一切都在那小屋里。（老舍《骆驼祥子》）

例73中，"婚夕"为时间性名词零句，指结婚当天晚上，其依附整段话语，自身不能表达完整语义；例74中的"平日"同此；例75中名词性短语与介词结构结合，介绍后续事件发生的地点，依附于整个事件链。可以看出，时间地点类名词性零句在话题链中提供描述性、补充性信息，不直接推动链进程。

关于依附句，有研究者将其形式界定得很宽泛（罗昕泽，2015），比如认为"关联词语 + 自立小句"也属于依附句，因为关联词一般成对使用，所以含关联词的两个小句常常互相依附。比如：

例76. 祥子看了她一眼，她不象个新妇。她的一举一动都象个多年的媳妇，麻利，老道，还带着点自得的劲儿。<u>虽然</u>不象个新妇，<u>可是</u>到底使他觉出一点新的什么来；她做饭，收拾屋子；屋子里那点香味，暖气，都是他所未曾经验过的。（老舍《骆驼祥子》）

例77. 后来，他不那么听话了。<u>尽管</u>没遇到过饥荒，他<u>还是</u>越长越丑了。呆头呆脑，脸上身上永远不干净，几乎每隔几天就要给马林生闯下一些祸。这使马林生渐生嫌厌，他甚至认为儿子从外形上也越来越不像他，完全长走了样儿。（王朔《我是你爸爸》）

例78. 他的刚烈、正直、勇猛以及有错必纠有反必肃的严格劲儿都和母亲的迁就、温和乃至毫无原则护犊恰成鲜明对照。他不认为儿子正是因为瞧上他的这些品格，认清了做母亲的伪善，从大是大非的立场才决定跟上他的，<u>尽管</u>他一向从大是大非的立场上来教育孩子。（王朔《我是你爸爸》）

按照其分类，这几个例子中都包含使用关联词语的依附句。本书未将这一类列入依附小句中，因为我们认为关联词语的成对使用是复句句法特征，是属于复句层面而非篇章层面的问题。

2.3.1.4 依附零句的语篇功能

前面谈到了依附零句的形式分类，下面归纳下它的语篇功能，主要是以下四种：

第一，增强句间衔接力。后续小句对上下文中主语的依附使得不带主语的句子或者次话题句与前面小句紧紧连缀在一起，增强了句间衔接力，使得语篇成为完整的整体。

例79. 自古以来，狗就是人们的好伙伴，不少人喜欢养狗也在情理之中。近年来，"狗运"更是亨通。狗们身价倍增，Φ备受主人的宠爱呵护。有的人带狗乘公共汽车，狗公然占据了为人设置的座位。

例80. 他第一个想到的原因是儿子是母亲留下的坐探，Φ意在监视他。这想法很快连他自己也觉得可笑。既然离婚了，他和妻子的长期混战也自然停止了，他们成了各不相干的陌路人，既没有共同利益也不再存在感情纠葛。（王朔《我是你爸爸》）

例79中，"备受"前缺省了指称"狗们"，使得该小句与前面小句更紧密地衔接在了一起，从而增强了衔接力，使语篇更连贯一体。例80中，"意在"前缺省了次话题"儿子"，由于"儿子"与主话题"他"皆为高生命度，这里补充缺省时相对于例79有更高的难度，但"意在"句后续有"他"，所以可以从前一个小句中提取出次话题来消解，这也使得该小句与前面小句更好地连为了一体。

第二，符合经济原则，即表意清晰下的缺省。

例81. 老伴儿忙于家务，Φ开始对上网不感兴趣，Φ后来听说网上可以聊天儿，Φ可以发电子邮件，她问我可以与台湾的姐姐聊天儿吗，我说怎么不可以呢。因此，她也成了新网民，Φ每月都与其姐进行网上交谈，或发封电子邮件，Φ减去了不少相思之苦。（《厦门晚报》）

例82. 古巴人民在自己的土地上粉碎了美帝国主义及其走狗的枷锁，Φ取得了民族民主革命的伟大胜利，Φ使美帝国主义在拉丁美洲遭到了第一个极为沉重的打击。（《人民日报》）

例81中大量缺省了"老伴儿"，后续小句延续缺省多达5次，却因为未有其他生命体的介入以及符合小句的PTS，没有形成解读障碍，反而显得简洁经济。例82也是如此，试想若添加上了缺省成分，则小句冗余增多，整个语篇会十分拖沓。

第三，后景功能。时空零句表现最为明显，它们总是以提供背景信息的面貌出现。

例83. 第二天，祥子很早就出去了。多数的铺户已经开了市，可是还有些家关着门。门上的春联依然红艳，黄的挂钱却有被风吹碎了的。（老舍《骆驼祥子》）

例84. 上哪里去呢？他没有目的地。平日拉车，他的腿随着别人的嘴走；全天，他的腿自由了，心中茫然。（老舍《骆驼祥子》）

例83中的"第二天"介绍了事件发生的时间，不直接推动链进程，而是提供事件发生的背景信息。例84也是，"今天"与平时做了对比，但核心事件是祥子在离开家之后的茫然无措，"今天"只是后景信息。

第四，提升了语篇兼容能力，使得部分小句合法化。其含义是依附性使得独立使用时的一些非合法句能够合法地进入语篇，更真实地反映了语言存在的实态，因为这些独立使用时的非合法句确确实实存在于我们的语言使用中。换句话说，进入语篇后所形成的"语篇压制"影响到了依附句的时体范畴以及表现形式，语篇压制使得非合法句合法化了，我们将这类进入语篇后合法的句子称作"语篇合法句"（grammatical sentence in context）。

2.3.1.5 关于语篇合法句与语篇压制

语篇合法句与语篇压制是非常值得关注的问题，因为在汉语二语教学中，我们教授的是合法的独立句，但语篇并非是合法独立句连缀起来的，完全合法的句子进入语篇后并不一定构成衔接紧密的语篇，而非合法句此时恰恰能取代合法句进入语篇。这些现象我们语法书、教材中很少专门涉及，因此也成为留学生语篇写作时问题多多的一个重要原因。

语篇压制可以影响零句，也可以影响整句，先看如下几个例子，然后我们分别讨论。

例85. 汗还没完全落下去，<u>他急忙的穿上衣服</u>，跑了出来。他怕大家看他的赤身！出了澡堂，被凉风一飕，他觉出身上的轻松。（老舍《骆驼祥子》）

例86. 新年后，九点多钟，铺户的徒弟们就已吃完早饭，来到此地。各色的货摊，各样卖艺的场子，都很早的摆好占好。祥子来到，此处已经围上一圈圈的人，里边打着锣鼓。他没心去看任何玩艺，<u>他已经不会笑</u>。（老舍《骆驼祥子》）

例87. 她也是既旧又新的一个什么奇怪的东西，是姑娘，也是娘们；象女的，又象男的；<u>象人，又象什么凶恶的走兽</u>！这个走兽，穿着红袄，已经捉到他，还预备着细细的收拾他。谁都能收拾他，这个走兽特别的厉害，要一刻不离的守着他，向他瞪眼，向他发笑，而且能紧紧的抱住他，把他所有的力量吸尽。他没法脱逃。（老舍《骆驼祥子》）

例88. 上流社会非但没有不信任她或惧怕她，反而高高兴兴接纳了她。<u>她漂亮、有趣，并且多才多艺</u>：谁还再需要什么呢？没有人那样心胸狭窄，再去翻她父亲的历史和她出身的老账。那些事已经被淡忘了，只有上年纪的人还依稀记得纽约生意场上博福特破产的事件；或者记得他在妻子死后悄悄娶了那位名声不好的范妮·琳，带着他的新婚妻子和一个继承了她的美貌的小女孩离开了这个国家。（BCC语料库）

李兴亚（1989）归纳了影响"了$_1$"自由隐现的五个因素：动词前面有表示过去时间的词语、动词后面有数量短语、有表示连续动作的后续小句、动词后面有结果意义的补语、句末有"了$_2$"。例85中，"他急忙的（地）穿上衣服"，单独看难以成句，一般要加体标记"了"来独立成句：他急忙地穿上了衣服。但是在这段话中，该小句成立，原因是什么呢？因为后面有表示连续动作的小句"跑了出来"，所以，此时该小句可以隐藏体标记"了"，依然是合法句。也就是说，它不是独立成句的合法句，而是语篇合法句。另外，从设景角度看，这个整句是后面"跑了出来"的后景，可见完整句也并非都处于前景地位。汉语中存在大量类似现象。

例86中，终结句"他已经不会笑"中并没有使用顶峰标记（peak marker）"了"，尽管有表完成的时标记"已经"。这是因为"不会"本身具有完句功能，"了"此时可以隐藏。

以上两例都涉及汉语中热点兼难点的"了"的问题，对于其隐现及使用，诸多学者进行了探索。

吴福祥（2005）从语法化和语言类型学角度指出汉语体标记"了、着"不是强制使用范畴，非强制性使用反映了其应用时的复杂性、多变性。既然汉语的体标记不是强制范畴，便会有自己的隐现倾向。

朱庆祥（2014）主要基于叙述具体事件的序列事件句语篇来研究"了$_1$"的隐现问题，其认为从宏观上讲，"了$_1$"的隐现受制于语篇功能，具体的隐现规律则必须结合小句的具体情状特征分析。序列事件句语篇要求完整体小句倾向传达完结有界特征。在这个语篇功能的制约下，在序列事件完整体小句中，如果可以出现在"了$_1$"前的补语类型出现了，则小句中倾向于不出现体标记"了$_1$"，这是优先考虑的条件（例如：出了西直门真是连一辆车也没遇上，祥子低下头去，不敢看马路的左右）；如果只能位于"了$_1$"后的补语或者宾语出现了，则小句倾向于要带体标记"了$_1$"〔例如：钟敲了三下，信号灯也亮了三下。例句转引自朱庆祥（2014）〕。

朱文的研究限定在时间序列事件链中，主要是以补语等作为标记，得出了倾向性结论。然而，"了"所在句式多样复杂，我们这里举的例子并不是含补语的，其在语篇中的隐现规律与功用需要进一步探索。

例87中，"象（像）人"很难独立成句，情态、时、体都不丰富，可是这里能够进入语篇，成为语篇合法句。究其原因，是后续并列结构促成了其表达合法化。"像A，又像B"，A和B的词汇衔接（对立义）使得两个小句连为一体，不合法句在此合法化。

例88中是形容词谓语句的语篇压制。我们都知道，使用形容词谓语句时，不能直接说"她漂亮"，而是要在"漂亮"前添加程度副词"很"等。但"她漂亮"在这个语篇中却成立，原因何在呢？

汉语中，经常充当完句成分的有程度范畴、语气范畴、时体范畴、情态范畴、数量范畴、模态范畴等，这里便是因缺失了程度范畴而难以独立完句。然而，随着句子结构的复杂化，这些范畴的完句作用会弱化。这里，性质类似的形容词"有趣、多才多艺"并列构成小句，使得句子进一步复杂化，这也是"她漂亮"成为语篇合法句的条件。类似的还有：

例89. 这个女儿从小骄纵任性，性格乖张。她漂亮、聪明、有钱，周围的人都宠着她，捧着她，为她编织玫瑰色的幻梦。所以，灾难来临时人们都毫无思想准备。（王晋康《奔向太阳》）

例90. 剧中于娜扮演年轻的时装设计师"谈孤鸿"，她从一个小小的服装助理，成长为一名才华横溢的设计师，"成才"之路坎坷不平，但凭着她的灵气和韧性，终于走上了梦寐以求的T台。而王海珍扮演的名模"徐天丽"则不同，她漂亮、自大、工于心计，为满足个人私欲不择手段。（《文汇报》）

例89中，"她漂亮、聪明、有钱"为多个形容词谓语并列，弱化了程度范畴的完句作用，使得不加程度修饰的形容词可以直接做谓语成句。例90同理，"她漂亮、自大、工于心计"是并列结构，并列促成了非合法句的合法化。后面章节还要进一步阐释这个问题，这里不再举例展开。

以上我们列举了一些语篇压制现象。在二语教学中，这类问题给教师带来许多解释困难，也给学习者带来诸多困惑，尤其是汉语教学的中高级阶段。那么，对类似现象，我们应该怎样处理呢？

比如，"了"这类问题，是否应该教授"了"在依附性小句中的表现？教学中怎样处理语言—言语、静态语言—动态语言的关系？既然语言研究应遵循语言实态、语言事实，那么语言教学是否也要教授语言实态？诸如此类都要学界去定夺。

目前是基于单句句法的汉语语法教学，学生基于此生成的合法句进入成段表达时，有时却不合法，出现了偏误。而课文语篇中的一些句子，不能独立成句，不那么合法，却符合汉语特点。对于这两种现象，我们该怎么办？应当教授语篇中的特别应用——语篇合法句吗？语篇合法句到底有多少种？在哪种语境下呈现？合法单句进入语篇后都是怎样表现的？有哪些类型进入语篇反而不合法？对于这些问题，我们目前的研究并不充分。本体方面若解决不了这些问题，发现不了规律及应用规则，那么对外汉语教学中便很难解决上述偏误。

关于语篇压制对小句句法的塑造情况，我们还有很长的路要探寻，目前的观察还不足以撑起系统的"篇章语法"。

2.3.2 儿童语篇中整句 / 依附零句情况

2.3.2.1 整句 / 依附零句的分布情况

本小节所用语料来自人民教育出版社小学一、二年级《语文》课文以及小学生作文网和相关儿童读物，合计语料字数与成人语料基本持平。整句 / 依附零句的定义与成人相同，儿童语篇中的例句如下：

例91. <u>小壁虎告别了小鱼</u>，Φ又向前爬去。小壁虎爬呀爬，爬到大树上。他看见老黄牛在树下甩着尾巴吃草。小壁虎说："黄牛伯伯，您的尾巴借给我行吗？"老黄牛说："不行啊，我要用尾巴赶蝇子呢。"（《小壁虎借尾巴》）

例92. <u>雪孩子看见小白兔家着火了</u>，Φ就飞快地跑了过去。雪孩子从大火中救出了小白兔，自己却化了。雪孩子哪里去了呢？他飞到了空中，Φ成了一朵白云，一朵很美很美的白云。（《雪孩子》）

例91中，"小壁虎告别了小鱼"主谓完整，属于自立整句，不依附其他小句而存在。句中出现了体标记"了"，标识动作的完成，提供前景信息。后面的"又向前爬去"为零指称，缺省了主语NP，需要到前面小句找回（小壁虎），该小句依附前面小句。该零指称为前文提及的旧信息，小句从左到右，其信息也从旧到新，重要程度递增，符合线性增量原则。

例92中，"雪孩子看见小白兔家着火了"也是自立整句，使用了体标记"了"，描述动作的已然。后面"就飞快地跑了过去"中，零指称需要到前面寻找消解，为"雪孩子"。本段只有这个NP凸显，因而不会构成消解困难，第二个小句依附前一小句。

对于儿童语料，我们进行了统计，结果见表2-6：

表2-6　儿童语篇整句/依附零句统计

分类	数量	占比	结论推导	时体范畴倾向性
整句	379	69%	儿童语篇中整句占比非常高，说明儿童语篇多使用主谓完整的自立句，以适应儿童认知能力与解读水平	了₁或无凸显标记
依附零句	8 + 161	31%	依附小句只有三成，占比很低，说明儿童语篇中较少使用依附小句，因为依附小句需要去前后文中寻找消解，放大了语篇解读难度	了₁或无凸显标记

可以看出：

第一，在所有小句中，整句占比非常高，达到了69%，说明儿童语篇中多使用主谓完整的整句，句法完整性是显性追求，目的是适应儿童认知能力与解读水平。依附零句只有三成，占比很低，说明即使在时间序列事件中，儿童语篇也较少使用依附零句，经济原则在这里退位给了解读的清晰与旧信息的有效提取。因为依附零句需要去前后文中寻找消解，这加大了语篇解读难度。作为儿童读本，识字、理解依旧是第一位的，篇章衔接连贯功能及篇章结构被弱化了。

第二，关于自立整句标记问题。一般认为"了"多标记前景信息及自立小句，但在我们所见的儿童语料中，自立句的体标记并不十分明确。例如：

例93. 小白兔弯着腰在山坡上割草。天气很闷，小白兔直起身子，伸了伸腰。小燕子从他头上飞过。小白兔大声喊："燕子，燕子，你为什么飞得这么低呀？"燕子边飞边说："要下雨了。空气很潮湿，虫子的翅膀沾了小水珠，飞不高，我正忙着捉虫子呢！"（《要下雨了》）

例94. 小壁虎在墙角捉蚊子，一条蛇咬住了它的尾巴。小壁虎一挣，挣断尾巴逃走了。没有尾巴多难看啊！小壁虎想去借一条尾巴。（《小壁虎借尾巴》）

例93中，"小白兔弯着腰在山坡上割草"属于自立整句，但其中没有使用体标记，只是一般主动句。"弯着腰"中的标记"着"是后面"割草"的方式，并不是体标记。例94中，"小壁虎在墙角捉蚊子"为整句，其中没用体标记，只是一般主动句。按照王惠（1997）的研究，一般主动句倾向于做前景，这里的表现与其研究相符合。后面"一条蛇咬住了它的尾巴"中出现了体标记"了"，属于自立整句，推动链进程，提供前景信息。

此外，有体标记"了"的整句也不一定都成为前景。

例95. 早晨，<u>阳光照到了阳台上</u>，妈妈在给奶奶晒棉被。小峰问妈妈："奶奶的棉被一点儿也没湿，干吗要晒呢？""棉被晒过了，奶奶盖上会更暖和。"妈妈说。（《棉鞋里的阳光》）

这里，"阳光照到了阳台上"中有体标记，句子完整，但从整个话题链来看，这个小句是为主要话题"妈妈晒被子"提供环境描述，为后景信息。

也就是说，自立整句中可以有"了$_1$"，也可以是一般主动句，尚未见到非常明确的形式标记。从前后景角度看，整句往往做前景，有时也可以成为后景，这与该小句的话语意义、话语位置、信息地位相关。

2.3.2.2 依附零句的形式分类

儿童语篇中的依附零句大致可以分为两类：

第一类，零指称依附句。

例96. 王二小装着顺从的样子走在前面，Φ$_1$把敌人带进了八路军的埋伏圈。突然，四面八方响起了枪声。敌人知道上了当，Φ$_2$就杀害了小英雄王二小。（《王二小》）

例97. 小白兔回到家里，Φ把地翻松了，Φ种上菜籽。过了几天，白菜长出来了。小白兔常常给白菜浇水，Φ施肥，Φ拔草，Φ捉虫。白菜很快就长大了。（《小白兔和小灰兔》）

例96中，"把敌人带进了八路军的埋伏圈"前面为零指称，消解时按照就近原则，追踪到前一个小句的指称"王二小"。"就杀害了小英雄王二小"也是零指称，同样按照就近原则，该处零指称回指前面的"敌人"。这两个零指称句都依附前面小句。尽管这里出现了两个高生命度NP，即王二小、敌人，但是回指的就近消解原则以及儿童语篇中小句的顺序排列，使得消解较为简单，不易出现理解障碍。

例97中，"把地翻松了"等几个小句同样是零指称，追踪到前面一个小句的指称"小白兔"。这个话题链里只有一个高生命度NP，因此，尽管零指称颇多，但单一生命体降低了消解难度，儿童容易找回。

第二类，时空零句。

例98. 田野里，一群小鸟正在争论一个有趣的问题：春雨到底是什么颜色的？小燕子说："春雨是绿色的。你们瞧，春雨落到草地上，草就绿了。春雨淋在柳树上，柳枝也绿了。"（《春雨的色彩》）

例99. 一天早上，小白兔非常高兴，因为妈妈让它做一件事情。妈妈让小白兔去瓜果园运一个大南瓜回来。小白兔跑过山坡，穿过村庄，一会儿，瓜果园到了。

例98中，"田野里"介绍事件发生的地点，为空间信息，提供后续小鸟活动的背景信息。例99中，"一天早上"为时间性零句，从功能上看，也是做小白兔动作行为的后景。

成人语篇中反指零形主语数量较多，而儿童语篇中未见。

需要说明的是，正如前面所言，整句并不都为前景，有时也为后景，依附零句也不都是提供后景信息。时空零句一般提供事件的时间地点信息，后景倾向明显；而零指称类依附句有时也表现为前景信息，如例96中的"把敌人带进了八路军的埋伏圈"。

2.3.2.3 语篇压制弱化与语篇特征

由于儿童认知识解能力还在逐渐发展，儿童语篇中整句占比很高。因此，儿童语篇压制小句现象相对弱化，句法规范的、简洁干净的、易识解的小句非常多，语篇合法句现象相对少见。总体上看，语篇表现有如下三种情况：

第一，整句凸显，小句等立。

例100. 奶奶睡着了。小峰想：奶奶的棉鞋里也有棉花……于是，他轻轻地把奶奶的棉鞋摆在阳光晒到的地方。奶奶醒了，小峰把棉鞋放回床前。奶奶起床了，Φ把脚伸进棉鞋里，Φ奇怪地问："咦，棉鞋怎么这么暖和？"小峰笑了笑，说："奶奶，棉鞋里有好多阳光呢！"（《棉鞋里的阳光》）

前面统计结果已经提到，儿童语篇整句凸显。儿童认知能力处于发展过程中，故而儿童语篇更重视单句句法、表意的完整，这使得语篇对小句的压制出现了弱化趋势。前后小句皆为表意完整的整句，各小句等立而非依附。如例100中画线部分都是自立整句，没有出现由于进入语篇而产生的句法压制现象。

第二，信息传递多采用轻形式。

例101. 爸爸刚下班回来，拿起画儿，看了又看，把画儿贴在了墙上。兰兰不明白，问："我只是画了自己的小手啊！我有那么多画儿，您为什么只贴这一张呢？"爸爸说："这胖乎乎的小手替我<u>拿过拖鞋</u>呀！"

妈妈下班回来，看见画儿，笑着说："这胖乎乎的小手给我<u>洗过手绢</u>啊！"

姥姥从厨房出来，一眼就看见了画儿上红润润的小手，说："这胖乎乎的小手帮我<u>挠过痒痒</u>啊！"（《胖乎乎的小手》）

例102. 小燕子说："春雨是<u>绿色的</u>。你们瞧，春雨落到草地上，草就绿了。春雨淋在柳树上，柳枝也绿了。"

麻雀说："不对，春雨是<u>红色的</u>。你们瞧，春雨洒在桃树上，桃花红了。春雨滴在杜鹃丛中，杜鹃花也红了。"

小黄莺说："不对，不对，春雨是<u>黄色的</u>。你们看，春雨落在油菜地里，油菜花黄了。春雨落在蒲公英上，蒲公英花也黄了。"（《春雨的颜色》）

一般认为，大脑处理信息的过程是思维过程的外在表现。Chafe［转引自方梅（2005）］的研究表明，一个语调单位所能传达的新信息通常不超过一个，即"一次一个新信息"，这被称作"单一新信息限制"（one-new-concept constraint）。话语里要传达新信息的时候，说话人会采用一种比较完整或繁复的结构形式。反之，如果要传达的是一个旧信息，那么说话人通常会采用一种结构比较简单的轻形式。这种现象是经济原则的驱动，而更主要的原因是人类认知活动能力具有局限性。

按照前面的论述，旧信息多采用轻形式传达，然而在儿童语篇中，新信息也没有采用繁复的结构，仍是以轻形式表达，如例101中，"胖乎乎的小手"句出现了三次。第一次新信息是个连谓句，没有复杂的修饰语；第二次新信息只是直接替换了最后的动宾短语，"洗过手绢"代替了"拿过拖鞋"，属于轻形式，前面重复旧信息；第三次新信息"挠过痒痒"代替了"洗过手绢"，语言形式简单，结构重复（体标记都是"过"）。儿童读者可以通过刚才读过的背景知识很快地了解其所指："妈妈""姥姥"所用的句式与前面的平行,尽管替换了一点儿("verb+过"结构),但依然可以说这种信息处于半活动(semi-active)状态,在解读中能够轻易被激活,平行性使得其成为易推信息(accessible information)。这类轻形式,如重复出现的结构极大地降低了儿童识解文本的难度。

例102也是如此,"绿色"段为第一次出现的新信息,句子短小,只有主干部分,可以说是以轻形式体现的,"春雨"的反复重提降低了文本的理解难度。后面两段在结构上完全模仿前面一段,新信息"红的""黄的"等都属于简单的轻形式。

对照成人语篇《我是你爸爸》,儿童语篇的这一特征便更明显了,例103画线句繁复隐晦,修饰语很长且添加了"如同"比喻句,后面的"灌米汤""捂紧口袋"都是特殊的修辞格用法。可以说,这里新信息的传递是遵循了前面Chafe所说的使用"完整或繁复的结构"的。

例103. 没人教过,也忘了是从什么时候开始,完全是凭马林生自己的机灵劲儿,<u>他掌握了毋宁说是练出了一种生物本能如同天冷皮肤起鸡皮疙瘩一样</u>:一旦谁万分诚恳地向你<u>灌米汤</u>,手一定要<u>捂紧口袋</u>。(王朔《我是你爸爸》)

第三,减少了情态范畴、程度范畴、时量范畴等的使用。

儿童语篇为了避免儿童在过去、将来等时间上及情态上、程度上造成误读,会更少使用情态、程度等范畴,因而文本相比成人文本显得干净得多,表现为语言的基本面貌。

例104. 秋天,是瓜果成熟的季节。离小白兔家不远有个村庄,村庄后面有一个瓜果园,那里的瓜果长得特别好。

例105. 小白兔跑到南瓜堆里,看看其他的南瓜都没有这个大,心想,就把这个运回去吧!

所有这些干净的、容易处理的文本,都是儿童语篇的表象及其应具备的特征,目的是降低解读难度,匹配儿童的认知理解能力,符合儿童识字阅读的基本要义。

基于不同难度的语料考察已有的一些研究,或许会有不同的发现。

许余龙(2005)认为,汉语的话题倾向于由存现句的宾语引入语篇当中。孙朝奋（1994）认为，话语中主题的重要性与数量词的使用之间存在密切的联系，"一个主题上比较重要的名词短语倾向于由数量结构引进"。

钟小勇（2015b）对此做了进一步的证明，认为带修饰成分的数量结构的持续值显著高于不带修饰成分的数量结构的持续值，带多个修饰成分的数量结构的持续值显著高于带一个修饰成分的数量结构的持续值，这表明修饰成分具有凸显名词短语的作用，与象似性理论一致。同时，这些数量结构持续值的差异跟生命度、语义指称性、数或句法结构等因素有关。修饰成分与中心成分之间无"的"的数量结构的持续值显著高于修饰成分与中心成分之间有"的"的数量结构的持续值等〔如："一只小松鼠"引领的小句的持续值显著高于"一只调皮的松鼠"引领的后续小句的持续值。例子转引自钟小勇（2015b）〕。

然而根据我们对儿童语料的观察，重要的话题类名词短语通常并不是由存现句宾语或者数量结构引进的，如课文《王二小》开篇便是：

例106. 王二小是儿童团员。他常常一边放牛，一边帮助八路军放哨。有一天，敌人来扫荡，走到山口迷了路。敌人看见王二小在山坡上放牛，就叫他带路。（《王二小》）

这里开篇并没有用存现句、数量短语"村里有一个孩子，叫王二小"引出主要话题，话题直接以无修饰、无限制的名词指称形式出现。

在课文《小白兔和小灰兔》中，第一句是：

例107. 老山羊在地里收白菜，小白兔和小灰兔来帮忙。收完白菜，老山羊把一车白菜送给小灰兔。（《小白兔和小灰兔》）

开篇的主要话题"老山羊"前没有限定性数量成分，直接进入故事。

在课文《地球爷爷的手》中，首次出现的名词话题"小猴""小兔"也是直接进入：

例108. 小猴和小兔是好朋友。一天，他俩在树下玩，跳啊，唱啊，真高兴！玩了一会儿，小猴说："小兔，我请你吃桃子吧。"是啊，树上的桃子又大又红，一定很好吃。（《地球爷爷的手》）

《棉花姑娘》一文开篇便是：

例109.棉花姑娘生病了，叶子上长满了蚜虫。啄木鸟飞来了。棉花姑娘说："啄木鸟伯伯，请您帮我捉虫吧！"啄木鸟摇摇头说："对不起，我会捉树干上的害虫，不会捉蚜虫。"（《棉花姑娘》）

该例中，没有数量短语引领的"棉花姑娘"进入段落成为主题。

类似的例子极多，不仅没有看见很多存现句或数量短语引入话题的情况，也很少如钟小勇（2015b）所言有多个修饰成分或"形容词＋的＋NP"结构引领话题首次出现。因此，我们可以说，上述学者的研究成果主要是基于成人语篇的，本书所考察的儿童语篇有不同的语篇表现。由此我们可以发现：研究成果的适用范围与语料难度等级有一定的关联，也可以说，不同难度等级的语料或会有不同的话题引入表现和语篇特征。这一点值得继续关注。

2.3.3 整句/依附零句分布与语篇组织难度

2.3.3.1 成人、儿童整句/依附零句对照情况

前面我们分别对成人、儿童的整句/依附零句情况做了统计分析，那么，二者的表现怎样呢？我们在此按照如下几点做出分类：整句/依附零句的比值情况、语篇压制的表现形式、依附零句的形式分类、语篇功能。

汇总对照结果见表2-7：

表2-7　成人语篇、儿童语篇组织情况对照

项目	整句相对比例	依附零句相对比例	语篇压制表现形式			依附零句形式			语篇功能	
			序列事件中缺失体标记了[1]	形容词谓语句中程度范畴等缺失	排比结构中非合法句合法化现象	ZA	零形反指	时空零句	依附句衔接功能凸显	小句句法完整性凸显
成人语篇	1	1.73	+	+	+	+	+	+	+	−

项目	整句相对比例	依附零句相对比例	语篇压制表现形式			依附零句形式			语篇功能	
			序列事件中缺失体标记了₁	形容词谓语句中程度范畴等缺失	排比结构中非合法句合法化现象	ZA	零形反指	时空零句	依附句衔接功能凸显	小句句法完整性凸显
儿童语篇	1.45	1	−	−	−	+	−	+	−	+
结论推导	儿童整句数量是成人的1.45倍，整句凸显	成人依附零句数量是儿童的1.73倍，依附零句凸显	成人语篇压制现象显著多于儿童语篇，语篇合法句现象更多			依附零句方面，形式上儿童语篇跟成人语篇接近，但零形反指由于要下指追踪指称，难度更高，在儿童语篇中没有出现			儿童语篇中小句句法完整性凸显，这使得儿童语篇的衔接力弱于成人语篇	

2.3.3.2 推导与分析

第一，整句数量上，儿童语篇中整句的数量显著高于成人语篇，比例为1.45∶1。这说明在儿童语篇中，为了适配儿童的认知理解能力，小句句法及语义表达更追求完整性。依附零句数量上，成人语篇显著高于儿童语篇，比例为1.73∶1。这说明成人语篇更频繁地缺省信息以追求语篇的衔接功能、简洁经济功能。

在此，我们可以推导出倾向性结论：整句数量与语篇难度等级负相关，文本中越追求句子的句法完整、表意充分，完整句越多，文本越容易解读；依附零句数量与语篇难度等级正相关，需要依托语境寻回信息以便理解的依附零句数量越多，语篇越难以理解，语篇难度等级越高。因此，整句／依附零句这对参数可以用来判定语篇的难度级差。

第二，语篇压制强弱与语篇难度等级正相关。成人语篇中，由于受到语篇压制，出现了一些独立不合法，但进入语篇中合法的句子。而儿童语篇中，极少出现语篇压制的合法句现象。这是不同文本接受者认知水平决定的。以前面我们谈到的形容词谓语句为例，成人语篇在运用形容词谓语句时可以不使用程度范畴，而用并列形容词的方式，使得无程度范畴形容词谓语句合法化，经历了一个"合法化压制"过程。但是，儿童语篇在使用类似形容词时，没有出现压制现象，而是直接使用了标准的关联词语"又……又……"来并列，例如：

例110. 树上的桃子<u>又大又红</u>，一定很好吃。

小猴对正在树上的猴爸爸说："爸爸，请您给我们摘几个桃子，好吗？"

猴爸爸还没有回答，也没有动手，只见几个桃子自己从树上掉下来。（《地球爷爷的手》）

例111. 快到中午了，小白兔<u>又累又饿</u>。妈妈在家里一定会担心的。小白兔灵机一动，想出个好办法，这南瓜是圆的，我把它滚回家吧！

儿童识别理解能力较弱，非标准化小句势必会增加其阅读理解难度，因此，儿童语篇中更少出现语篇压制现象。

由此我们可以推导出倾向性结论：语篇压制现象越多，阅读理解难度越大，语篇难度等级越高，语篇压制与语篇难度等级正相关。

第三，依附零句形式差异不显著。依附零句形式方面，儿童语篇的表现跟成人语篇接近，但零形反指由于要下指追踪指称，难度更高，在儿童语篇中没有出现。ZA、时空零句在成人语篇和儿童语篇均有出现，不存在显著差异。

第四，语篇功能的凸显点不同。儿童语篇中小句句法完整性凸显，相邻小句经常追求句法完整性，更多呈现等立关系，使得儿童语篇衔接力弱于成人语篇；成人语篇衔接连贯功能凸显。这也可以解释为何成人语篇读起来更行云流水，而儿童语篇经常会有顿挫感。

参考文献

曹逢甫，1995，《主题在汉语中的功能研究：迈向语段分析的第一步》，北京：语文出版社。

曹逢甫，2005，《汉语的句子与子句结构》，北京：北京语言大学出版社。

曹秀玲、杨素英、黄月圆等，2006，汉语作为第二语言话题句习得研究，《世界汉语教学》第3期。

陈平，1987，汉语零形回指的话语分析，《中国语文》第5期。

陈平，1991，《现代语言学研究：理论·方法与事实》，重庆：重庆出版社。

陈平，2017，话语的结构与意义及话语分析的应用，《当代修辞学》第2期。

储泽祥，2004，小句是汉语语法基本的动态单位，《汉语学报》第2期。

戴浩一，1990，以认知为基础的汉语功能语法刍议（上），叶蜚声，译，《国外语言学》第4期。

戴浩一，1991，以认知为基础的汉语功能语法刍议（下），叶蜚声，译，《国外语言学》第1期。

董秀芳，2015，上古汉语叙事语篇中由话题控制的省略模式，《中国语文》第4期。

方梅，2005，篇章语法与汉语篇章语法研究，《中国社会科学》第6期。

方梅，2008，由背景化触发的两种句法结构：主语零形反指和描写性关系从句，《中国语文》第4期。

高增霞，2005，从非句化角度看汉语的小句整合，《中国语文》第1期。

何清强、王文斌、吕煜芳，2019，汉语叙述体篇内句的特点及其二语习得研究：基于汉英篇章结构的对比分析，《语言教学与研究》第6期。

胡建锋，2015，前景化与"知道吗"的功能，《语言科学》第2期。

胡裕树、张斌，1986，句子种种：谈谈句子和语境的关系，《中文自修》第6期。

鞠志勤，2013，动词重叠的体标记地位及语篇语用研究，《语言教学与研究》第2期。

李晋霞，2021，从"话题—述题"看叙事语篇流水句的"断"与"连"，《语言科学》第2期。

李泉，2006，试论现代汉语完句范畴，《语言文字应用》第1期。

李兴业，1989，试说动态助词"了"的自由隐现，《中国语文》第5期。

刘复，1920，《中国文法通论》，上海：群益书社。

罗昕泽，2015，外国留学生汉语中介语依存性小句研究，南京师范大学硕士学位论文。

吕叔湘，1979，《汉语语法分析问题》，北京：商务印书馆。

马建忠，1983，《马氏文通》，北京：商务印书馆。

钱乃荣，1989，话题句与话题链，《汉语学习》第1期。

乔姆斯基，1979，《句法结构》，北京：中国社会科学出版社。

屈承熹，2006，《汉语篇章语法》，北京：北京语言大学出版社。

屈承熹，2009，汉语篇章语法：理论与方法，《对外汉语研究》第1期。

屈承熹、赵世开，1994，现代汉语中语法、语义和语用的相互作用，《功能主义与汉语语法》，北京：北京语言学院出版社。

任鹰、于康，2007，从"V上"和"V下"的对立与非对立看语义扩展中的原型效应，《汉语

95

学习》第4期。

沈家煊，2011，《语法六讲》，北京：商务印书馆。

沈家煊，2012，"零句"和"流水句"：为赵元任先生诞辰120周年而作，《中国语文》第5期。

石定栩，1998，汉语主题句的特性，《现代外语》第2期。

司红霞，2003，完句成分在对外汉语教学中的运用，《汉语学习》第5期。

宋柔，2008，现代汉语跨标点句句法关系的性质研究，《世界汉语教学》第2期。

宋柔，2013，汉语篇章广义话题结构的流水模型，《中国语文》第6期。

孙朝奋，1994，汉语数量词在话语中的功能，《功能主义与汉语语法》，北京：北京语言学
　　院出版社。

孙坤，2015，汉语话题链范畴、结构与篇章功能，《语言教学与研究》第5期。

唐正大，2014，背景化、前景化与汉语小句的"依附-自立"二重性，2014年语言的描写与解
　　释国际学术研讨会，上海。

陶红印，1999，试论语体分类的语法学意义，《当代语言学》第3期。

田然，2016，叙事语篇难度级差及其参数关联，《汉语学习》第6期。

田然，2017，设景机制与语篇难度级差之关联，《语言与翻译》第1期。

王洪君，2014，论汉语语篇的基本单位和流水句的成因，《语言学论丛》（第49辑），北
　　京：商务印书馆。

王惠，1997，从及物性系统看现代汉语的句式，《语言学论丛》（第19辑），北京：商务印
　　书馆。

王建国，2012，汉语话题链的研究现状，《汉语学习》第6期。

吴福祥，2005，汉语体标记"了、着"为什么不能强制性使用，《当代语言学》第3期。

吴福祥，2012，试说汉语几种富有特色的句法模式：兼论汉语语法特点的探求，《语言研
　　究》第1期。

邢福义，1995，小句中枢说，《中国语文》第6期。

徐烈炯、刘丹青，1998，《话题的结构与功能》，上海：上海教育出版社。

许余龙，2003，语篇回指的认知语言学研究与验证，《外国语》（上海外国语大学学报）第2期。

许余龙，2004，《篇章回指的功能语用探索：一项基于汉语民间故事和报刊语料的研究》，
　　上海：上海外语教育出版社。

许余龙，2005，从回指确认的角度看汉语叙述体篇章中的主题标示，《当代语言学》第2期。

许余龙，2013，溯因推理与篇章回指理解，《当代修辞学》第1期。

杨彬，2016，"话题链"的重新定义，《当代修辞学》第1期。

张德禄，2001，衔接力与语篇连贯的程度，《外语与外语教学》第1期。

张健军，2014，转折复句的定景机制及其研究意义，《语言教学与研究》第2期。

赵元任，1979，《汉语口语语法》，北京：商务印书馆。

郑贵友，2002，《汉语篇章语言学》，北京：外文出版社。

钟小勇，2015a，光杆形式的话语指称性分析，《语言与翻译》第4期。

钟小勇，2015b，修饰成分与数量结构话语指称性分析，《世界汉语教学》第2期。

朱庆祥，2012，现代汉语小句的依存性与关联性：基于分语体语料库的研究，中国社会科学院博士学位论文。

朱庆祥，2014，从序列事件语篇看"了₁"的隐现规律，《中国语文》第2期。

Ariel, M. (1990). *Accessing Noun-Phrase Antecedents*. London: Routledge.

Chang, V. W. C. (1986). *The Particle "le" in Chinese Narrative Discourse*. PhD dissertation, University of Florida.

Chao, Y. R. (1968). *A Grammar of Spoken Chinese*. Berkeley: University of California Press.

Chu, Chauncey C. (1998). *A Discourse Grammar of Mandarin Chinese*. New York: Peter Lang Publishing.

Givón, T. (1983). *Topic Continuity in Discourse: A Quantitative Cross-Language Study*. Amsterdam: John Benjamins.

Givón, T. (1987a). Beyond foreground and background. In Russell S. Tomlin (Ed.), *Coherence and Grounding in Discourse: Outcome of a Symposium* (pp. 175-188). Amsterdam: John Benjamins.

Givón, T. (1987b). *Discourse and Syntax: Syntax and Semantics, Vol. 12*. New York: Academic Press.

Harris, Z. S. (1952). Discourse analysis. *Language*, *28*, 1-30.

Hockett, C. F. (1958). *A Course in Modern Linguistics*.New York: Macmillan.

Hopper, P. J. (1979). Aspect and foregrounding in discourse. In T. Givón (Ed.), *Syntax and Semantics* (Vol. 12) (pp. 213-241). New York: Academic Press.

Hopper, P. J. (1987). Emergent grammar. In J. Aske, N. Beery, L. Michaelis, & H. Filip (Eds.), *Proceedings of the Thirteenth Annual Meeting of the Berkeley Linguistics Society* (pp. 139-157). Berkeley Linguistics Society.

Hopper, P. J., & Thompson, S. A. (1980). Transitivity in grammar and discourse. *Language, 56,* 251-299.

LaPolla, R. J. (1990). *Grammatical Relations in Chinese: Synchronic and Diachronic Considerations.* PhD dissertation, University of California.

LaPolla, R. J. (1993). Arguments against "subject" and "direct object" as viable concepts in Chinese. *Bulletin of the Institute of History and Philology, 63*(4), 759-813.

Li, C. N., & Thompson, S. A. (1976). Subject and topic: A new typology of language. In C. N. Li (Ed.), *Subject and Topic* (pp. 457-489). New York: Academic Press.

Li, C. N., & Thompson, S. A. (1979). Third-person pronoun and zero anaphora in Chinese discourse. In T. Givón (Ed.), *Syntax and Semantics* (Vol. 12) (pp. 311-335). New York: Academic Press.

Li, C. N., & Thompson, S. A. (1981). *Mandarin Chinese: A Functional Reference Grammar.* Berkeley: University of California Press.

Li, W. D. (2005). *Topic Chain in Chinese: A Discourse Analysis and Applications in Language Teaching.* München, Germany: Lincom Europa.

Sperber, D., & Wilson, D. (1986). *Relevance: Communication and Cognition.* Cambridge, MA: Harvard University Press.

Tsao, F. F. (1979). *A Functional Study of Topic in Chinese: The First Step Towards Discourse Analysis.* Taipei: Student Book Co.

Tsao, F. F. (1990). *Sentence and Clause Structure in Chinese: A Functional Perspective.* Taipei: Student Book Co.

第三章　以话题链为参数的语篇习得研究

第一节　相关研究概述

从习得视角分析话题、话题链等的相关论文并不多，或许是因为话题习得类研究变量较多，不易控制，我们现将有关论文按照研究主题做一番梳理、归纳，以资借鉴。

3.1.1 话题习得研究

自从Li & Thompson （1976）根据［＋Topic Prominent］/［－Topic Prominent］（话题凸显与否）和［＋Subject Prominent］/［－Subject Prominent］（主语凸显与否）两个参数将语言分为话题凸显型语言如汉语、主语凸显型语言如英语、话题和主语均凸显语言如日语和韩语、话题和主语均不凸显语言如菲律宾语等几个类型后，学界对于话题、主语的研究有了进一步的发展，他们的观点也得到了学界的广泛认可。许多学者以此为基础，对相关语言话题使用情况、习得情况做了进一步分析。

Jin（1994）调查了46名母语为英语的学生学习汉语的情况，发现：英语母语者在学习汉语初期并没有习得汉语话题凸显的特点，而是将自己母语的特征即主语凸显的特点有系统地负迁移到了汉语中；另外，英语的主语凸显和汉语的话题凸显之间的互动及学生对话题凸显的认识的增加使学生的中介语经历了一个语言类型的转换过程，即从主语凸显转换到了话题凸显；还有，话题凸显和主语凸显都是可能的迁移对象。

针对汉语话题凸显的独特性，Jin提出了适合于话题凸显型语言句法复杂性的测量单位和研究方法。也就是说，测量汉语复杂性时，不能完全挪用主语凸显的英语的测量标准。Jin根据汉语的语言特征，加入了两个新的测量指标：一是"主题 + 评论"话题链，二是零形成分的使用。也就是说，根据Jin的研究，话题链与ZA是汉语的特点，并且可以标识汉语的复杂度。

Yuan（1995）研究了102名英国大学生学习汉语非移位式话题句的情况，他假设这些学生学习此种话题句不会有太大困难，因为学生在学习过程中会接触大量的话题句，应该能够在有足量输入的情况下产生正确的话题输出，但是他的研究结果没有证实其假设。他发现他的研究对象很不愿意接受汉语中的非移位式话题句，其原因主要是学习者在学习初期通常遵循最简连接原则（principle of minimal attachment），将句子中的第一个名词成分连接到主语位上。

另外，Yuan（1995）还指出，汉语中有许多表层句法形式为"NP + V + （XP）"的句子，这些句子会让以英语为母语的学生产生错觉，认为汉语和英语一样是主语凸显的语言。这种错觉会导致英语母语者将主语凸显的特点负迁移到汉语中，从而忽视了汉语话题的凸显性，进一步影响他们对话题句的分析。Yuan的研究没有着力探讨习得过程中是否有一个普遍存在的话题凸显的阶段，但他的研究结果与Jin（1994）的结论具有一定的关联性，从另一个方面证实了Jin的结论。

3.1.2 不同语言类型（话题凸显 / 主语凸显）学习者的习得研究

Hunt很早便开始了语言复杂度研究（Hunt，1976），他使用T单位（T-unit），考察了包括英语、韩语和汉语在内的八种语言儿童第一语言的习得情况。研究发现除了汉语以外，其他语言年龄大的儿童产出的T单位均长于年龄小的儿童。而两个不同年龄段的汉语儿童，在T单位的长度方面，表现却无明显差异。这一结论与汉语儿童母语者的实际语言情况不完全相符。

吴继峰（2016）认为不能完全依靠T单位来考察习得情况，而要加入与汉语自身特点即话题凸显相关的参数。吴文通过数据统计，对英语母语者汉语书面语句法复杂性的测量指标进行了研究；还通过英汉对比，对英语母语者汉语句法复杂性的发展特点进行了分析。研究发现T单位和话题链长度不是有效的测量指标，话题链数量、话题链分句数、零形成分数量等几个指标可以作为英语母语者汉语写作句法复杂性的有效测量参数。英语母语者汉语书面语句法复杂性经历了三个阶段：在初级阶段，学习者表现为主语凸显，也就是说，深受其母语主语凸显的负迁移影响；随着学习时间的增加，学习者表现为主语凸显和主题凸显混合；到学习后期即高水平阶段，学习者表现为主题凸显，开始接近汉语母语者的表达。

随后，吴继峰（2018）又对话题—主语凸显型的韩语背景汉语学习者的书面语复杂度测量情况进行了分析。与针对英语母语者的有效测量指标相比，相同的是，话题链数量和零形成分数量可以作为韩语母语者汉语写作句法复杂性的测量指标。不同的是，除了T单位长度这一指标适用于韩语母语者而不适用于英语母语者以外，吴继峰认为话题链分句数可以作为英语母语者的有效测量指标，但是没有考察话题链分句总数这个测量指标。针对韩国学生的研究发现：话题链数量、话题链分句总数、零形成分数量、T单位长度4个指标可以作为韩语母语者汉语写作句法复杂性的有效测量指标；而T单位数量、T单位分句数、话题链长度、话题链分句长度、话题链分句数不是有效的发展测量指标；话题链数量、话题链分句总数、零形成分数量、T单位长度既能有效区分韩语母语者的汉语水平，也能有效预测其写作质量。

因为英语是主语凸显型语言，而韩语是话题和主语均凸显的语言，所以韩语母语者在学习汉语时，在句法复杂性方面可能会表现出与英语母语者不同的特点。

曹秀玲、杨素英、黄月圆等（2006）从移位、非移位切入，分析了英、日、韩留学生的话题习得过程。英语为主语凸显的语言，而日语和韩语是话题和主语均凸显的语言。但是，日语和韩语中都有形态标记来标记话题，而汉语中没有，这也是日语、韩语与同为话题凸显的汉语的差异。

该文在考察了不同语言类型的被试后发现：不同母语背景的学习者并没有经

历一个普遍的话题凸显的阶段。文中所用的语法测试题结果显示，简单句有定宾语移位式话题句为不同母语背景的学生接受，而且在自然语料中，这类话题句的使用，即使在初期也比较普遍，但这并不说明二语学习者在经历一个话题凸显的普遍阶段。即使二语学习者的母语有话题凸显的特点，他们也不会自动欣然接受话题凸显型语言中典型的非移位式话题句。也就是说，即使有母语的正迁移，非移位式话题句对二语学习者依然是比较困难的。

从实验数据中我们可以看到，日语组和韩语组的被试同英语组被试在各项考察中形成了一些明显差异。原因是日语和韩语在句法结构类型上具有内在的一致性，都是话题和主语并重的语言。比如对非移位式话题句，尽管所有学习者都表现出困难，但比较而言，以日语和韩语为母语的学习者的表现还是比以英语为母语的学习者要好一些。

再比如链话题回指判断测试部分，日语组和韩语组的表现明显好于英语组。作文中，日语组和韩语组自发造的话题句，包括非移位式话题句，在数量上也远远多于英语组。这一切都说明母语的影响是存在的。

还有需要注意的是，当话题是不定名词时，汉语参照组和英语组都不接受，以日语和韩语为母语的学习者却有接受的倾向。

尽管日韩学生母语具有话题凸显特点，但是在汉语水平初级阶段，他们也避免使用话题句，到了中高级和高级阶段，在接触了较多的语言材料输入后，日韩学生话题句的使用量才明显增加。这说明，由于学习者的保守性，正迁移在习得早期并不十分明显。

曹秀玲等的文章是从移位视角进行分析，因此语料方面，相当一部分是单句，如"这首歌小红唱过"，而非跨越单句的语篇。

胡丽娜、常辉、郑丽娜（2018）运用"可加工性理论"，继续关注日语母语者汉语话题习得情况，认为母语影响了学习者汉语话题—述题结构的总体使用。母语为日语的学习者汉语话题—述题结构的使用率显著高于母语为英语的学习者，且达到了汉语母语者水平。这主要是因为日语和汉语的语言类型距离较近，都是话题凸显型语言（日语是话题和主语均凸显语言）。

研究显示，学习者使用的主要是移位类话题—述题结构，而且与汉语母语者表现基本一致；基础生成类话题—述题结构使用较少，仅限于关于话题—述题结构，且与汉语母语者表现差异较大。

在移位类话题—述题结构中，学习者使用表地点或时间的介词短语、方位短语、名词或名词短语做话题的话题—述题结构最多；其次是悬挂移位话题—述题结构和句子做话题的话题—述题结构；话题从主语位置移位到话题位置，并在主语位置上使用与移位主语同指的代词的左移位句较少使用；话题从宾语位置移位到话题位置，并在宾语位置上使用与移位宾语同指的代词的左移位句几乎不使用。另外，学习者对汉语话题—述题结构的习得和迁移都不完全符合可加工性理论的预测。

李榕、王元鑫（2021）谈到，韩语中ZA的使用情况远多于汉语。根据统计，韩语话题省略占28%，而汉语话题省略只占16%。从韩语的表达习惯来看，不管是在同一句还是跨句，不管是在句首位置还是句中位置，只要前面是议论的话题，则在后面的句子中话题都可以省略，这与汉语存在差异。姜贞爱（2006）对比老舍的《骆驼祥子》和其韩语翻译本发现：韩语中的先行词多半是以段落为单位进行省略，存在大量的长距离省略；汉语篇章上的省略及消解恢复基本是限制在同句或相邻句上，跨越段落的情况很少。（金贤姬，2014）

为什么韩语可以长距离缺省，可以跨越段落缺省话题呢？从语言类型学角度看，韩语有丰富的标记手段来标示句际之间的语义关系和各个成分的句中角色，有助于读者辨识零形式的回指对象。但是，汉语缺乏相应的标记手段，所以无法过多使用零形式，必须时不时地使用第三人称代词和同形表达式，否则就会影响语义理解和话题的延续性。另外，韩语中的敬语原则也对零指称的使用产生了影响，韩语对尊长人物强烈倾向于回避使用第三人称代词回指。（魏义祯，2017）这种韩语、汉语差异具有重要的类型学意义，也影响到了韩国学生的汉语习得。

3.1.3　先行语习得研究

除了研究话题凸显或主语凸显与习得表现外，还有学者（高玮，2014）关注先行语中数量结构的习得问题。先行语一般是指在语篇中首次出现的指称，往往以名词或名词短语的形式出现，其功能是把一个新的话题引入语篇。先行语的使用只要能让读者明白或辨认出所要谈论的话题即可，对使用者来说不存在根据上下文在名词、代词或零形式之间进行选择的困扰，对读者来说一般也不存在消歧的问题。

但是后来有些学者的研究发现，先行语的选择不是简单的词语使用问题，而是与语篇建构直接相关，先行语的不同会导致语篇建构模式的不同。选择不同的先行语会引发读者不同的心理预期，还会直接影响语篇的衔接与连贯。汉语中"一个、一些"等数量结构在引入话题时并不只是表示数量概念，往往还承载了一定的篇章功能。高文以32万字的中介语语料库为基础，分析了不同等级留学生语篇中先行语位置数量结构使用的偏误。

研究限定在叙述性语体，从不同等级的偏误情况看，二年级下与一年级下相比，宾语位置的偏误明显多于主语位置的，比例为41:7。其中复杂结构和"数＋量＋名"结构的偏误率较高，说明二年级下的留学生开始尝试在宾语位置上使用比较复杂的先行语引入新信息，这也表明留学生先行语的使用逐渐接近汉语母语者的表达习惯，只是尚存在偏误。

高文的研究与早些年的汉语本体研究成果有关。孙朝奋（1994）曾从语篇的角度，提出数量词语的使用与汉语的主题重要性直接相关，认为一个主题上比较重要的名词性短语倾向于由数量结构引进，由数量结构引进的话题在随后的话语中再现率很高。正常情况下，作为先行语的名词性成分的形式越复杂，其提供的信息往往就越多，也就越容易被辨认出来。

在叙述性语篇中，引入新话题的先行语若以光杆名词的形式出现，则一般强制性地需要有数量结构与其共现，尤其当引入的先行语是后面主要谈论的话题时。数量结构的缺失往往会影响语篇的衔接和连贯。

汉语的数量结构具有前景设置功能，尤其是对于首次引入的先行语，多倾向于使用数量结构来凸显其显著性，因编码复杂，其提供的信息量也比光杆名词多。这种有效的凸显使其具有更高的可及性，而高可及性名词性成分在后面的语篇中往往使用代词甚至零形式等来回指，这样将增强语篇衔接力和句际间的勾连能力，使语篇更加连贯。然而留学生在学习汉语时，由于汉语水平所限，先行语往往比较简单，甚至常常是光杆名词的形式，这时就需要有数量结构来对先行语进行重组，以达到成句效果。因为有时候，数量结构的缺失会影响句子的可接受度，使得难以成句。另外，由于数量结构的缺失，该凸显的先行语没得到充分地凸显。编码简单意味着信息简单、信息轻量，未得到凸显的先行语会影响后续回指的消解及篇章的连贯。因此，先行语中数量结构的习得问题应该引起重视。

3.1.4 儿童的照应、回指习得研究

李汝亚（2017）是关于儿童的第一语言空论元习得研究，研究发现，儿童空论元的使用遵守话题连续性原则。话题连续性原则是内在的语言知识，符合内在性（innateness）的三个条件：普遍性（universality）、早现性（early emergence）和不可学性（unlearnability）。

话题连续性原则体现了空论元与其先行语之间的照应关系，这种关系是抽象的语言知识，儿童无法直接从经验中获得，即这种知识具有不可学性。然而，儿童知道如何运用这一知识调控空论元的产出，这表明该原则具有内在性特点。另外，从跨语言研究来看，不管儿童一开始是否处于空论元的语言环境，他们很早就遵循话题连续性原则省略论元，空主语普遍比空宾语多。因为在任何语言中，主语都最容易充当话题，空主语最容易充当连续话题，这体现了内在性知识的早现性和普遍性。

邹立志（2017）也是关于第一语言话题回指的习得研究。该研究选取处在叙事能力快速发展阶段的 4～9 岁儿童，采用图画引发儿童叙事的方式，获得汉语儿童口语叙事语料，并依据 ZA 编码系统对儿童叙事话语中的 ZA 进行编码分析。为更好地了解儿童回指的发展状况，研究中还增加了一组成人作为对比组。

该文发现：儿童叙事话语中 ZA 的使用既表现出随年龄发展相对稳定的特点，也表现出随年龄而变化的趋势。在 ZA 类型使用比例上，儿童呈现出随年龄

发展相对稳定的特点，各年龄组均为SS > OO > OS > SO。也就是说，若首发句话题处于主语位置，则后面小句零形式依旧处在主语位置上，主语延续是显著特点并且使用比例最高，说明语用上的可及性原则在很早就起了作用。儿童ZA能力随年龄增长而提高，4岁儿童ZA能力达到基线发展水平，9岁是话题链结构发展的重要时期。

话题延续量值习得、话题游移习得方向的论文极少，相近的是零指称偏误类、下指类文章，我们将会在行文中讨论相关研究，这里不再赘述。

综上可以发现：汉语作为第一语言的习得方面，学者们主要关注的是儿童空论元以及回指、话题链的习得情况；汉语作为第二语言的习得方面，学者们主要关注的是话题凸显 / 主语凸显的习得，英语背景及日语、韩语背景学生的表现，以及先行语（也常常是话题）带数量结构的偏误情况。

本章我们将依托前面的本体研究成果，从话题链类型、话题延续量值、话题游移度等几个视角切入，分析留学生学习汉语时在这几个方面的表现，以期发现以汉语为第二语言的留学生更多的中介语语篇面貌。

第二节　话题链类型习得情况分析

3.2.1 分类与语料情况

在第二章本体研究部分，我们将话题链分成了三类，如下：

例1. 祥子想找个地方坐下，Φ把前前后后细想一遍，Φ哪怕想完只能哭一场呢，Φ也好知道哭的是什么；事情变化得太快了，他的脑子已追赶不上。（老舍《骆驼祥子》）

例2. 虎妞刚起来，Φ头发髼髼着，Φ眼泡儿浮肿着些，Φ黑脸上起着一层小白的鸡皮疙瘩，Φ象拔去毛的冻鸡。（老舍《骆驼祥子》）

例3. 虽然虎妞能替他招待，可是他忽然感到自家的孤独，Φ_1没有老伴儿，Φ_1只有个女儿，而且Φ_2长得象个男子。假若虎妞是个男子，当然Φ_2早已成了

家，Φ_2有了小孩，即使自己是个老鳏夫，Φ_1也就不这么孤苦伶仃的了。（老舍《骆驼祥子》）

例1为TC1（单一型话题链），话题单一（祥子），未有其他高生命度主体介入；例2为双名词TC2（种属型话题链）；例3为TC3（主次型话题链）。

通过对比成人语篇和儿童语篇中上述话题链类型的表现后，我们发现：儿童语篇中TC1凸显，成人语篇中TC2、TC3显著增多。话题链类型在不同难度语篇中表现不同。

基于本体研究成果，我们希望从应用角度探索：

以汉语为第二语言的初级、中高级水平二语学习者在话题链类型习得方面各有哪些特点？不同类型话题链习得难度是否存在差异？使用量有没有变化？ 初级水平到高级水平的学习者，其输出语篇是否类似汉语母语儿童语篇到成人语篇表现走向？中高级水平、高级水平学习者是否还有类似汉语母语儿童的语篇表现？还存在哪些问题？等等。

语料情况：

我们分别择取了北京语言大学来华留学生期中、期末考试作文初级水平（学生词汇量在600左右，HSK水平三级或以下）50篇、中高级水平（词汇量在2500~5000，HSK水平五级左右）50篇，各获得了100个话题链（合计200个），共计20,985字。作文以叙事语体为主，少量为描写体或夹叙夹议，一并归入广义叙事作为考察对象。

本章的主体分析将采用这部分语料，因为5000以内可以说代表了最广大学习群体的词汇量。无论是国内汉语教学界还是国外汉语教学界，目标授课对象主要集中在这个水平，这也是HSK划分出了六个等级并将词汇量界定在5000的原因（HSK六级的标准为词汇量5000起）。我们在这个区间进行分析，主要是希望能为未来的对外汉语教学、教材编写提供一些参考，是基于学理与应用的考量。

为了观察二语学习者的汉语水平向汉语母语者靠近的情况以及更高水平学习者（词汇量在5000~8000）在本项目习得上的走势，我们又从HSK动态作文语料库中摘取了等量语料备用。

需要介绍一下的是，目前的HSK考试属于"新HSK"，而HSK动态作文语料库里的作文是"老HSK"的产出。该语料库收集了1992年至2005年部分外国考生的作文答卷，体裁涉及叙事、描写、议论等，非常广泛，可以看到学生作文的全貌，了解学生写作内容的前因后果，从而避免选取话题链时的孤立片面。

老HSK当时分基础、初中级、高级几个等级。初中级考试对应的词汇量在2000～5000，高级在5000～8000。只有高级考试才有主观作文题，初中级只有客观题。对于报名资格没有严格规定，一般是中级水平学生（已经获得七级、八级）报考九级，参加写作考试。我们以作文卷面分数为书面语篇水平测量参数。

我们将作文分数60分及以下的认定为"低分区"留学生（但按照词汇量来说，相当于中级水平），70分及以上的认定为"高分区"留学生（相当于高级水平），为使习得趋势表现得更为明显，忽略了中间区域分数的作文。

具体操作方式是：每个阶段各抽取100条话题链进行研究，合计200条；就语体而言，主要是叙事性较强的写人记事类的话题作文。

在目前的对外汉语教学中，这样高水平的留学生已然属于极少数。我们观察高分区的目的是探索到这一阶段后，学习者习得情况怎么样，是否已经非常接近母语者，更多的是学理上的考量。

3.2.2. 初级水平二语学习者的话题链类型表现

3.2.2.1 TC1的习得情况

我们观察语料发现，初级水平二语学习者在TC1运用方面，有两个显著特征。

第一是非链化。也就是说，从语义上看，各小句属于一个话题链，话题为单一NP并延续几个小句，但学习者过于追求单句的完整性而忽视了句间衔接，话题泛化后不能形成ZA，小句自立性强，未构成有效的"链"，这是初级阶段中介语语篇的显著特征。

例4. 现在<u>我</u>是19岁的。<u>我</u>最喜欢的电影是日本电影。<u>我</u>是大学生。大学生可以打工。所以<u>我</u>有钱。所以<u>我</u>可以去电影院看电影。（日本学生作文《我的爱好》）

我们知道，主题推进的一种是平行推进，指的是话语中的句子以前面小句的主题为本句的主题，继而向前推进，即顺着前句的NP话题说下去，并形成ZA，体现为"S（＋S）Φ"类型（指先行词和零形式分别是所在小句的主语）。然而留学生在学习汉语初期，表现出了顽固的"S＋S"用法，即前面话题是主语S（例4是"我"），后面依旧延续为主语S而不形成ZA连缀语篇。这使得语篇衔接力减弱、小句自立性增强，也便形成了类似于儿童表达的中介语语篇。再如：

例5. 我来北京以后，我去上海和天津旅行了。我介绍我的上海旅行。我今年十月跟我朋友一起去上海了。（日本学生作文《我的一次旅行：上海》）

例5也是主题平行推进，维系着"S＋S"一致性原则。

第二是话题辖域小，话题链短小。

例6. 我坐了汽车的时候，Φ能学习汉语。我在那里第一次骑了马。我很开心。（日本学生作文《我的一次旅行：内蒙古》）

例6形成了ZA，但只延续了一个评述小句，话题辖域小，后面马上重提"我"，说明初级水平学习者有明显的回避零指称心理。

3.2.2.2 TC2的习得情况

TC2中，后面小句的NP是前面小句NP的一部分，因此可以标注为NP1、NP2等。意外的是，尽管链中有不同NP出现（可能会干扰话题），但留学生TC2的使用情况较为良好。

例7. 我们家里有很多房间，最大的是我们客厅。在客厅里有一个大沙发，一个中沙发和一小沙发。沙发的旁边有一个茶几。茶几上面放着几个书和手机。（印度尼西亚学生作文《我们家的客厅》）

前面谈到主题推进的第一种情况"平行推进"，这里是主题推进的第二种情况，即"层级推进"。例7中，"客厅"里有"沙发"，"沙发"旁边有"茶几"，"茶几"上面是"书"和"手机"。后续每个小句的主题都是从前面小句评述部分的新信息中引出的，是宾位O在后续变成了S，属于"O＋S"型，主题层级推进，形成如图3-1的关系：

Topic 1：客厅—沙发

Topic 2：　　　　（沙发）旁边—茶几

Topic 3：　　　　　　　　　　（茶几）上面放着几本书和手机

图3-1　话题层级推进

该印度尼西亚学生没有在后续小句中缺省已知信息"沙发""茶几"，未形成严格话题链。但在这类层级推进模式中，重复使用前面小句的宾位并不构成显著偏误，容忍度较高。

值得一提的是，在这种通过静态描写引进新信息的语篇中，留学生使用了数量结构"一个"来修饰"茶几""沙发"、"几个"来修饰"手机"等，使得句子可接受度大增。这类数量结构不仅是词语使用问题，更与语篇建构相关，是留学生偏误较多的部分。（高玮，2014）然而在静态描述型语篇中，留学生基本能正确使用，掌握相对较好，偏误率并不高。这有两种可能：或者是留学生想用定指数量来表述，或者是已经习得此类用法。

由此可初步推测：话题链的推进类型与偏误率有一定关联。空间存现类话题链由于是层级推进，对留学生并不构成显著困难。再如：

例8. 我觉得最有意思的名胜古迹是<u>颐和园</u>。这里很大。这里有湖和建筑。Φ <u>湖和建筑</u>是非常漂亮。（日本学生作文《我的爱好》）

3.2.2.3 TC3的习得情况

先看下例：

例9. 我的最大爱好是见朋友。现在在中国所以不可以见韩国朋友。但是在中国也有好朋友们。<u>我</u>每天每天和<u>他们</u>吃饭。<u>他们</u>也20岁，Φ日本人。每天晚上我们玩手机。我觉得<u>他们</u>是很好。（韩国学生作文《我的最大爱好》）

初级阶段出现了主次NP交替的用例，但用量极少。例9中主话题是"我"，由"我"引出次话题"他们"，后面出现了ZA，说明学生基于母语的认知能力，知道指称距离最近的"他们"可以消解ZA，但惧错心理使得ZA延续一个小句后，又马上重提主话题。母语的正迁移与二语学习中的惧错求全心理纠结在了一起，语言掌控能力弱使得留学生倾向于回避多个NP构成的主次话题。

3.2.3 中高级水平二语学习者的话题链类型表现

3.2.3.1 TC1的习得情况

中高级水平二语学习者在书面语篇输出中，TC1方面的表现有如下特征：

第一，单一型话题泛化偏误依然存在，但比例较低，而且话题泛化的延续相较于初级阶段，较为短暂。另外，随着汉语水平的提高，更丰富的词汇、句法表达使得语篇整体可接受度提高，泛化问题不凸显。

例10.我一直到上大学没谈过恋爱，所以我上大学的时候最大的愿望就是恋爱。可是我第一次见过我们专业的男同学们非常失望了，因为他们好像还是小孩子。（韩国学生作文《我的第一个爱人》）

例11.我是日本人，我出生静冈县。静冈县位于日本的中间，在东京跟大阪的中间。（日本学生作文《我的家乡静冈县》）

例10中主语位置的话题"我"延续了三句，其中第二小句可以使用ZA形式以衔接小句；例11中，主语位置的话题"我"在未出现其他生命体、容易消解的情况下，连续在两个临近小句间的平行位置使用，出现冗余，若使用ZA，则有利于加强语篇衔接力。不过，这类泛化在量值上低于初级水平使用者，只有一处应为ZA而使用了PA，可以推测：随着留学生汉语水平的提高，TC1泛化偏误出现了自我修正，在逐步靠近汉语母语者。

前面已经提及，曹秀玲、杨素英、黄月圆等（2006）发现，尽管一般认为英语为主语凸显的语言，日语、韩语为话题和主语均凸显的语言，但通过实验数据可以看到：不管母语是哪种类型，学习者在初期都是以SVO的最简结构来分析句子的，母语中话题凸显的特点由于学习者的保守性，在后期才更容易正迁移到汉语学习中。尽管该文主要关注移位句（如：那首歌小红唱过）、非移位句（如：旅游，我喜欢去欧洲）话题使用情况，但话题习得在留学生中高级水平时更容易构成正迁移的结论与本书具有一致性。我们所选语篇的话题经常与主语重叠，因而留学生的母语背景没有造成显著差异，下面的第二种情况更是佐证。

第二，TC1的使用恰当准确，已接近汉语成人母语者，例如：

例12. <u>广告</u>这个东西，有人觉得Φ是一门艺术，有人把<u>它</u>当成一份工作，有人觉得Φ烦死。现在<u>广告</u>比比皆是，Φ简直好像那种赶不走的熊孩子一样。（韩国学生作文《谈谈广告》）

例13. 从人们发现烟草起，<u>烟民</u>就融入到人们的生活了。一开始，Φ吸烟不是什么大不了的事。偶尔Φ抽根烟也不算是什么不好的。但是，Φ一养成习惯就成了个问题。吸烟危害身体健康，烟民自己知道这个事实。（日本学生作文《你对吸烟的看法》）

例12中，"广告"是话题，贯穿后面多个小句，在第二个小句中以ZA形式出现，与第一个小句衔接紧密；第三个小句中由于"把"字句的句法要求，学习者以PA替换了前面的ZA；第四个小句无句法制约了，又变为ZA；在谈完人们对广告的感受后，因为要转换言谈内容，所以又重提了"广告"，以NP显示，后续再次以ZA出现在比喻描摹小句中。整个段落话题运用行云流水，衔接紧密。例13中，"烟民"也在ZA、NA中切换得恰到好处，ZA跨越三个小句。

邹立志（2017）在分析汉语儿童叙事话语中ZA的发展时发现：中国6～9岁儿童均具有以ZA将话题延续一个小句的能力，而延续两个小句的ZA较为少见。结合本书的中高级学生语料，我们认为：留学生在学习汉语后期，其TC1运用能力已经超过中国9岁儿童，ZA的使用绝不仅仅是跨越一个小句。这说明成人学习者在汉语作为第二语言习得后期，其母语中储备的语篇知识（TC1）发生了显著的正迁移，助其提升了汉语语篇连缀能力。下面的例14也很能说明问题，例15中甚至出现了单一话题的游移，即先ZA，后续再以NP"日本工作人"明示，可见其TC1运用能力较强。

例14. 一辈子，<u>人</u>不能选择他们的父亲，Φ不能选择他们的妈妈，而且Φ不能选择他们的孩子的性格。Φ只能选择谁当我的妻子，谁当我的丈夫。（韩国学生作文《我对爱情的理解》）

例15. 为什么我最喜欢喝的是啤酒呢？一般来说，在日本聚会开始的时候，Φ先喝啤酒，这已经成为了<u>日本工作人</u>的习惯。（日本学生作文《我最喜欢喝啤酒》）

3.2.3.2 TC2的习得情况

TC2例句较少，表现为两种情况。

第一种，留学生回避使用种属关系句，有求全心理。

例16. 我住的城市不大，它的人口只有一万人，我家乡的天气跟北京差不多，春天是最舒服的季节。（意大利学生作文《我的家乡》）

"人口"是主话题"我住的城市"的下位，留学生冗余地使用了"它的人口"；后面可以直接介绍"天气"，也在求全心理下加上了"我家乡的"。

第二种，有部分留学生能够正确使用种属关系句，主要是在静态空间描写的话题链中。

例17. 我的家乡是意大利的一个城市，叫CHUAN，它很小，只有一万八千人。因为它在北方，所以冬天的时候，Φ天气很冷，Φ空气凉凉的，常常下雪，但是Φ夏天非常热，Φ周边有一个漂亮的湖，还有很有名的城市，比如说米兰和维罗纳。（意大利学生作文《我的家乡》）

例17中该意大利学生介绍自己的家乡，"CHUAN"成为主话题，后续分别介绍其下位"天气""空气""夏天""周边"等，小NP都由主话题统领。

刘丹青（2018）在探索制约话题结构的诸参数时谈到，属性谓语一般由形容词、名词充当，如"他很瘦、鲁迅绍兴人"等，事件谓语主要由行为动词充当，话题结构与这两类谓语的匹配度有显著差异。我们前面所谈的静态介绍性描写属于"属性谓语"，而我们所见的、留学生用得正确的TC2也多是带属性谓语的，句法与篇章表现出了一定的互动关联。

3.2.3.3 TC3的习得情况

随着留学生汉语水平的提高，TC3在作文中使用频率显著提高，正确率也显著提高。

例18. Φ跟我妈妈结婚以后，她总警告爸爸戒烟，要不Φ将来会得病。其实他也戒过好次，但Φ不抽吸的时候做什么都烦恼和没有毅力。所以自从他又开始抽烟以后，我妈妈没办法说了。（韩国学生作文《我对吸烟的看法》）

例19. 黄志强是一个汉语很流利的女性，她会说普通话，我不会，Φ₁现在还在北京学习呢。黄志强就喜欢说普通话，我们俩生活中有了很多误会，因为<u>她</u>坚持只说普通话，而Φ₂解释说没个事。（韩国学生作文《我记忆中的一个女孩》）

例18主要话题是"爸爸"，后面插入次要话题"妈妈"。后续使用了ZA"要不Φ将来会得病"，零指称空位依据指称距离原则，恢复为最近的NP"爸爸"，符合整个链的语义。后面又重提次话题"妈妈"，主次话题转换得当。

例19话题"黄志强""我"在后续均有以ZA形式出现，根据可及性原则中的指称距离原则、显著原则，可分别消解为"我""她"，符合语义，用法正确。

前面所用语料大部分为叙事体，也有少量描写性、议论性的，如介绍自己的家乡、表达对吸烟的看法等。根据屈承熹（2018）对叙事体、描写体、议论体的分析，无论何种文体，都是利用话题链作为小句间的联结手段。叙事体是以话题链为主，描写体与议论体则是话题链与其他机制（如词汇联结）并重。因此，我们这里一并讨论。

尽管对于主次话题的转换、ZA的使用，留学生在中高级阶段已经逐渐习得掌握，但我们依旧可以感到其小句层级的"平—平"关系，即几乎每个小句都处于前景中，推动着事件链的进展（田然，2017），而缺乏从属性后景句，难以形成丰富的立体关系。屈承熹（2018）对此也举例说明：

例20.就这样，几年前<u>我</u>离开LA，Φ来到东边棕榈泉地带的大沙漠中，Φ在不同的小镇上住<u>了</u>三年。（屈承熹，2013：210）

这里都是描述过去事件，话题为"我"，后面是两个零指称延续。这个话题链，我们读起来是有轻重感的，是主次跌宕的，而不是像前面例句"平—平"的关系，为什么呢？这跟小句中体标记"了"的使用有关。这里前面两个小句中没有使用"了"，而仅在末端句使用了"了"，因为"了"的重复会将这三个事件隔离起来，变得各自独立、互不相关，而作者想要把这三个小句作为一个整体事件链来处理，所以缺省了前面的"了"，使前两个小句成为从属小句，标识后景，这样前两个小句便与后面加"了"表示前景的主要小句（main clause）联结为一体，构成完整连贯的话题链了。

类似用法在二语学习者中高级阶段未见用例，可以说：留学生在学习中后期，能够基本掌握主次话题构成的链，而借助体标记语法手段（如"了、着"等）组织话题链的能力依旧欠缺。

可以由此推断：使用完成体、持续体标记组织话题链的能力标识着学习者更高的汉语水平，二者正相关。

3.2.4. 数据统计

3.2.4.1 数据统计情况

根据选取的话题链语料，我们对前面介绍的情况做了数据统计，结果见表3-1：

表3-1　话题链类型习得情况

项目	TC1	TC2	TC3
初级水平表现	非链化特征，即话题跨越多个小句，未能有效使用ZA，偏误显著；话题类型为 S + S 型	多出现在描写体链中；按照空间顺序推进，形成"S—O，O—S"推进模式；这种层级推进方式多由存现句"有"引领，偏误率低	主次型占比低，主次话题ZA 延续性差，仅为 1 次或以下；次话题从评述句新信息中引出
初级水平占比	占比 0.78；其中非链化占比 0.66，正确使用占比 0.34	占比 0.06	占比 0.16
中高级水平表现	能较为熟练有效地使用TC1，ZA 延续量值提升，常为 2～3；部分语篇中依旧存在非链化现象，但 NA 或 PA 使用量明显减少，偏误不显著	多出现在描写体链中；按照空间顺序推进，形成"S—O，O—S"推进模式；层级推进话题；小话题可并列，如"城市"下位"空气""春天"等	主次型占比提高，主次话题 ZA 延续性增强，可以两个话题分别以 ZA 形式延续；次话题从评述句新信息中引出
中高级水平占比	占比 0.32；其中非链化占比低，仅为 0.18	占比 0.12	占比 0.56

3.2.4.2 分析与讨论

根据前面的数据统计，我们发现：

第一，TC1在初级水平二语学习者的语篇表达中占绝对优势，占比为78%，随着汉语水平的提高，用量有所下降，话题链类型开始丰富。TC2数量较少，到中高级阶段用量增加不显著。TC3占比到中高级阶段开始显著上升，为初级阶段的3.5倍。

第二，初级水平非链化显著，在TC1中占比达到66%，与中高级之比为3.7∶1，表明初级水平学习者组织"链"的能力弱，所产出的语篇小句自立性强，衔接力弱。

到中高级阶段，TC1使用水平显著提升，因为此时主语经常与话题重合，所以母语为主语凸显还是话题凸显，对二语学习者学习汉语TC1未见影响。

第三，TC2多出现在空间顺序推进的话题链中，由存现句"有"引导，偏误率低，说明初级阶段学生已经基本掌握"有"类用法。下位次话题的层级推进方式偏误率低，更易习得。需要说明的是，本研究中TC2的语料少，或许与语篇主旨、作文话题有关。

第四，TC3用量到中高级阶段显著增多，且主次话题交错，ZA交替使用，ZA延续值增大，话题辖域更广。中高级阶段话题的复杂度与母语者接近，但在用体标记（如"了、着"等）组织话题链方面，学习者与成人母语者差距显著，属于薄弱区域，需要加强。

3.2.5 HSK动态作文语料库中话题链情况观察

为了更好地观察高水平留学生的习得发展趋势，我们对从HSK动态作文语料库中抽取的话题链进行了统计观察，情况见表3-2：

表3-2　HSK动态作文语料库话题链使用情况统计

话题链类型	低分组（低于60分）		高分组（70分及以上）	
	正确	偏误	正确	偏误
TC1	37	31	33	4
TC2	7	8	19	2
TC3	10	7	35	7

TC1低分组正确用例［转引自喻婷（2019），下同］与偏误用例如下（例子后以"正"标识正确用例，"误"标识偏误用例）：

例21正. 我是本地土生华人，Φ自幼受华文教育，Φ华小毕业后，Φ考进中学，Φ只修了初一第一期便因家贫而辍学。此后Φ便开始了我的生活，Φ做一个靠体力劳动而生存的体力劳动者。（低分组学生作文）

例22误：我上高中的时候，Φ不爱学，<u>我</u>非常爱玩儿，<u>我</u>原来没想上大学，<u>我</u>想参加工作。（低分组学生作文）

TC1高分组用例如下：

例23正. 在学校放假的同时，母亲突然入院，我便承担起了所有家务，并且Φ每天骑自行车去医院看望母亲，Φ带一些她喜欢吃的水果和换洗的衣物。（高分组学生作文）

例24误. 当时我在中国只过半年，<u>我的</u>中文不太好，<u>我</u>有点儿不安。（高分组学生作文）

结合表格与例句，可以看出：

TC1在低分组的使用量显著多于高分组，比例约为2∶1。前面已经提及，这里的低分组是相对低分，报名参加老HSK九级写作考试的学生一般具有中级水平。与前面期中、期末课堂考试作文数据对照，可以发现，总体上<u>TC1</u>用量与汉语水平显著相关，即水平越低，用量越多，水平越高，用量越少，说明随着汉语水平的提升，学生书面语写作的话题链类型不再拘泥于一种，而是愈发丰富多样。例23是高分组的正确用例，可以看出，无论是话题与零指称的使用还是句子组织，该水平留学生的表现都已经与汉语母语者差不多了。

TC2用例如下：

例25正. 他性格不急，Φ身体很健康，Φ个子很高，Φ长得特别帅。（低分组学生作文）

例26误. 我是今年十七岁的男人，我二十岁的时候入大学了。我的性格比较内向，所以很不善于跟人家打交道。（低分组学生作文）

例27正. 我听了以后，Φ心里很担心，Φ不能不回日本看爸爸了。（高分组学生作文）

例26中，"性格"为话题"我"的一个属性，因此，在未出现其他NP指称、依然由原话题统领的链中，缺省"我"才更顺畅，才能将后面小句与前面小句紧密勾连起来。例25、例27就很好，学生已经掌握此类缺省的用法。

观察学生作文后可以看出：

TC2常常具有［＋属性］［＋心理］［＋静态］［＋空间描述］等特点；

TC2用量非常少，是三种话题链中用量占比最低的类型；

TC2偏误率并不算高，尤其在汉语学习的高级阶段。以上结论与我们前面对课堂考试语料的统计分析一致。

TC3用例如下：

例28正. <u>我父亲</u>小时候跟一个同学打架，Φ₁哭着回家了，<u>我爷爷</u>一看他就生气地说"只有打败对手，Φ₂才允许Φ₁回家。"我父亲还有4个哥哥和一个姐姐，Φ₁也经常受他们的气。（低分组学生作文）

例29正. 开始，<u>我</u>犹豫该不该跟他过去。但是我连路都不知道，所以Φ₁跟他上了一辆出租车。<u>他</u>先把我送到宾馆，而且Φ₂车费都付了。我很感激。我下了出租车时，Φ₁忘了问他名字。所以我从那时到现在一直很想跟他再见面，但是没有办法。（高分组学生作文）

低分组例句中间插入了次话题"我爷爷"，以零形式延续此次话题一次。根据指称距离原则，"哭着"前面是主话题"我父亲"，"才允许"前面可以根据最近的高生命度指称"我爷爷"进行编码消解。

高分组TC3较低分组更为典型，主话题以零形式延续过程中插入了分话题"他"并以零形式延续，随后重提"我"并再次以零形式延续，构成一个完整的话题链。像这样典型的TC3，由于其使用难度较大，我们在低分组语料中并未发现。

综上可见：话题链类型的使用与汉语水平显著相关。

TC1为初级阶段留学生常选用的构建语篇的手段，因为其简单可控。随着汉语水平的提升，TC1用量逐渐减少，正确率逐渐提高。TC2用量很少，并多是出现在［＋静态］［＋说明］类语篇中，偏误率比预期低。我们推测与宾位引入的新话题、新信息成为后一小句的主话题这种层级推进有关。TC3在高级阶段使用更为频繁，初级阶段语料中较少出现，说明其对初级水平学生构成较大的习得困难。

初级阶段语篇非链化显著，衔接力弱。随着汉语水平的提升，链化特征显现，而且话题链类型不再拘泥于TC1，愈发丰富，零指称运用愈发灵活，多类型话题链交叉，推动"话题—评述"的发展，丰富了篇章建构。

到高水平阶段，TC1偏误率比较低，但学习者追求小句自立、语义自足的意识及其惧错意识，使得有些该用零指称的地方依旧有话题冗余存在。TC2偏误率非常低，只有9%，出乎我们意料，但无论是在初级、中高级作文语料还是HSK动态作文语料库检索结果中，结论都是这样。我们的语料并没有区分主语凸显的英语母语者、话题—主语凸显的日韩母语者，因此，对这一现象的科学解释依旧需要进一步探索，是否如李汝亚文所言，这是一种语言的内在性，不同语系下都有类似表达呢？TC3在高级阶段使用正确率为83%，说明留学生在使用主次交错的话题链方面，能力已经趋近母语者了。

但如前面屈承熹所举的例子，高分组学生是否也能像母语者一样以体标记"了、着、过"等连缀小句，勾连话题链，而不仅仅是依靠话题延续呢？就目前所见例证看，这种能力依旧欠缺。可以专门搜集高分段学生语料，对此（体标记连缀话题链）进行分析，这是一个需要另外撰文研究的课题。

第三节　链后评述小句延续情况分析

在第二章我们谈到，话题链典型形式为话题引领零回指评述小句，标识为：T + C1 + C2 + C3 +……。其中表示评述小句延续的C量值（含ZA）、链中话题的辖域与语篇难度级差正相关。当C量值大于等于3时，为高延续（以CH标记），反之则为低延续（以CL标记）。

在习得部分，我们依旧采用这一说法，对二语学习者语料中零回指评述小句的使用进行观察。ZA具有高可及性，在保证文章衔接与连贯方面发挥着重要的作用，根据胡壮麟（1994）对汉语叙事型文章的统计，汉语语篇中ZA的使用量占所有指称形式的20%。ZA与先行词的指称距离可以反映出留学生使用ZA延续小句的能力。

3.3.1 初级水平二语学习者链后评述小句延续情况分析

3.3.1.1 非延续特征：单句自足

观察初级水平学习者语料后，我们发现，非链化、话题非延续是语篇的凸显特征，即看似由一个个句子构成的语篇实际上每个句子几乎都是语义自立的。语篇中前后小句缺乏关联，话题没有以ZA形式延续下去，而是反复重提，结果就是单句语义自足、话题冗余，削弱了语篇的连贯性。

例30. 我是旅行家。我有很多旅行迷的朋友。我喜欢不但日本旅行，而且外国行。我去过四次外国。我去过中国和美国。（日本学生作文《我的最大爱好》）

例31. 我喜欢外国旅行但是花钱很多，所以我不会去外国旅行很多。我喜欢去外国的名胜古迹。这个星期我去上海旅行。我很开心。我回国以后我想去外国旅行，所以我努力工作。（日本学生作文《我的最大爱好》）

例32. 我的最大爱好是篮球。如果北京的天气很好，我会打篮球。我在美国每个星期三四次去打篮球。因为我的朋友们也喜欢，所以我们都一起去。我不是跟他们去打球就是我自己去。我觉得篮球是有意思的运动之一。（美国学生作文《我的最大爱好》）

例30中，每个句子都是自立的，主谓齐全，句间没有勾连，该留学生反复重提话题"我"以确保单句语法正确、语义完整。话题在后续小句中可以延续却没有延续，表现出单句自足的非延续特征。后面两例也是同样的问题。

汉语初级阶段，大量的课文以对话（单句）而非叙述语篇的形式呈现，因此，在学习初期语篇输入量少的情况下，单句教学带来的影响进入了作文书写中，留学生被追求单句句法完整的心理主导，形成了"假语篇"，即形式上是一段话，但事实上句子未能衔接在一起形成连贯表达。

关于应该用零指称而以代词替代的偏误，也有其他学者（肖奚强，2001）论及。肖文从前后照应角度，根据可及性理论，认为零形式照应误用为代词照应这种偏误是将高可及标记替换成了低可及标记，因而导致篇章结构松散、连贯性欠佳，这是学生表达能力有限而又力求表意明确所致，是初级水平学生常出现的偏误。肖文对偏误原因的分析，我们认为是中肯的，偏误是追求"表意明确"所致。

3.3.1.2 CL特征

初级阶段很少有话题延续，大多单句语义自足。即使有延续，C量值也很低，多为1。

例33. 我来北京四个月了，Φ去过许多的有名的地方。除了北京以外我还去过别的地方。那儿是四川省。（韩国学生作文《我的一次旅行》）

例34. 接下来，我还喝了酸奶。这是内蒙古的特产，Φ特别好喝。（日本学生作文《我的一次旅行》）

例33、例34都是介绍自己的旅行，动作性比较强，各自出现了一次ZA。例33中，"去过"前通过零指称，将所在小句与前面小句连缀在了一起，话题"我"的延续值为1。例34中以指示代词指称"酸奶"，在后面延续一次。也有延续两次的：

例35. 我的一次旅行介绍一下。我跟朋友一起去过西安，Φ坐火车去十三个小时，Φ太累了，但是很有意思。（韩国学生作文《我的一次旅行》）

"坐火车""太累"前面使用了ZA，话题延续了两次。

在这些低延续中，有两个特点需要提及：

第一，当新引进的话题处于宾语位置时，留学生在后续小句中倾向于以ZA形式照应，形成空论元，而不是使用宾位先行语重提的形式。

例36. 我在那里第一次骑了马。我很开心。我在日本很难得有机会骑马。因为Φ很贵，而且能骑马的地方很少。（日本学生作文《我的一次旅行》）

例37. 我的最大爱好是吃好吃的东西。韩国菜、中国菜、日本菜，什么都喜欢。味道都不一样。我跟朋友常常去新饭馆。最喜欢的菜是日本菜，Φ很好吃。（日本学生作文《我的最大爱好》）

当宾语位置引入新信息"骑马""日本菜"时，后面以ZA显示，零指称运用正确。类似例句很多，如何解释呢？是因为指称距离原则还是留学生母语的正迁移？

有学者（常辉，2014）基于HSK动态作文语料库，考察了日本学生汉语空主语和空宾语的不对称现象，结果显示：日本学生汉语空主语的使用率显著高于空宾语，论元性质显著影响日本学生对汉语空主语的使用；有生性空主语的使用率显著高于无生性空主语；语篇层面出现的空论元（null argument）显著多于句子层面，因为其语义所指可以根据语篇来恢复，体现了汉语的语篇中心特点；跟汉语相同的是，日语中的第一人称单数主语"我"也是经常省略的。

该研究让我们发现，日语中经常省略"我"这一特征，在汉语学习初期，似乎没有正迁移到二语习得中来，而是在中高级时才有所表现（因为HSK动态作文语料库中为中高级水平作文）。另外，论元为有生性论元时，空主语显著，这与我们的观察是一致的。只是为何论元为无生性论元时，如前面例句中的"日本菜"，后续也以ZA形式出现，日语中是否也有相同用法，文中未曾提及。

第二，静态的方位空间描述中，ZA使用更为得体。

与前面的非延续性相比，当话题链内容为静态的空间描述时，ZA常有延续且使用得体，此类用例不少。

例38. 小客厅是为了我家人一起聊天，小客厅里有一个大沙发和两个小沙发，Φ摆着一台电视柜。厨房里有餐桌，Φ放着一台冰箱，Φ摆着一台空调。（巴林学生作文《我理想的家》）

例39. 在客厅的墙上挂着一幅又大又漂亮的画儿和两幅小马画儿，还有两幅全家福，Φ里面有我，爸爸，妈妈，哥哥和姐姐。到春天的时候，客厅里很热闹，Φ桌子上放着很多小吃和饮料。（印度尼西亚学生作文《我理想的家》）

例40. 我和我妻子的卧室有阳台，从阳台俯瞰着海边，卧室里放着一张床，Φ摆着一个衣柜。游戏室里有一台电视柜，Φ还有游戏机。（巴林学生作文《我理想的家》）

例38中，第一个"摆着"前缺省了"小客厅"，"放着"和第二个"摆着"前缺省了"厨房"，ZA延续构成话题链，使用得体。后面例39、例40分别缺省了"客厅""卧室"等，在静态描写话题下，初级水平学习者汉语水平相对提高了不少，因为小句通过缺省勾连在了一起，话题链衔接自然。从形式上看，留学生掌握得较好的表达主要是这样两类：一类是"某地 + verb + 着 + 什么"格式，一类是"某地 + 有 + 什么"格式。以上表现说明这样的存现格式对留学生而言较易习得。

第三，在使用一些句式时，不会冗余重提话题，说明留学生意识到并遵从了复句句式使用特点，句式对话题的缺省有一定的强制性。

例41. 我去了地方很多，比如老门道，中山陵，夫子庙等等，这个地方是都很有意思，Φ又历史悠久。（日本学生作文《我的一次旅行》）

例42. 我跟我的男朋友一起去，我们一边看风光，Φ一边聊天儿。我们忘了我们怎么回学校样，我们迷路了。我们到学校的时候，我累死了，但是非常愉快。我最喜欢旅行。（日本学生作文《我的一次旅行》）

例41中使用了"……，又……"格式，后面运用ZA，没有重提话题"这个地方"。例42比较典型，后续小句冗余使用了大量的话题"我""我们"，致使句间关系松散。唯一使用ZA而没重提话题的是"一边……，一边……"句，说明学生已经掌握的复句格式对话题的缺省有一定的强制性。

3.3.2 中高级水平二语学习者链后评述小句延续情况分析

3.3.2.1 C量值有所增加

与初级水平相比，中高级水平学习者语料中，总体上依旧是低延续趋势，有延续值为1的（如例43），但C量值为2至3的语篇数量开始增加（如例44、例45），说明话题辖域开始增大，链化特征开始显著，篇章连缀能力开始增强。

例43. 我们在苏州想要参观寒山寺，可是Φ到了它的门口，我们发现人太多进不去。没办法我们再去别的地方了。在上海去周庄时，平时只要一个半小时的路程，却要两个半小时。Φ进去周庄后也一样，每条小路都有人。（韩国学生作文《我的假期》）

例44. 我从来没吸烟，但Φ_1当然受到过吸烟的影响。年轻的时候吸烟者可以随便过瘾自己的嗜好，Φ_2没有任何控制，Φ_2在大学、饭馆、医院之类的公共场所可以吸烟。（西班牙学生作文《我对吸烟的看法》）

例45. 朋友让我介绍了一个<u>男朋友</u>，Φ很聪明，但是Φ没有工作，Φ家里也没钱人。第一次见面的时候，他请客我烧肉。（韩国学生作文《我记忆里的男孩》）

例43中，开篇谈及话题"我们"准备参观寒山寺，然后零指称延续一次，后续重提"我们"并再次以零指称延续，出现了ZA形式。这里虽然延续值为1，但是作者为了表意的准确性，以代词、ZA、代词重提交替呼应，使得话题丰富度提升，构成了连缀流畅的语篇。

例44中，首先出现了话题"我"，后面紧跟1次ZA；后续出现新的生命体"吸烟者"为话题，其管控了2个小句，C量值为2。

例45中，名词"男朋友"为后续的话题，管控了3个小句，C量值为3。这类延续在初级水平学习者语料中很少出现，而且，初级经常是"S＋S"模式，即话题通常在主语位置出现，后续ZA也是处于主语位置，有一种平行性。然而这里"男朋友"处于宾位，到后面ZA转成主位并直接衔接延续3次，可以看出，到中高级阶段后，学生的ZA延续运用更加灵活。

3.3.2.2 CH开始出现但占比不高

在中高级阶段语料中，出现了少量的CH现象，即C量值超过了3，例如：

例46. 一辈子，<u>人</u>不能选择他们的父亲，Φ不能选择他们的妈妈，而且Φ不能选择他们的孩子的性格，Φ只有选择谁当我的妻子，Φ选择谁当我的丈夫。这是你要的决定。你决定的话，你不能轻易离婚，不管你老了，不管年轻少的女孩要跟你在一起。（日本学生作文《我对爱情的理解》）

这里以抽象类指的"人"为话题，后续连续出现4次ZA，话题辖域大、跨度广，与母语者已然一致。

那么这里为何出现4次延续而没有影响语义解读呢？

首先是位置的平行性，即前面谈及的"S＋S"模式。其次，没有其他高生命度NP介入，核心谓语"选择"成为消解的标记。每个小句均由含"选择"的谓语构成，排比促成了ZA的高频使用，形成了CH，也就是说，篇章的修辞手法在此影响到了篇章语法，句法与篇章形成了互动。

类似的CH现象很少见，因为在汉语母语者语料中，延续值为3以上的例证（多为流水句）也并不多，说明汉语母语者C量值也并不很高，后面会讨论这个问题。

3.3.3 数据统计

在前面的例句描述后，我们对两类留学生课堂考试作文中话题延续值的情况进行了统计，结果见表3-3：

表3-3　话题延续量值情况

话题延续情况	初级水平占比情况	中高级水平占比情况
非链化	66%	18%
CL	16%（经常是 C = 1）	46%（经常是 C ≤ 2）
CH	1%	3%
话题交叉出现	17%	33%

可以看到，初级阶段不能形成有效延续的情况依旧占据主体（66%），即我们前面讨论过的非链化现象；中高级阶段非链化情况好转但依然存在（18%）。有学者（邢志群，2016；徐开妍、肖奚强，2008；肖奚强，2001；杨春，2004）将这种现象归纳为"应该省略而没有省略"或者"应使用零指称而没有使用"，其实就是非链化，后面将在讨论一节里介绍，在此不赘述。

CL方面，中高级阶段是CL占主体，占比为46%（相较于CH占比3%），较比初级阶段大幅提高（从16%到46%），说明非链化现象在减弱，链化特征显现，篇章连缀能力开始增强。

CH方面，中高级阶段CH用例也很少，初级阶段仅有1例，如下，主要是在介绍行程情况：

例47. 在中国的城市中，除了北京以外我也去过西安。秋天去的。西安比北京的气温高，所以春天或是秋天旅游比较好。我是跟丈夫、女儿一起去的，Φ去的时候坐飞机，Φ回来的时候坐火车，Φ坐飞机大约三个半小时，Φ坐火车大约七个小时。（韩国学生作文《我的一次旅行》）

还有相当一部分属于主次话题交叉，如例48中的"我"和"他"：

例48. 有一天，我们一起回家的时候，<u>他</u>突然说"<u>我</u>有喜欢的人。"<u>我</u>听那句话的时候，<u>我</u>觉得他想跟我商量商量，所以<u>我</u>说"是吗，你们常常联系吗？"等等。"当然！"<u>他</u>说，然后<u>他</u>说"<u>我</u>喜欢你，跟我交往！"（韩国学生作文《请讲述一个你记忆里的男孩》）

例49. 在中国很多<u>外国人</u>不了解我的国家，所以如果<u>他们</u>问我的家乡在哪儿，那<u>我</u>告诉<u>他们</u>从米兰到我住的城市开车大约要两个小时。<u>外国人</u>都知道米兰，所以<u>他们</u>很快就明白了。（意大利学生作文《我的家乡》）

例49也是主次话题"外国人""我"交替使用，而且该意大利学生已经会使用人称代词"他们"<u>照应</u>前面的"外国人"。中高级阶段主次话题交叉使用更为丰富，这与代词的照<u>应用</u>法有关。

需要提及的是，中高级阶段留学生能较好地使用指示代词回指前文，从而避免NP重复带来的单调。例50中，以"这个地方"回指前面的家乡静冈县。如果不用指示代词而用ZA，则会由于插入了古代的情况而表意不清，影响消解；用NP重提"静冈县"，则会单调且影响到其所在小句与前面小句的勾连。例51中是用指示代词"那儿"回指前面的"著名旅游区"。

初步观察语料后，我们发现：初级阶段很少有恰当的指示代词使用，而中高级阶段的用量开始增多，正确率开始提高。这说明指示代词的使用与留学生汉语习得阶段有很大的相关性。

例50. 我是日本人。我出生静冈县。<u>静冈县</u>位于日本的中间，在东京跟大阪的中间。在日本的战国时代，<u>这个地方</u>有三个小国，伊豆国，骏河国，远江国。（日本学生作文《我爱我的家乡》）

例51. 我的家乡在一个<u>著名旅游区</u>，每年有很多游客去<u>那儿</u>度假。去SAEA旅游最合适的季节是春天、夏天，游客可以游览名胜古迹，在湖边休息，去商店买东西。对我来说住在一个著名旅游区有好处，因为我可以跟游客一起说话，提高我的语言水平。（意大利学生作文《我爱我的家乡》）

3.3.4 HSK动态作文语料库中高分组情况分析

通过对HSK动态作文语料库高分组的观察，我们发现，占比高的依旧是 CL，约为52%。如例52中，零指称在后续小句出现了两次，延续值为2，可以看作是邻近零形回指（immediate zero anaphora）。

CH极为少见，占比约为4%，如例53，在动作性极强的"住""吃""行"等前面使用了零指称，与话题位置一致，C量值为5。"住在""吃在""行在"构成了排比类格式，也就是说，修辞影响到了篇章结构，影响到了零指称的延续值。

这一点与我们前面对课堂考试作文的分析具有类似性，都是排比手法促成了ZA的高延续。也就是说，长距离零形回指（long distance zero anaphora）跟排比用法有关，但排比用法并不是长距离回指的必要条件。汉语独特的流水句也带来了长距离回指，如例54中介绍"我"走路的过程，"走""路上摔倒""到了"等构成了动作性强的时间线性序列，因此出现了高延续。

例52. 在学校放假的同时，母亲突然入院，我便承担起了所有家务，并且Φ每天骑自行车去医院看望母亲，Φ带一些她喜欢吃的水果和换洗的衣物。（高分组学生作文）

例53. 我们可用的钱不多，所以Φ为了省钱，Φ住在小小的旅社，Φ吃在普通的饭馆，Φ行在当地人坐的火车或汽车。这样的旅游虽然很辛苦。但Φ能得到的东西也有很多。（高分组学生作文）

例54. 我自己先走，Φ走到离城市50公里的一个小村庄。我心里非常不安，但Φ不想回去。然后Φ再走一条小路。正好下雨之后，路不好走。Φ路上摔倒了好几次，Φ全身都（是）脏了。但我坚持向前走。然后Φ到了一座小桥，叫"遇犬桥"。（高分组学生作文）

3.3.5 分析与讨论

这里我们将讨论如下几个问题：以往相关习得研究与本研究的关联性，ZA延续是否存在极值，以及初级、中高级阶段留学生在话题延续值上的习得趋势与

127

表现。

首先，我们来看第一个问题，即以往的相关习得研究情况。

前面综述已经谈及，目前关于汉语语篇话题延续值的研究极少，仅在一些指称、照应方向的论文中有所提及。曹秀玲（2000）从指称类型、指称方式和指称偏误三个方面对韩国学生的指称现象进行了分析，认为留学生汉语语篇在指称类型和指称方式上都呈现简化的态势。文章中涉及了话题延续情况。曹文采用Givón提出的"回数法"统计了零形式、代词、名词三类成分在留学生语篇中的延续性值，认为延续性值的强弱体现了零形式、代词和名词等在篇章中的控制范围的大小。

统计发现，留学生汉语语篇中人物指称的三种形式的平均延续性值具有以下几个特点：（1）总体上符合汉语人物指称延续性值的强弱趋势；（2）零形式的延续性值比本族人语篇的延续性值低一半，说明留学生语篇中零形式总体上表现为用量不足；（3）名词性成分的延续性值远远低于徐赳赳（1990）的统计，说明留学生语篇中名词性成分的用量远远多于本族人；（4）代词的使用与本族人大体相同。

曹文中留学生零形式用量不足、名词性成分用量远远高于汉语母语者的结论与本研究中非链化（不用零形式而使用代词或名词重复话题）结论是一致的，但曹文中留学生代词的使用与汉语母语者大体相同这一结论与本研究观察不一致。本研究发现留学生代词用量过多，因为零指称用量少，留学生更多是以代词或名词来替代，零指称用量少必然带来代词用量的增加。

邢志群（2016）在分析美国大学生作文省略偏误时发现，主语省略偏误在美国大学生作文语料的省略偏误中数量最多，其中在"不该省的省了"偏误中占33.2%，在"该省的没省"偏误中占47%。作者举了这样的例子，说明英语母语的负迁移（用who / which表达的从句，在翻译成汉语时缺省了who / which）使得学生在汉语表达中，省去了该使用的部分，这里的零指称导致了解读的障碍：

例55. 我决定跟老师谈一谈，（   ）告诉我应该买一本书，（   ）可以让我的生活更容易。

I decided to talk to my teacher, <u>who</u> told me I should buy a book, <u>which</u> will make my life easier.

需要说明的是，这类偏误在本研究语料中还未发现，过分追求单句完整性是我们所见语料的偏误特点。

该省而没有省的偏误说的也是非链化现象，其高占比与我们的观察基本一致。

徐开妍、肖奚强（2008）发现，留学生在篇章中使用代词照应的数量多于本族人，年级越低这种情况越严重，随着年级升高有所缓解，但总体上仍多于本族人的代词照应使用数量。相反，中介语语料中名词照应和零形式照应却存在用量不足的现象，虽然留学生对这两种照应形式的使用从初级到高级呈现逐渐增多的趋势，但其使用量仍低于本族人。其中，零形式照应使用不足的现象更为明显。我们认为，徐文与我们的观察结论是基本相同的，也侧面说明曹秀玲（2000）中关于留学生代词照应使用量与汉语母语者相当的说法似难以成立。

下面，我们再来看ZA延续是否存在极值的问题。

第二章中我们谈到，ZA延续值具有区别语篇难度等级的作用，儿童语篇ZA延续量有限（初级阶段留学生的表现不如中国小学生），而成人语篇延续2～3个小句的情况很普遍，也有非常高量值的延续，因此ZA延续值是具有一定的语篇难度区别意义的。留学生ZA延续值普遍偏低，这也标识了其相对较低的汉语水平。

现在，我们有个疑问：ZA延续值是否可以无限增大？是否越大越好呢？ZA延续是否存在极值？请看例子：

例56a. 孙少平扛着铺盖，Φ提着那罐饭，Φ从田家圪崂的公路上下来，Φ小心地踩着列石，Φ过了东拉河，Φ穿过庙坪，Φ从哭咽河的小桥上走过来，Φ径直向小学校的院子走去。（路遥《平凡的世界》）

Givón（1983）提出测量话题延续性的方法，认为根据话题原则，回指距离越远，话题的辖域越会受到削弱，听者确定所指对象也会越困难，消解语义越有障碍。廖秋忠（1992）也论及了管界问题，认为某一词语的管辖范围跨越了小句，便形成了"篇章管界"，篇章管界存在一些阻隔因素和制约条件。

王倩（2014）曾提出一个假设，"当从零形回指先行语通往回指语所对应的目标的心理路径所途经的领地数大于2时，先行语对零形回指语来说不可及"。也就是说，从零形回指先行语通往回指语所途经的领地数为3时，先行语对零形回指语而言，可及性大大降低，从而导致读者消解先行语的难度提高。作者关于"心理路径太远影响解读"的观点应是成立的，但究竟是多远？跨越三个小句会造成解读障碍吗？我们的例子似乎不支持这个说法。

比如这里的例56a，ZA延续值为7，但并没有明显的消解障碍。为什么呢？此话题链意在叙述孙少平的行动轨迹，用"提""下来""踩""过""穿""走"等一系列动词串联起整个话题链，构成了流水句。更重要的是，这里没有其他生命体NP介入，对动作发出者的解读没有干扰项。因此，该话题链尽管延续值很高，却依旧表意清晰。

但这个例子中ZA是否可以继续延续下去呢？下画线部分是我们自己添加的延续小句：

例56b. 孙少平扛着铺盖，Φ提着那罐饭，Φ从田家圪崂的公路上下来，Φ小心地踩着列石，Φ过了东拉河，Φ穿过庙坪，Φ从哭咽河的小桥上走过来，Φ径直向小学校的院子走去。Φ进院子后，Φ看见几个孩子在玩耍，Φ走过去说起前天的事情，Φ禁不住笑起来。

应该说，延续下去是有前提的：必须保持话题链的动作性、描写性、时间序列性，而且当出现其他生命体时（如这里的"孩子"）易造成误读（这里谁"笑起来"呢？）。所以，尽管ZA延续值一定程度上可以标识学习者的语篇水平，但依然是有限的延续。ZA延续应该是存在一个极值的，最多为7～8。过长的ZA延续会造成连贯小句句式的单调（如例55b，动作性太强），延续到一定时候适度以名词或代词重提指称，会使得表达更加准确，并不是延续值越大越好。

我们对母语语料的观察也基本验证了这一点，母语者语料中大部分话题链的ZA延续值在3以内（包括3），少数可以达到4及4以上。

例57. 他出了操场，Φ又毫无目的地出了校门，Φ昏昏然然来到街道上，Φ

最后又糊里糊涂转到了县城外边的河滩里……<u>他</u>立在黄昏中的河边，Φ目光呆滞地望着似乎不再流动的水，Φ感觉到脑子里一片空白。（路遥《平凡的世界》）

例57中，话题向后延续了三个小句后，又以"他"重提话题。这说明对母语者来说，即使处于同一话题的管辖下，若话题的辖域过广，有时也仍需重提话题以确保表意明确。

有学者（邹立志，2017）认为，ZA与先行词的指称距离（ZA延续值）可以反映出留学生使用ZA延续小句的能力——大体可以这么说。我们在此描述母语者的延续情况是想说明，对留学生话题延续能力的评估应以汉语母语者为参照。母语者的统计数据提示我们，3是一个比较明确的分界点，教学中可以教授学生：在连续使用三次ZA后，重新以显性形式（NP）提起话题是恰当的。

基于前面两个讨论，我们再来汇总下留学生在话题延续值上的习得趋势与表现：

第一，从习得所处的阶段看，初级阶段非链化显著，占比达到66%。留学生追求单句语义、句法形式完整，小句间缺乏连级。到中高级阶段，非链化现象依旧存在，只是占比显著下降到18%；中高级阶段以CL为主，占比为46%，但延续量值稳定在2～3，开始接近母语者的表现。HSK高分者可以达到C = 5，但例证很少，这也符合汉语母语者的使用特点（母语者的延续也是存在极值的）。也就是说，单纯看延续值的话，留学生从初级到中高级再到高级，形成了一个连续统，不断向母语者靠近，最终几乎一致。

第二，从习得表现看，初级阶段PA和NA泛化、ZA用量不足是凸显问题。中高级阶段话题交叉频繁，说明留学生有了更好的话题驾驭、转换能力。同时，话题的频繁转换使得小句延续有所缩短，C量值经常保持在2～3。高级阶段已经可以较好地使用指示代词回指前文NP从而避免冗余拖沓，形成链接。小句间零指称使用情况良好，接近汉语母语者，在没有新的生命体介入的前提下，延续值可以达到3以上，说明语篇中话题的辖域在扩大，留学生对话题的控制力在增强。

第三，从能力评估角度看，对留学生延续值情况的评估，应以汉语母语者的表现为蓝本。汉语母语者的情况是延续值主要维持在3以内（包括3），CH占比较低，说明汉语母语者也是以CL为主体，话题的交叉使用及表达的丰富性要求使得语篇中不会形成过多、过长的ZA引领的"链"。

然而母语者是有能力实现高延续的，C量值可以达到3以上，最长可以有7～8个延续小句。但这种延续有一定的条件性（极值的有限性），如一般不会在链中插入其他高生命度NP，语篇体裁经常是叙事的、描述性的、动作性强的，有流水句特征，小句以时间线性序列排列，等等。因此，对留学生延续能力的评估，也要考虑到作文的话题、体裁等因素。目前，留学生的话题延续主要依靠大量语料输入后的自然习得。

第四，从教学角度看，应有教师的介入以提高效率，需要教师指导与学生自我监控（monitor）的结合。习得理论中的监控规则可以带来关注、修正，不能仅仅依靠语料大量输入后的自然摸索习得。初级阶段的监控介入可以在早期便提升学生的"链接"能力、延续能力，从而避免偏误的频现，帮助其形成语义连贯、小句勾连紧密的"真语篇"。

第四节　话题游移习得情况分析

话题游移的一种典型形式是零形下指。零形下指与ZA相对，指零形式的先行语需要去下文中寻找，这时我们认为原本该在前面出现的话题发生了"游移"。第二章已经谈及，低难度儿童语篇中，几乎没有出现游移现象，话题均在首发位置出现，以凸显论述对象，降低认知能力相对较弱的儿童的解读难度；高难度成人语篇中，出现了话题游移现象，有时跨越多个小句后才能找到话题NP。因此，话题游移度可以成为判定语篇难度等级的一个参数。

关于话题游移的研究极少，陈平（1987）、方梅（2008）将零形下指现象称为"零形反指"，王艳秋（2008）等将其称为"蒙后省略"，但其关注内容皆与我们不同。目前尚未发现从留学生习得视角关注游移情况的论文。

基于儿童语篇话题游移表现与成人语篇的差异性，我们预计留学生学习汉语时，在其不同的水平阶段，在该项目上会有不同的习得表现、发展趋势。因此，我们将主要关注如下几个问题：

不同阶段留学生的语篇中是否都出现了话题游移现象？话题游移度是否为1？高级阶段有没有不同表现？

话题游移时，其句法表现形式是什么样的？留学生先习得了哪些形式？有没有规律可循？与汉语母语者相比，二者的表现是否具有一致性？

话题是否可以安放在ZA链任意位置？它为何发生游移？形式的改变应该对应着功能的差异，那么这种游移带来了哪些功能？留学生是如何获得实现这类功能的能力的？

3.4.1 初级水平二语学习者话题游移情况分析

3.4.1.1 话题可游移而未游移

例58. <u>我来北京以后</u>，<u>我</u>去上海和天津旅行了。我介绍我的上海旅行。我今年十月跟我朋友一起去上海了。我们一个星期五的晚上坐火车，十二个小时才到上海了。我们早上八点到上海，连忙去上海迪士尼乐园了。（日本学生作文《我的一次旅行》）

例59. <u>我来中国以后</u>，<u>我</u>去过很多有名的地方，比如圆明园，长城，北海公园，什么的。其中这些地方圆明园是我最喜欢的地方。因为圆明园又安静又漂亮，所以我可以放松一下儿。<u>我去圆明园的时候</u>，<u>我</u>走了好长路，所以太累了。我跟我的男朋友一起去，我们一边看风光，一边聊天儿。我们忘了我们怎么回学校样，我们迷路了。<u>我们到学校的时候</u>，<u>我</u>累死了，但是非常愉快。（韩国学生作文《我的一次旅行》）

初级阶段话题游移偏误主要表现为该游移而未游移，NP重复，割裂了前后两个小句的链接。例58中，第一句为时间句，介绍事件背景，话题可以游移到后面表前景的主要小句，首发句可以零形反指下面的NP（我）。然而学生追求单句句法完整性的心理，使得其将可以游移缺省的部分也补齐了。

例59表现出了系统性偏误，前后几个小句出现了同样的问题。主要偏误特征也是追求单句句法完整性，语言石化现象显著。

3.4.1.2 话题游移且游移度为1

下面是话题游移正确的例子：

例60. Φ来北京以后跟留学院朋友一起去旅行了，我跟朋友一起去过西安。坐火车去十三个小时。太累了。但是很有意思。Φ来中国以前，我想去西安。我的父母去年去过西安，来家以后向我说景很好。（日本学生作文《我的一次旅行》）

例61. Φ₁来中国以后，我的第一旅行地方是海南，我是公司派的。Φ₂为了帮助我的生活，公司每个月送给我钱。那么公司也要求我遵守公司规定。其中一个，公司不让我去中国以外出国。要是我想家人的话，他们一定来中国，我不回韩国。Φ₁为了家人见面，而且一起好玩，我选择海南。（韩国学生作文《我的一次旅行》）

例60中，几个小句用法都正确，都是零形反指，话题游移到了后续小句中，这种表达习惯是与汉语母语者一致的。两个零形反指句均表示时间信息。

例61稍微复杂些，例中出现了三次零形反指。第一次在首发句内，是指"我"；第二次是反指后面的"公司"；第三次又反指"我"。这位韩国学生在此表现稳定，前后类似用法都使用正确，游移度均为1。

3.4.1.3 习得中的"回退"现象

Selinker（1972）认为，习得是逐渐向目的语靠近的过程，但学习者表现不稳定，有时正确，有时在同样句式中又出现了偏误，这就是习得"回退"现象。

例62. 来中国以后，我去三个健身房。一个是北语南边的地质大学的。另一个是三里屯的。我去别的汉语学院在三里屯，那个学校的学生可以去学校附近的健身房免费。最后一个是在六道口的。这个健身房是24小进开门的。所以，我经常早上5点半左右去那个健身房。在东京的时候，我几乎每天早上去公司以前、去健身房锻炼。这个是我的好习惯。因为早上锻炼以后，我的身体和脑子都完全醒。这个就是开始工作以前的准备之一。我是大学生的时候，我在健身房打工。那时候，我开始这个习惯。（日本学生作文《我的最大爱好》）

例62中，首发句零形反指后面的话题"我"，出现了话题游移，游移度为1。然后开始介绍"我"在东京的情况，使用了"在……的时候"结构，依旧零形反指，话题游移到后面主句中。然而，在下面几乎相同的句型中，该学生却在第一个小句前添加了话题"我"，后面又紧跟了一个"我"，出现冗余。这里可以使用与前面对应的零形反指"在大学生的时候，我……"，以增强语篇衔接力。我们推测学生是因为使用了"NP＋是＋大学生"结构，所以补足了主语。习得中的这种不稳定性也是中介语的特点之一，学习者学习过程中有时会出现"前进—回退—再前进"的现象。

3.4.2. 中高级水平二语学习者话题游移情况分析

中高级阶段，留学生作文中类似于初级阶段的"我……的时候，我……"的话题游移偏误仅见一例。其他语篇话题游移使用正确，正确率较高。例如：

例63. 一般来说，Φ<u>在日本聚会开始的时候</u>，Φ<u>先喝啤酒</u>，这已经成为了<u>日本工作人</u>的习惯。我们一看啤酒就知道我们能开始开心的时间，所以第一个原因是啤酒能带来快乐的气氛。还有别的原因。喝啤酒的时候，我们能缓解紧张的气氛。人们常常变得愉快，那时候我们很容易跟不认识的人成为朋友。（日本学生作文《我最喜欢喝啤酒》）

例64. Φ<u>一开始的时候</u>，<u>爸爸的朋友</u>让爸爸抽烟的。当时，他也觉得不好吃，但是足足吸了半个月，他过瘾地戒不了烟了。

跟我妈妈结婚以后，她总警告爸爸戒烟，要不将来会得病。

依我看，吸烟缺点比优点多一些。虽然Φ<u>跟人接触的时候</u>不得不吸烟，但<u>吸烟者</u>得保护自己的身体的危害。（印度尼西亚学生作文《谈谈你对吸烟的看法》）

例63中，开篇出现了话题游移，使用了两个零形反指形式，游移度为2，两个小句分别为时间小句和动作小句。例64两个小句都是时间小句，运用了零形反指。话题游移偏误主要出现在初级阶段，随着学习时间的增加，中高级阶段该偏误已经很少了。

3.4.3 HSK动态作文语料库中高分组情况分析

观察完课堂作业后，我们又选取了高分组HSK作文，发现其话题游移使用已经跟母语者接近了，游移度最大可以达到4（例67）。也就是说，中高级阶段尚有零星偏误，到高级阶段，在话题游移上，学习者的表现已经跟母语者几乎一致了，请看下面画线部分。

例65. Φ<u>进了时装店里不久</u>，我找到了很好看的黑色套装。我把售货员帮我挑好尺寸的套装试穿好以后，Φ总觉得好像哪里不太对头。原来这套西装上没有装垫肩。（高分组学生作文）

例66. Φ<u>在这四年的生活中</u>，我得到他经济上及精神上的鼓励，我除了得到知识上的收获以外，Φ最大所得是我对人生充满了希望、充满了理想。（高分组学生作文）

例67. Φ<u>从香港飞往越南</u>，Φ<u>不知道为什么</u>，特别Φ<u>越来越了解中国以后</u>，Φ<u>对越南很有感兴趣，我想去越南一周</u>！和中国比较一下。（高分组学生作文）

总体来看，留学生语料中话题游移用量占比很低，这与汉语母语者使用情况一致。王艳秋（2008）认为"这与读者或者听话者接受信息的习惯和能力有关，同时也与说话者表达信息的顺序有关"。因为下指形式过多会提高文本难度，不利于读者理解。零形下指数量越多，越难以判断各小句的下指对象，因此即使是母语者的话题链，其话题游移使用频率也普遍偏低。应该说，如果不是出于特殊需要，在段落起始位置凸显话题是常态表达方式。

在初级阶段，"……的时候，NP＋VP"构式中有较多的偏误出现，学生多以"NP＋的时候，NP＋VP"冗余表达；到中高级阶段，情况已经好转，话题游移基本正确，游移度常为1，且句式也不仅是时间类，还包括目的类，如"Φ＋为了＋VP，NP＋VP"；在高级阶段，学习者对话题游移的使用已接近母语者，话题游移度最高为4，而且运用得体。

这些都说明，话题游移对留学生而言是相对容易习得的，偏误率不算高。

3.4.4 二语学习者话题游移的句法表现

先引出话题来陈述已知信息，将未知信息当作焦点在后面凸显，这是通常的表达方式，所以，当写作者选择不常用的零形反指形式将话题游移到后面小句时，零形反指小句也应有其"不通常"的属性。

留学生习得话题游移时，零形反指所在小句的句法特点比较明显，大致有这样三类：

第一类，表示时间的，"Φ＋的时候、Φ＋VP＋以后"等。

例68. Φ<u>年轻的时候</u>，<u>吸烟者</u>可以随便过瘾自己的嗜好，没有任何控制。在大学、饭馆、医院之类的公共场所可以吸烟。另外，我丈夫曾经也是个烟民，于是家里一直弥漫了烟雾。（西班牙学生作文《我对吸烟的看法》）

例69. $Φ_1$<u>过了几个月</u>，<u>一位普通商人</u>来到画家的家。这个商人冲着画家说他就是那位"海外收藏家"。他是为了要报答画家的前妻才这样做的。他也讲给画家听他的前妻遇到了车祸。临死前把自己的眼角捐给了商人的母亲。就是为了这件事商人答应了买20幅画儿帮帮这位画家因为他前妻觉得他的画很一般，可能不会得到成功。最后，商人买了20幅儿。画家听到这件事吃了一惊。但他总是明白了前妻对他的感情。

$Φ_2$<u>读完这个故事后</u>，<u>我</u>觉得爱情有时显得很复杂。（韩国学生作文《爱情故事》）

例68是使用率最高的一种，可以是"NP＋的时候"，也可以是"VP＋的时候"，如中高级语料中出现了"来北京的时候、刚到中国的时候"等。二者使用比例上没有明显差异，说明"Φ＋的时候"习得情况总休良好，难度不高。

例69中是时量补语，类似的还有"过了一个星期"等。"VP＋后"用量更多，较比"VP＋前"。"VP＋后"还有变体如"VP＋以后"，这一用法更普遍，因为教学中生词表里先出现的是"以后"。

第二类，表示目的的，"Φ＋为了＋VP"等。

例70. Φ<u>为了帮助我的生活</u>，<u>公司</u>每个月送给我钱。那么公司也要求我遵守公司规定。要是我想家人的话，他们一定来中国，我不回韩国。（韩国学生作文《我在北京的生活》）

例71. Φ<u>为了见面我的朋友们</u>，<u>我</u>参观了天津。我的朋友在天津外国语大学学习中文。我们不但在日本一样的大学，而且在美国一起学习了。这个旅行不但是我在中国的一次旅行，而且一次坐地铁。所以我非常担心了。我到了天津就见面他们。我参观了他们的学校。参观以后，我们吃了天津包子。我们有美好的时光。下次我们能在日本见面，所以我很高兴。（日本学生作文《我的一次旅行》）

"Φ＋为了＋VP"结构习得情况比较好，话题游移到后面小句中。比如例70中，"为了"前面的话题需要去后面寻找，为后续小句中的"公司"，学生使用比较自然。这与课堂中"为了"结构操练比较多、教材例句中"为了"使用也比较多有关，初级阶段和中高级阶段表现都不错。

第三类，表伴随的，"Φ＋随着＋NP"等。

例72. Φ<u>随着医学研究的发展</u>，<u>大家</u>会知道吸烟的严重坏处。吸烟不但危害吸烟者的身体健康，也会危害被动吸烟者的，特别是小孩、老人和有呼吸系统疾病的患者。既然吸烟有那么坏处，政府就意识到该采取保护人民健康的措施。（意大利学生作文《我对吸烟的看法》）

教材中，"随着"在中高级阶段才出现，因而在初级阶段作文中未出现用例。该留学生在这里很自然地将话题游移到了后续主句中，说明教材例句对其习得产生了正迁移。同时，学生母语中的用法也应对其习得产生了正迁移，英语中的"随着"也有类似用法（With the development of medical research，people could know …）。

总体看，外国汉语学习者游移类句法表现形式比较集中，只有很少的几类，其中，"Φ＋的时候、Φ＋VP＋以后"最多，而且这种表时间的反指小句习得难度并不大。

再看看汉语母语者话题游移时的句法表现情况。

根据中国社会科学院方梅（2008）的研究，零形反指的使用有其自身的限制性，因为此时反指所在小句属于非内嵌依附小句（non-embedded dependent clause），具有一定的依附性，表现为零形反指小句经常没有时和语气成分，且动词谓语部分的结构形式相当有限，主要可归纳为这样几类：动＋了＋名、动＋着＋名、动＋趋（＋名）、动＋处所、动＋完（＋名）等。方梅在文中举了这样几组例子：

例73a. Φ_i <u>红着脸</u>，他_i不由地多看了她几眼。（正确，动＋着＋名）

例73b. *<u>红脸了</u>，他不由地多看了她几眼。（偏误）

例73c. Φ<u>愣了半天</u>，他$_i$问了句："曹先生没说我什么？"（正确，动+了+名）

例73d. *<u>愣了半天了</u>，他问了句："曹先生没说我什么？"（偏误）

例73e. Φ<u>到了曹宅门外</u>，他$_i$的手哆嗦着去按门。（正确，动+了+名）

例73f. *<u>到曹宅门外了</u>，他的手哆嗦着去按门。（偏误）

与方梅的研究进行比对，我们发现，留学生也使用了"动 + 了 + 名、动 + 完（+ 名）"形式，但是用量最多的"Φ + 的时候、Φ + VP + 以后"结构，方文没有提及。留学生语料中，"动 + 着 + 名、动 + 趋（+ 名）、动 + 处所"等几类形式未见用例，说明汉语母语者话题游移的句法形式更加丰富，而留学生比较单一集中。

尽管形式上比较简单，但毕竟留学生初步习得了这种游移，并借此客观上实现了对应的功能。

3.4.5 话题游移的功能

这里我们关心的是：为什么会出现话题的游移？不游移可以吗？话题与ZA位置可以随意互换吗？我们知道，任何形式的产生和发展背后都有其功能动因，是功能需求在不断地塑造形式的创新，形式的差异也必然会带来功能上的改变。那么，句法游移究竟有哪些功能作用呢？

第一，背景化功能。

前面已经介绍过，小句所提供的信息对事件主线的重要程度或与事件主线的相关程度是不同的。有的直接推进着事件进程，属于前景；有的依附于主句，不直接影响链进程，属于介绍描述类，是背景信息。背景与前景之间是一种连续统的关系，这是篇章建构的需求。

使用零形反指时，该部分篇章常表现出零主语、依附性以及后句或末句含有完句成分等特点，也就是说，篇章组织者通过游移话题到后续关键句、前句零主语的方式，实现了对零主语句的句法降级。信息编码的复杂与否对应着其信息地位的重要与否。句法降级后，小句间的关系从等立关系转为主次关系，零主语句降级为次要句、背景句，完成了背景化过程，从而实现了功能与句法形式的协调、篇章的统一及强事件句的凸显。

如例69中，"过了几个月"是后面主句"一位普通商人来到画家的家"的时间背景信息，"读完这个故事后"同样是"我觉得爱情有时显得很复杂"的条件背景，零主语句降级为了次要句。

为了更好地说明问题，我们再举几个表达更为丰富的汉语母语者用例。

例74a. Φ<u>安排完队里的事以后</u>，天已经接近黄昏。<u>少安感到自己心潮澎湃</u>，Φ无法平静，Φ就一个人蹚过东拉河，Φ穿过庙坪一片绿莹莹的枣树林，然后Φ沿着梯田中间的小路，Φ爬上了庙坪山。（路遥《平凡的世界》）

例74a中，事件主线是说"少安心潮澎湃"，继而开始下面一系列动作行为，最后"爬上了庙坪山"。"安排完队里的事"只是一个时间节点，是后面事件发生的条件，说明这时主人公感觉自己"心潮澎湃"了。因此，首句采用了句法降级的零主语形式，使其背景化，而将话题游移到了关键句，保证了篇章的连贯性、经济性，也凸显了事件链。试比较将话题放在句首会怎样：

例74b. <u>少安安排完队里的事以后</u>，天已经接近黄昏。Φ感到自己心潮澎湃，Φ无法平静，Φ就一个人蹚过东拉河，Φ穿过庙坪一片绿莹莹的枣树林，然后Φ沿着梯田中间的小路，Φ爬上了庙坪山。（路遥《平凡的世界》）

例74c. <u>少安安排完队里的事以后</u>，天已经接近黄昏。<u>少安感到自己心潮澎湃</u>，Φ无法平静，Φ就一个人蹚过东拉河，Φ穿过庙坪一片绿莹莹的枣树林，然后Φ沿着梯田中间的小路，Φ爬上了庙坪山。（路遥《平凡的世界》）

例74b由于后续描摹心情的主要句子"感到自己心情澎湃"缺省NP，影响了信息解读，几乎是难以接受的。NP"少安"放在表示时间的首发句中，提升了表背景的时间句的地位，而后续主句又因为零指称被降级了，使得整个话题链主次层次不清晰，前景不突出，可接受度低。

例74c可接受度有所提升，添加了两个"少安"，但首句没有背景化，使得其与后续小句形成等立关系，对主线信息的解读构成了干扰。因此，例74a的话题游移句是最佳选择，它确保了篇章的经济、连贯、信息凸显。

一般说来，原因小句、让步或条件小句经常要求零形反指的出现，以显示出事件等级上的差异。小句主语隐匿还是显现，其交错组配关系构成了语篇内部小句的主次关系。从句法结构的自立性角度看，强事件性对应于自立小句，弱事件性对应于依附小句。在这里，依附小句通过零形反指形式背景化，话题游移，自身弱化，从而达到凸显主线、凸显前景的目的。

第二，衔接连贯功能。

首发小句通过话题游移，使得自身与后续小句有机衔接到一起，起到了增强句间衔接力、连贯篇章的功效。比如例71中，"为了见面我的朋友们"的话题游移到后面"我参观了天津"中，使得两个小句紧密衔接在了一起。再比如下面的几组例子［例句引自喻婷（2019）］：

例75a. Φ等老师傅把烧红的铁块放在铁砧子上后，<u>少安</u>就抡起锤和老汉一人一下打起来。（路遥《平凡的世界》）

例75b. <u>少安</u>等老师傅把烧红的铁块放在铁砧子上后，<u>少安</u>就抡起锤和老汉一人一下打起来。（可接受度低，偏误）

例76a. Φ回到家里，<u>金俊武</u>连午饭也没吃，Φ扛了把镢头又上了自留地。（路遥《平凡的世界》）

例76b. <u>金俊武</u>回到家里，<u>金俊武</u>连午饭也没吃，Φ扛了把镢头又上了自留地。（可接受度低，偏误）

例77a. Φ喝了几杯酒以后，<u>白明川</u>并没有兴奋起来，Φ反而忧心忡忡地对两位县上的领导说……（路遥《平凡的世界》）

例77b. <u>白明川</u>喝了几杯酒以后，<u>白明川</u>并没有兴奋起来，Φ反而忧心忡忡地对两位县上的领导说……（可接受度低，偏误）

几个b句，由于话题没有游移，小句自立性显著增强，割裂了前后小句的衔接，可接受度远远不如a句，这便是话题游移的另一个篇章功能。

从以上也可以看出：通常，话题并不是可以放在链中任意小句前，而是受到篇章功能和事件主链的制约。

留学生学习汉语时，如前所述，随着水平的提高，也开始在作文中使用游移、零形反指，客观上实现了零形反指带来的背景化及增强衔接力等功能，丰富了小句构成和篇章表达，表明其篇章组建能力在逐步提升。然而这些篇章运用能力并不见得来自其对篇章衔接连贯结构的自我监控，可以说几乎不是留学生主观监控篇章表达的结果。原因是：我们的教材中，并没有这类专门的篇章练习设计；课堂中，罕有教师专门做语篇背景化功能的讲解，即使在高年级，也不会讲解这类篇章知识；教材中没有相关注释说明，现有语法大纲中也没有这部分内容。那么，留学生逐渐习得的奥秘源于哪里呢？

我们认为留学生的习得主要基于下面几点：

首先是大量可理解文本的输入。

来自综合课本、阅读听力技能课本、词典的语料使得留学生比较自然地习得了话题游移的运用。在运用过程中，客观上而不是留学生主观上，实现了背景化、衔接连贯等篇章功能。

其次是课堂句型的讲解训练带来的正迁移。

对外汉语教材生词表中出现"以后、的时候、以前、随着"等生词或短语时，教师一般都会对这类组句能力强的生词、短语进行讲解、操练。留学生造句时，教师会对冗余部分进行纠错，例如：

例78. 教师：来中国<u>以前</u>，你学过汉语吗？

　　　学生：<u>我</u>来中国以前，我学过汉语。

　　　教师：来北京<u>以后</u>，你吃过烤鸭吗？

　　　学生：<u>我</u>来北京以后，我吃过烤鸭。

这类冗余出现时，教师会修改为正确的零形反指形式，即保持答句与问句的平行关系。反复操练强化了学生记忆，加深了其对"以后、的时候、以前、随着"等的用法的印象，并被其自然带到语篇中，形成零形反指，客观上实现了背景化、衔接连贯等功能。

事实上，鉴于目前教材中语篇训练的缺失，我们可以有意识地将这部分内容设计到教材中，主动避免留学生习得时走的弯路，适度运用习得监控策略，让教师监控、学生自我监控同时发挥作用，以提高学习成效。

参考文献

曹秀玲，2000，韩国留学生汉语语篇指称现象考察，《世界汉语教学》第4期。

曹秀玲、杨素英、黄月圆等，2006，汉语作为第二语言话题句习得研究，《世界汉语教学》第3期。

常辉，2014，日本学生汉语空主语和空宾语的不对称现象研究，《世界汉语教学》第2期。

陈平，1987，汉语零形回指的话语分析，《中国语文》第5期。

方梅，2008，由背景化触发的两种句法结构：主语零形反指和描写性关系从句，《中国语文》第4期。

高玮，2014，从语篇角度看先行语中数量结构的偏误及其成因，《语言教学与研究》第3期。

胡丽娜、常辉、郑丽娜，2018，母语为英语和日语的学习者对汉语话题—述题结构的习得研究：可加工性理论视角，《语言教学与研究》第3期。

胡壮麟，1994，《语篇的衔接与连贯》，上海：上海外语教育出版社。

姜贞爱，2006，韩汉政论体语篇的省略和指称衔接对比，延边大学硕士学位论文。

金贤姬，2014，汉韩话题省略和语篇衔接性的对比分析，《语言学论丛》第1期。

李榕、王元鑫，2021，中高级阶段韩国留学生汉语篇章第三人称回指的习得研究，《世界汉语教学》第2期。

李汝亚，2017，空论元儿童语言习得研究，《外语教学与研究》第2期。

廖秋忠，1992，《廖秋忠文集》，北京：北京语言学院出版社。

刘丹青，2018，制约话题结构的诸参项：谓语类型、判断类型及指称和角色，《当代语言学》第1期。

屈承熹，2013，从语法研究到语法教学：以现代汉语完成体标记"了₁"为例，《走向当代前沿科学的现代汉语语法研究》，北京：商务印书馆。

屈承熹，2018，汉语篇章句及其灵活性：从话题链说起，《当代修辞学》第2期。

孙朝奋，1994，汉语数量词在话语中的功能，《功能主义与汉语语法》，北京：北京语言学院出版社。

田然，2016，叙事语篇难度级差及其参数关联，《汉语学习》第6期。

田然，2017，设景机制与语篇难度级差之关联，《语言与翻译》第1期。

王建国，2012，汉语话题链的研究现况，《汉语学习》第6期。

143

王倩，2014，汉语零形回指的认知机制研究，浙江大学博士学位论文。

王艳秋，2008，《儒林外史》句首零形照应研究：兼与《骆驼祥子》句首零形照应比较，浙江大学硕士学位论文。

魏义祯，2017，《韩汉篇章回指对比研究》，北京：北京语言大学出版社。

吴继峰，2016，英语母语者汉语书面语句法复杂性研究，《语言教学与研究》第4期。

吴继峰，2018，韩语母语者汉语书面语句法复杂性测量指标及与写作质量关系研究，《语言科学》第5期。

肖奚强，2001，外国学生照应偏误分析：偏误分析论丛之三，《汉语学习》第1期。

邢志群，2016，美国大学生汉语作文省略偏误研究，《世界汉语教学》第4期。

徐赳赳，1990，叙述文中"他"的论语分析，《中国语文》第5期。

徐开妍、肖奚强，2008，外国学生汉语代词照应习得研究，《语言文字应用》第4期。

杨彬，2016，"话题链"的重新定义，《当代修辞学》第1期。

杨春，2004，英语国家学生初级汉语语篇照应偏误考察，《汉语学习》第3期。

喻婷，2019，外国学生汉语叙事语篇话题链习得研究，北京语言大学硕士学位论文。

周晓芳，2011，欧美学生叙述语篇中的"回指"习得过程研究，《世界汉语教学》第3期。

邹立志，2017，汉语儿童叙事话语中零形回指的发展，《首都师范大学学报》（社会科学版）第3期。

Chu, Chauncey C. (1998). *A Discourse Grammar of Mandarin Chinese*. New York: Peter Lang Publishing.

Givón, T. (1983). *Topic Continuity in Discourse: A Quantitative Cross-Language Study*. Amsterdam: John Benjamins.

Hunt, K. W. (1976). Study correlates age with grammatical complexity. *Linguistics Reporter*, *18*(7), 3-4.

Jin, H. G. (1994). Topic-prominence and subject-prominence in L2 acquisition: Evidence of English-to-Chinese typological transfer. *Language learning*, *44*(1), 101-122.

Li, C. N., & Thompson, S. A. (1976). Subject and topic: A new typology of language. In C. N. Li (Ed.), *Subject and Topic* (pp. 457-89). New York: Academic Press.

Li, C. N., & Thompson, S. A. (1979). Third-person pronoun and zero anaphora in Chinese discourse. In T. Givón (Ed.), *Syntax and Semantics* (Vol. 12) (pp. 311-335). New York: Academic Press.

Li, C. N., & Thompson, S. A. (1981). *Mandarin Chinese: A Functional Reference Grammar.* Berkeley: University of California Press.

Selinker, L. (1972). Interlanguage. *International Review of Applied Linguistics in Language Teaching*, *10*, 209-231.

Tsao, F. F. (1979). *A Functional Study of Topic in Chinese: The First Step Towards Discourse Analysis.* Taipei: Student Book Co.

Yuan, B. (1995). Acquisition of base-generated topics by English-speaking learners of Chinese. *Language Learning*, *45*(4), 567-603.

第四章　以小句设置为参数的语篇习得研究

第一节　相关研究概述

前文已经提及，小句设置主要涉及小句排列和设景机制。从习得视角关注二语学习者习得汉语语篇时如何排列句子的文章，迄今几乎未见，应该说，这一问题目前依然有待开垦探索。

我们先对国内外本体领域的研究情况做简要回顾。

关于语序，Osgood（1980）提出自然语言中有两种语序：立足于概念的自然语序和立足于说话人兴趣、焦点的特异语序。Haiman（1980，1983）指出，临摹性在人类语言的语法中起着非常重要的作用，PTS（时间顺序原则）是临摹性最好的体现，因为在这种情况下，语言的结构是对现实的时间结构的直接反映。然而，尽管符合PTS的语篇在自然语言中广泛存在，但PTS并不是一条具有普遍性的原则。

国内研究中，范晓有多篇文章谈及语序问题（范晓，2001a，2001b），但基本是限定在句子内。范晓（2016）基于语言习得视角，讨论应选择何种语序的小句进入篇章，不过主要是论及"把"字句和"被"字句等的选用及语义相同的不同句式进入篇章的方式，不涉及小句的排列顺序。

戴浩一由于在美国攻读语言学，更多地结合了国外语言学理论，较早关注排列顺序问题，他认为汉语比许多其他语言更多地使用了PTS。他从认知—功能视角出发，认为两个句法单位的相对语序取决于它们所表示的概念领域里的状态或事件的时间顺序，并证明了这条原则是汉语语序最一般的特征。例如：①他在马背上跳；②他跳在马背上。（戴浩一，1988，1990，1991）有学者对此例证提出了不同观点，如张国宪、卢建（2010）。

另外，汉语中还有整体优先原则，即无论是表达时间还是空间，语序上都倾向于把整体放在部分前面，英语是不会这样表达的，这是汉语的特点。

除此，戴浩一认为汉语中还存在凸显原则，即说话人的兴趣和关注焦点会影响小句的排列，这与Osgood的观点一脉相承。例如：①我病了，没去开会；②我没去开会，因为我病了。也就是说，认知心理上的轻重缓急影响了小句的排列。

还有一条是信息中心原则，这是语用的影响，跟说话人的态度无关。句子的前提部分在前，断言部分在后，与汉语的话题—说明结构一致，说明和断言都是"新知"信息。

有少量文章从英汉对比角度，谈及不同语言中小句的排列，与本研究有一定关联。

李少儒（2006）认为，英语的长句包括复合小句、嵌入小句和附加小句，是由各种从句和短语组成的。它们中的一部分可以被分割成独立的句子，另一部分（动词的非谓语形式、介词短语、形容词短语和名词短语）可以当作省略句来对待，均满足结构独立、意义完整的特点。翻译时可以采取整体拆分、合并和位置调整等操作，这便涉及英译汉时的小句排列问题。

由于英语和汉语的思维趋向有所不同，各种概念在表述顺序方面也就存在一定的差异。在英译汉时，小句排列应遵循如下几种排列顺序：

首先是物理顺序。主要包括时间顺序和空间顺序，指按照一定的物理空间中的始点位置、发展过程和终点位置，来描述对象的种种存在或活动状况。这种物理顺序反映了汉民族的习惯特点。

其次是逻辑顺序。对于英语中有时明显、有时隐晦的关系，在汉语小句排列时，可以按照因果、条件、目的等关系加以标记。

最后是事理顺序。主要指层次的不同、主次的不同等。在排列时，英语长句中的一系列小句频频使用代词进行反指，而在翻译成汉语时，若各小句共有一个施动者，后续小句则多为零指称形式，体现了英汉小句排列的差异。

何伟、刘佳欢（2019）谈到，在逻辑语义关系类别上，英语和汉语存在相同的分类，即阐述、延展、增强和投射，但类别出现概率、词汇语法表征方式和逻辑语义配列顺序存在一定的差异。

在类别出现概率上，英语中增强类出现概率较大，汉语中则是延展类出现概率较大，说明英语使用者习惯于通过描述环境对经验活动进行认知，汉语使用者则习惯于根据发生顺序对经验活动进行认知，也就是在汉语中，顺序原则是更显著的一个特点。

在词汇语法表征方式上，英语逻辑语义关系多由逻辑标记词表征，而汉语主要是通过语义关系来蕴涵。英语由于标记词语的存在，逻辑关系得以更为清晰地显示，汉语语义意合性更加显著。其中，阐述类关系在此方面的差异最为明显：英语中，小句间关系为嵌入关系，句子层次分明，主句从句清晰；但汉语中没有相关的黏合词，因此往往通过隐性方式来表征语义关系，小句间关系可以表征为并列关系、平行关系，逻辑不明显。

在逻辑语义配列顺序上，英语和汉语也不尽相同。在表征延展类关系时，英语会将后发生的事件前置；汉语则是先发生的事件先叙述，后发生的事件后叙述，依旧是时间原则显著。

在增强类关系的表征方式上，英语习惯先叙述结果、后补充原因或条件，汉语则恰恰相反，习惯先说原因或条件、后说结果，这些差异体现了英语和汉语中焦点位置的不同。英语一般将焦点前置，即将后发生的事件和结果事件作为焦点并将焦点前置；汉语一般将焦点后置，即遵循先发生的事件先说、从原因到结果、从条件到结果的语句发展原则。英语更注重逻辑关系的体现，通常需借助逻辑标记词表明逻辑语义关系，故而显性方式偏多；而汉语更注重先后的顺承，一般会按照事件发生的顺序排列，故而隐性方式偏多。这体现了英语形合和汉语意合的特点。

关于设景方式，在第二章中我们做了较多的介绍，所见论文主要是从本体角度论及设景方式、前后景关系、表现形式等，如方梅（2008）、李挺（2010）、胡建锋（2015）等分别探讨主语零形反指和描写性关系从句、叙事篇章中存现句的前后景转化、前景化与"知道吗"的功能等，尚未发现有从习得角度探讨留学生习得汉语篇章设景机制的研究，这是需要我们探索的一个领域。

我们将在正文中结合具体问题提及并介绍部分参考文献，这里不再赘述。

结合第二章本体部分以及本节的简要回顾，本章主要将探索如下内容：

留学生作为以汉语为第二语言的学习者，他们的汉语语篇中小句是如何排列的？从初级到高级，是否发生了变化？发生了哪些变化？本部分将涉及时间序列原则、空间序列原则、凸显原则（认知心理上的轻重）、逻辑序列原则等。

留学生的语篇中，前后景情况如何？前后景是以什么样的形式表现的？其功能如何？从初级到高级，是否发生了变化？变化趋势如何？本部分将涉及前后景设置分配情况、设景形式、设景功能等。

第二节　二语学习者语篇中小句排列情况分析

4.2.1 初级阶段语篇中的小句排列情况

4.2.1.1 时间序列

初级阶段，在留学生作文中，小句往往是按照时间序列码放：

例1. 我是<u>九月来北京的</u>。我在中国已经度过了四个多月。<u>来北京以后</u>，我去过许多地方。我去过王府井，前门，动物园，长城等等。<u>十月份放假的时候</u>，我跟印尼朋友一起去了内蒙古，花了七个小时左右。（印度尼西亚学生作文《我的一次旅行》）

例2. <u>到了上海以后</u>，马上我的手机坏了。我不能联系我的日本朋友。但是，一个中国人帮助我，<u>然后</u>我和朋友能见面。<u>那时候</u>，我感动了中国人的亲切。<u>然后</u>，我们去很多上海的景点。非常开心。我好久不见她们，所以我们很多聊天儿。<u>离开的时候</u>，我们都哭了。（日本学生作文《我的一次旅行》）

例3. 我的一次中国旅行是去天津的。<u>我从十一月三号至十一月五号去天津了</u>。我是坐地铁和火车去的。我怕这个旅行，因为我一个人去天津旅行，为了我见遇我的天津朋友。以前我以为我不可以去一个人，但是可以去一个人。我觉得我的成长。<u>我和我的朋友一起去了许多的地方</u>。<u>我最喜欢古文化街</u>。<u>除了古文化街以外</u>，我还去奥城，天塔，天津动物园什么的。这个天津旅行对我非常有意思。<u>一月十一号我应该回国</u>，但是我要再天津旅行。（日本学生作文《我的一次旅行》）

例1中，学习者先介绍自己是九月来北京的，然后介绍来北京后的情况和十月份去内蒙古的情况，是按照时间先后顺序安排小句、组织语篇的。例2、例3中也都出现了时间词语，学习者按照时间顺序叙述事件，推进链进程。

戴浩一（1988）认为，小句的相对次序取决于它们所表示的概念领域里的状态或事件的时间顺序。当表层结构的成分次序偏离概念的次序时，句子的理解就会变得比较困难。在这种意义上，PTS是自然的，它在语言加工中的心理复杂度最低。所以，当两个汉语句子由时间连接词（如"再、就、才"）等连接起来时，就等于传递了时间先后信息，即第一个句子中事件发生的时间总是在第二个句子中事件发生的时间之前。这类标记符合认知，因而会降低人对小句的解读难度。

按此观察我们也发现，在初级二语学习者的表述中，会出现一些常用的时间类词语和结构，借以安排小句。主要有：

时间性NP，如年、月、日、时间，例句中出现了"九月""十一月三号至十一月五号"等；表先后次序的副词及标示时间的短语，如"然后""……以后""……的时候""除了……以外，还……"等。

这些词语或语法项目主要为甲级词或基础语法，在初级阶段便出现了。从留学生整个语篇来看，这类时间短语的使用正确率是比较高的，而其他形式的偏误情况比较突出。因此我们也可以说，这类时间短语的正确使用提升了整体的语篇表达的连贯度，使时间脉络更为清晰，可读性有所加强，在一定程度上掩盖了小句内语法偏误的负面影响。这在例3中尤为明显，画线的时间句正确率较高，而其他一些句子，如"为了我见遇我的天津朋友""以前我以为我不可以去一个人，但是可以去一个人。我觉得我的成长"则存在明显偏误。

课堂教学中，"……以后""……的时候""除了……以外，还……"等都是教师要操练的句式，一般教材中也安排了课后练习，是否是这种强化讲解、操练提升了使用正确率呢？既然偏误率低，以后教材中是否可以减少这类练习呢？这仅是观察中介语语料时的一个发现，还有待进一步验证。

在包含时间类短语的序列中，还有一个时间范围原则（Principle of Temporal Scope，以下简称PTSC），可以表述为：如果句法单位X表示的概念状态在句法单位Y表示的概念状态的时间范围之中，那么语序是YX。（戴浩一，1988）PTSC要求时距小的成分排在时距大的成分之后，汉语中先说年，后说月、日、具体时间；时间状语从句在动词之前使用，因为动词所表示的动作行为的时距处在该时间状语从句指定的时距之内。这种有别于英语的汉语表达方式，美国学生的习得情况也是良好的：

例4. 我在美国每个星期三、四次，去打篮球。因为我的朋友们也喜欢，所以我们都一起去。我不是跟他们去打球就是我自己去。我们也喜欢看篮球比赛。我们每个周末去酒吧以前的时间，一边喝酒一边看篮球比赛。我觉得篮球是有意思的运动之一。我每次打篮球或者看篮球比赛学有的事。拿XX来说，他是现在最好的运动员，所以我几乎每个比赛看他打篮球。他既是很高又有很多力。（美国学生作文《我的最大爱好》）

英语中，应是"我去打篮球三四次每个星期"（I go to play basketball three or four times per week）、"我们去酒吧每个周末"（We go to the bar every weekend），即表示频率的状语在动词之后。然而这里的几个句子，该美国学生都没有按照英语的语序来编码，而是把表频率的时间状语放在了动词前面，因为该动词所表示的动作行为的时距处在该时间状语指定的时距之内，英语并没有对其习得汉语造成负迁移。哪些基于语言类型的显著差异并未导致习得负迁移也是我们应进一步关注的内容。

从中介语语料上看，按时间序列组织语篇与话题性、叙事性具有密切关联。

当话题是介绍"我的一次旅行"时，后续应有已确定的时间先后、事件先后、过程先后等内容，已经决定了后续要有"去、坐"等高及物性动作动词，要有高生命度的动作参与者，语篇会呈现出动态特征，所以说，话题性质与小句排列方式、语篇信息组织方式密切相关。

当留学生作文题目是《我的最大爱好》时，其语篇会呈现出介绍性、描写性倾向，小句排列的时间特征不再显著，多是以逻辑序列安排小句。

4.2.1.2 逻辑序列

《我的最大爱好》这样的作文，其事件链进程不显著，有描述介绍性质。从语篇性质上说，这类作文属于静态语篇。因此，小句排列时主要依靠逻辑关系，有如下几种：

第一种，有标排列。

例5. 我的最大爱好是游泳。游泳又好玩儿又对身体和健康好。<u>因为</u>我是瑞典人，外边游泳很冷，<u>但是</u>夏天天气热的时候，可能很方便。在我的国家有的人，拿我来说喜冬泳，<u>但是</u>瑞典的冬天平时湖上有冰，<u>所以</u>冬泳很麻烦。（瑞典学生作文《我的最大爱好》）

例6. 我是旅行家。我有很多旅行迷的朋友。我喜欢<u>不但</u>日本旅行，<u>而且</u>外国行。我去过四次外国。我去过中国和美国。我忘了两个国家的汉字。我喜欢外国旅行，<u>但是</u>花钱很多。<u>所以</u>我不会去外国旅行很多。我回国以后，我想去外国旅行，<u>所以</u>我努力工作。（日本学生作文《我的最大爱好》）

从语篇生成角度看，生成者经常通过衔接手段向接受者展示其思路的发展趋势、语义的流动走向，为接受者理解篇章提供认知上的引导。观察语料后我们发现，初级阶段留学生更多地使用有标记关联词语来帮助自己和接受者理清小句脉络，彰显自己的思路导向，进而构筑语篇信息表达。

例5中，作者是瑞典人，"因为我是瑞典人"，所以"外边游泳很冷"，这里需要调集解读者的知识储备，人类的完形心理此时发挥了重要作用。完形组织法则证明，人们在认知时总会按照一定的形式将经验材料组织成有意义的整体，将表层概念背后的隐喻激活。（郝琳，2018）"瑞典"在此便是一个表层概念，即一个国家的名字，由于地处北欧高纬度地区，天气十分寒冷，此时"瑞典"的隐喻便是"很冷"。如果我们不激活这个隐喻，便难以理解后续小句为什么说"外边游泳很冷"。接着作者进行了转折，添加了标记语"但是"，夏天时还是可以去游泳的。后面作者又形成了这样的标记关系：

拿我来说喜冬泳，但是瑞典的冬天平时湖上有冰，所以冬泳很麻烦。也就是说，我喜欢冬泳，但是有冰。（因为）有冰，所以冬泳很麻烦。

该瑞典学生在此逻辑标记词语的使用是很清楚的，以标记语促成了小句的排列，形成了较好的语篇组织，有助于我们的语义理解。

例6中，该日本学生用"不但……而且……"标记了心理上的轻重顺序，"外国行"是更难的。"我喜欢外国旅行，但是花钱很多。所以我不会去外国旅行很多……我想去外国旅行，所以我努力工作"，其逻辑脉络清晰，有因有果，小句按先因后果的顺序排列。

第二种，无标排列。

例7. 我的最大爱好有3个。这儿是打篮球、听音乐和看电影。我打篮球手艺是普通。但是没问题因为打篮球的时候我很开心。运动也不要言语所以可以有外国朋友。从来北京，我常常打篮球。听音乐也是我的爱好之一。我常常听日本的音乐和韩国的音乐。我有韩国的音乐印象是很愉快。我想什么都时候听音乐。我的最后爱好是看电影。我常常看美国的电影。日本的是有时候看。我觉得美国的很意思比较日本的。（日本学生作文《我的最大爱好》）

例8. 我喜欢日本的，韩国的，美国的和台湾的电影。现在我有时候在房间网上看电影。我觉得看外国的电影的时候，我会学习外国语，所以很好。我喜欢吃着小吃看电影。有时候我一天两次看电影。我看累了以后，就睡觉。我特别喜欢恋爱话题或者青春话题。（日本学生作文《我的最大爱好》）

例7中，"我"最大的爱好有三个，下面分别介绍三个爱好，没有明显标记，各个爱好间为平行关系，小句等立。由于前面先提出了三个爱好，后面分别叙述，尽管没使用标记序列的"第一、第二"等，小句条理也较为清晰。

例8中也没有标记，"我"的爱好只有"电影"这一个，因此，后面的介绍便开始凌乱，分别是"在房间看电影"（地点）、"吃着小吃看电影"（方式）、"一天两次看电影"（频率）、"喜欢恋爱话题或者青春话题"（内容）等。每个部分都突然开始、突然结束，小句出现很得突兀，小句跟小句间的关联较少，从一个概念跳跃到另一个概念，信息组织不完整、不流畅，整个语篇有顿挫感。

跟有标排列相比，无标排列更容易出现问题。即使有标排列在某些情景下略显冗余，有拖沓感，但逻辑关联词语的使用可以从形式上强化语义表达，理顺小句间排列关系。而就无标排列而言，在初级阶段这一留学生表达能力受严重制约的时期，仅仅依靠有限词汇、语法知识的小句语义意合能力是很难与汉语母语者的意合能力相匹配的。换句话说，母语者意合排列小句的能力绝不是留学生在初级阶段可以学到的。所以，留学生初级阶段还是应多使用逻辑关联词语标记小句顺序，缺乏形式标记的小句组合在一起会很散，形式标记的使用可以提升语篇信息表达的连贯度。

4.2.1.3 空间序列

初级阶段留学生的作文中，出现了介绍我的家、我的房间这一类话题，这是很典型的静态语篇，着意的是空间布局：

例9. 在客厅的中间有一张小桌子。在沙发的前面有一台大电视。在客厅的墙上挂着一幅又大又漂亮的画儿和两幅小马画儿。还有两幅全家幅，里面有我，爸爸，妈妈，哥哥，和姐姐的相。（印度尼西亚学生作文《我们家的客厅》）

例10. 我房子有两层，第一层有三间，一间大客厅，一间小客厅，一间客户，还有厨房和卫生间。第二有四间，俩卧室，一间小客厅，一间游戏室，还有两个卫生间。大客厅是为了有人做客的时候，大客厅里有两个大沙发和三个小沙发，客厅的中间有一个大桌子，桌子上放着一套茶具，地上铺着漂亮的地毯。小客厅是为了我家人一起聊天，小客厅里有一个大沙发和两个小沙发，摆着一台电视柜，厨房里有餐桌，放着一台冰箱，摆着一台空调。（巴林学生作文《我理想的家》）

这类空间序列语篇与时间序列语篇、逻辑序列语篇相比，很难说其中有什么明显的形式连缀标记，按照认知语言学的观点，语篇连贯并不是靠衔接手段，而主要是靠心智上的连贯性（the coherence in mental text）实现。在空间序列布局中，人们潜在的、内化于心智中的共享知识发挥了作用。

例9中介绍了"我"家的客厅，客厅里有桌子、沙发、电视、墙上的画儿和照片等，均为静态描述。小句排列以心理轻重为依据，先中间，然后沙发、电视，之后是墙和墙上的画儿、照片及照片中的人物，逐渐走向细节，走向微观。整体上小句排列是从大到小、从整体到局部、从宏观到微观，符合基本认知规则，符合心智上的连贯性，因此读起来也比较顺畅。

例10中，先说房子有两层，然后分别介绍每一层有多少房间，房间里摆放着什么，也遵循了由大到小、由整体到局部的心智连贯原则。

我们知道，语篇是由许多小句组成的，小句的线性发展不断为语篇注入新的信息，不断地完善或更新ICM（idealized cognitive model，即理想认知模型，指说话人在特定的文化背景下，对某领域中的经验和知识所做出的抽象的、统一的、理想化的理解，是已储存于人们头脑中的、为人们所广泛接受的、常规性的认知模式，其中包括语言规则等），为读者补充背景知识，帮助读者在心智中逐步整合出一个连贯语篇。（王寅，2005）空间序列中，存现动词"有"后为新信息，不断延展、引申，形成了以该空间为主体的连贯的静态语篇。

从形式上看，空间序列小句经常使用的句法格式是：

"有"引领的存现句，形式为"处所 + 有 + 什么"，前面已有较多例证，不再赘述；"verb + 着"状态句，形式为"处所 + verb + 着 + 什么"，如"放着、摆着、铺着"等。

这是初级阶段中最常见的两类按空间顺序排列的小句的句法格式。中介语语料显示，留学生按空间顺序排列小句以构筑语篇的能力相对较强，因为小句偏误率很低，后面我们将对此做出解释。

4.2.2 中高级阶段语篇中的小句排列情况

4.2.2.1 时间序列

一般说来，时间序列更多地出现在动态叙述性语篇中，比如初级阶段"我的一次旅行"，记述去了哪里、坐了什么交通工具等，动态性强，小句以时间先后顺序排列。中高级阶段时，语篇中的小句也主要以时间顺序排列，只是语篇的性质不再拘泥于动态的、动作性的，而是进一步扩展到描写性的：

例11. <u>在高中学的时候</u>，我见了一个初恋。我觉得她<u>又漂亮又可爱</u>。怎么形容她呢？是因为我的好朋友给我介绍。<u>第一次约会的时</u>，我一眼爱上了，因为她的样子符合我的理想，她也欣赏我的样子和条件。我们大概<u>见了三次以后</u>，就开始谈恋爱。那时候我<u>开心死了</u>，越谈越她的性格也特别满意，但是<u>谈了一年以后</u>，出问题了。（韩国学生作文《记忆里的女孩》）

例12. <u>我上中学的时候</u>，我们班来了新同学。我<u>第一次见面的时候</u>，我非常紧张起来，因为她长<u>得很漂亮</u>。还有她说的话都是首尔话。所以我们同学<u>对她很感兴趣</u>。我也一样。<u>有一天我踢足球的时候</u>，我看到她，她也看着我，<u>我的心理有点复杂</u>。我回家之后，我一直想着她，而且做所有事情时一次次想着她。（韩国学生作文《记忆里的女孩》）

例11中有标识时间的"在高中学的时候""第一次约会的时"等小句，但行文内容动态性并不强，而是倾向于描写介绍，如"又漂亮又可爱""她的样子符合我的理想"等；例12中也有时间标识小句，后面的"我非常紧张""她长得很漂亮""我的心理有点复杂"等多为状态描摹小句。可以看出，到中高级阶段后，留学生在按时间顺序排列小句时，不再局限在显性动态小句链中，而是扩展到了描写性语篇。

在时间序列中，描写顺序一般遵循这样几条规律：（1）按照动作发生的先后顺序来排列；（2）按照事件发生的先后顺序来排列；（3）按照约定俗成的先后顺序来排列。（盛丽春，2016）动态性语篇是以动作为节点，推进链进程；描写性语篇则倾向于以事件为节点，推进链进程，这类语篇具有［＋故事性］特征。

除此，时间序列也出现在谈观点看法的议论性语篇中，时间序则和逻辑关联词语综合使用：

例13. 从人们发现烟草起，烟民就融入到人们的生活了。<u>一开始</u>，吸烟不是什么大不了的事。偶尔抽根烟也不算是什么不好的。<u>但是</u>，一养成习惯就成了个问题。吸烟危害身体健康。烟民自己知道这个事实。<u>不过</u>，<u>因为</u>成了瘾，<u>而</u>太难戒，很多

烟民只好采取一种不在乎的态度。（美国学生作文《我对吸烟的看法》）

4.2.2.2 逻辑序列

中高级阶段的逻辑关联序列分有标记词语与无标记词语意合两种。与初级相比，有标记情况中，标记性关联词语更加丰富多样，不仅仅是"虽然……但是……""因为……所以……"等有限的几种，还出现了假设关系标记、让步关系标记等；因果标记的运用也更为灵活，可以将"因为"置于语段最后予以强调。例如：

例14. 对我来说，当然我觉得吸烟是危害身体健康的嗜好之一。<u>如果</u>吸烟者的习惯与别人无关，<u>那我就</u>无所谓，<u>因为</u>抽烟是他们的权利。我明白，长时间养成的烟瘾需要毅力。<u>所以</u>戒烟戒得很难。但我还有一个问题：<u>如果</u>知道抽烟对身体有不好的影响，<u>那</u>为什么开始抽用香烟。（俄罗斯学生作文《对吸烟的看法》）

中高级阶段，开始出现标记语少或者没有标记语、通过意合方式连缀小句的语篇：

例15. 我的家乡在日本的西部靠近海。因为我家乡有海，好吃的东西是海产，特别是牡蛎。广岛是日本最有名的<u>牡蛎产地</u>，顺带一提，我只有一个东西<u>不能吃</u>，那就是牡蛎。<u>很可惜</u>。（日本学生作文《我爱我的家乡》）

例16. 广告这个东西，<u>有人</u>觉得是一门艺术，<u>有人</u>把它当成一份工作，<u>有人</u>觉得烦死。（意大利学生作文《广告的利与弊》）

语篇具有连贯性，是因为其能在心智中形成一个统一的、可被接受的认知世界，包括语篇中概念成分上的照应性、命题发展上的索引性和语用推理上的顺应性。概念间建立联系的缺省项越少，命题发展线条越清楚，认知加工所需的时间和努力就越少，语篇连贯性也就越高。（王寅，2005）汉语是缺少标记的语言，具有显著的意合特征，意合机制需要小句间概念语义上相关联、命题推理线条清楚等作为理解的保证。例15中，为什么很可惜？因为广岛的牡蛎很有名，可是"我"不能吃这个东西，所以很可惜。但行文中，作者并没有使用标记性关联词语，只是通过意义连贯、顺应推理完成了小句排列。

例16中，该意大利学生没有使用显性标记语，而是使用平行结构"有人……，有人……，有人……"完成了句子间的逻辑关联。

可以看出，进入中高级阶段后，留学生语篇中所用的逻辑序列更为丰富，表现为标记语多样、无标记语的意合特征开始出现。

4.2.2.3 空间序列

这一部分的例句是介绍自己的家乡，属于宏观上的空间排列。例17中，该意大利学生介绍了自己城市的名胜古迹，或许是其掌握的与"塔"相关的汉语词语有限，因此其重点描写了公园和别墅的情况，遵循了先后顺序。例18中，该日本学生按照心理焦点、兴趣焦点，主要介绍了富士川、富士川漂流、富士山、登山等。

从语言形式上看，表存现的"有"依然是常用标记，这点与初级阶段空间序列情况相同。不同的是，在空间介绍时，中高级阶段学生的小句更加灵动多样，可以在语篇中插入时间标记（到了山顶的时候），也可以插入逻辑关联词语（如果、一边……一边……）。

此外，句式上不再是单一的"处所 + 有 + 什么"格式，后续可以改变话题，插入高生命度NP并使其成为显性话题（很多年轻人和家族、我、你），使得空间序列中连缀的小句格式更加多样、话题更加多元，而又语义连贯。这些手段丰富了篇章表达，例如：

例17. CHUAN的历史很悠久，有些名胜古迹，例如一个高塔的足迹和一个大别墅，<u>还有</u>一个美丽的公园，夏天的时候很多年轻人和家族在这个公园里边，一边散步一边聊天儿，或者休息，在别墅里常常<u>有</u>展览。每九月<u>有</u>一个星期的展演。（意大利学生作文《我爱我的家乡》）

例18. 静冈<u>有</u>几条大河，大井川，安倍川和富士川。我特别喜欢在富士川漂流。静冈<u>有</u>两个著名的世界遗产。第一是富士山，第二则是三保文松原。我非常喜欢登上富士山。<u>所以</u>至今，我登过十多几次。<u>到了山顶的时候</u>，别提多舒服。<u>如果</u>你有机会来日本，我推荐你去登富士山。绝对不让你后悔。（日本学生作文《我爱我的家乡》）

4.2.2.4 认知轻重序列

人类有确定注意力方向和焦点的认知能力，这是形成凸显原则的认知基础。大多数时候，我们是按照感知世界的经验、概念来排列小句以连贯语篇的。当出现特异语序时，说明言者的兴趣、焦点在发挥作用，言者在按照自己认知上的轻重来编排小句。

例19. 我对婚姻的理解还不是成熟的，<u>因为我还没结过婚</u>。但是我相信结婚是结"魂"。每个人遇到跟自己的灵魂合好的人的时候都会感到"我跟那个人一起过日子的话，我产俩能互相补充，白头到老。"我听说过夫妻是像太阳和月亮一样。互相扶助对方才能维持好的关系。（韩国学生作文《我对爱情的理解》）

例20. 我听说中国人觉得四十岁的男人是最好的，<u>他们的钱不少，他们的工作不错</u>，有的男人离婚，有的男人有小三。我也听说中国的男人觉得二十五岁的女孩子要是喜欢他，男人离婚。（韩国学生作文《我对爱情的理解》）

例21. 此外，烟也成了一个不容小视的产业，<u>毕竟吸烟者那么多</u>。因此，烟也可以说是不少人的养活自己和家人的方法。没有它，就有自己和家人。（美国学生作文《我对吸烟的看法》）

例19中，该学生将"因为"句后置，排在了结果句之后，是为了凸显自己没有结婚，因此对婚姻的理解不成熟。这样也有补充说明，以使信息表达更为完整的用意。例20中，为什么说"四十岁的男人"是最好的呢？后面是原因，补充说明了前面的断言，没有使用逻辑标记词语，而是通过语义完成了补充强调。听者在此需要运用自己的语义意合能力、社会认知能力来完成交际理解。例21中，该学生用"毕竟"句解释前面"烟也成了一个不容小视的产业"这一论断。

这种结合言者兴趣、关注焦点的小句排列方式打破了原来的流水排序，使语篇表意上更加多样完整，修辞上更加跌宕起伏。这是中高级阶段语料中出现的小句排列现象，初级阶段语料中尚未发现。

根据前面的语料观察，下面我们以表格形式对小句排列方式进行汇总，结果见表4-1：

表4-1　初级、中高级水平小句排列方式

水平等级	方式与形式	
	排列方式	形式化表达
初级	时间序列	年月日等时间名词、……的时候、……之后
	逻辑序列	有标记：因为……所以……、虽然……但是……
	空间序列	处所+有+什么、某处+verb+着+什么； 小句主要由存现无生命成分引领
中高级	时间序列	时间名词、……的时候、……之后/以后、有一天等； 时间词语与逻辑关联词语综合使用，句式更加复杂
	逻辑序列	有标记，逻辑标记词语更加丰富，如"尽管……但是……、如果……那么……、一旦……就……"等； 无标记意合方式：平行结构
	空间序列	处所+有+什么； 高生命度NP插入转换话题； 小句话题在无生命和有生命间更为自如地切换
	认知轻重序列	语序异位，言者兴趣、焦点发生了作用； 修辞上，语篇更加跌宕起伏

4.2.3 高级阶段语篇中的小句排列情况

为了了解水平更高的留学生的语篇小句排列情况，我们进入HSK动态作文语料库，考察了由HSK作文考试D、C、B证书获得者产出的语料，发现语料中小句排列也是遵循时间序列、逻辑序列、空间序列、认知轻重序列等，但又有所不同。具体如下：

第一类：时间序列。

例22. 我们<u>先</u>到太原去了。因为中国的朋友住在那儿。<u>我们到太原以后，马上去找她</u>，但是不巧她回老家去了，我们没跟她见面，感到真可惜。<u>于是</u>我们把上些礼物递给她的朋友，离开太原了。（C证书）

例23. 我静静地<u>打开门</u>，伸手拿水杯，<u>真没有想到</u>，杯子里有"假牙"！上下一套牙齿泡在杯子里，以前从来没见过这样的东西，我<u>吓坏了</u>，大声地<u>喊</u>，<u>然后哭了</u>。（B证书）

例24. 只身在外国的妈妈非常为我担心，所以匆匆忙忙为我<u>办了</u>移民手续，甚至没打声招呼就在当年的暑假中回来接我出国。一个假期之中，我当时所有的一切都变了，我怀着紧张、难受但又兴奋的心情<u>上了</u>飞机，<u>挥别了</u>我亲如父母的姨妈、姨父。当时，<u>虽流了泪，但总觉得那一切并不真实</u>。（B证书）

例25. <u>年轻时代的我</u>，好动得不得了，喜欢玩乐，口里喊的是"享受人生，追求自由"……<u>以前的我</u>，是一个以自我为中心的人，总以为地球绕着自己而转动。<u>结婚之后</u>，我有了家庭，从中认识两人在家庭中的对等关系。（D证书）

例22是时间序列，使用了标记时间的"先""以后""马上""于是"等，标记语等级提高了，如"于是"的使用；例23用一连串表动作行为的VP构成了汉语特有的流水句，以流水句方式标识了时间，这是在初级和中高级语料中很少见的时间序列标识方式；例24中尽管有关联标记，但主要是以"动作动词＋体标记'了'"的形式标识时间先后顺序，最后以小句总括，夹叙夹议；例25尽管也是时间序列，但是使用了小句降级形式表达时间，传递新信息，如"年轻时代的我""以前的我"，既传递了时间信息，又符合经济原则，体现了句式的多样化，这在初级语料中没有出现过。

第二类：有标记逻辑序列和无标记意合。

例26. 此外，我也学会了不少厨艺与处事的态度，<u>而且</u>老板<u>也</u>待我十分不错，<u>也</u>不介意把手艺教之于他人。<u>因此</u>，<u>虽然</u>工资会比其他餐厅少，<u>但是</u>，我<u>却</u>干得十分开心，<u>尤其</u>能与大家和睦相处，在厨房里有说有笑，往往令我忧郁内向的个性开阔了不少。（B证书）

例27. 二十岁才，父亲结婚了。有了自己的家庭，父亲<u>便</u>把储存的钱用来做小本生意。有了自己的生意，父亲一天工作近十八九个小时，<u>并</u>在空闲时候尽量自修。（D证书）

例28. 母亲第一次到上海坐出租汽车时，司机开车得横冲直撞，这在在日本不可想像的程度。<u>我母亲就哭泣起来说："我以后担心你，晚上也睡不着。"陪这样的母亲旅行怎么辛苦，不言而喻</u>。（C证书）

例29. 在香港，我的愿望是住在半岛酒店！半岛酒店是高雅的象征。我想享

受高雅的气氛，想当成优雅的女性。（B证书）

例26中使用了较多的逻辑关联词语，属于强标记序列，脉络清晰。例27中标记语更加高级，留学生使用了更书面化的表达，如"便""并"等，逻辑关联词语的习得纵深发展。例28、例29以意合方式替代逻辑标记语。"司机开车得横冲直撞"，所以后面母亲哭泣起来，很担心自己孩子的安全。因为母亲的担心，所以，陪着这样的母亲旅行非常辛苦。例中没有逻辑标记语，但语义清晰。例29也是如此，将原因放在了后面，为什么要住半岛酒店？因为高雅，因为"我"想当"优雅的女性"。留学生词汇、句法能力的发展使得其语义表达更加清晰，因而缺省标记语、无标记意合这种方式在高级阶段更加普遍。

第三类：存现空间类。

例30. 新的机场不但设备完美，而且交通方便。机场里<u>设有</u>高速列车，直通新界、九龙和香港岛主要区域。列车上<u>还有</u>旅游指南，活动视象介绍香港旅游景点。（B证书）

例31. 我们是一清早到的，古镇的<u>晨雾还未散尽</u>，<u>街巷沉浸在一片朦胧中</u>，给人以妙龄少女若即若离的美妙感觉。（B证书）

例32. 听说<u>欧洲的近邻国家有一些不喜欢外国人的极端分子</u>，看东方人就打。但是南斯拉夫<u>没有</u>这种事，我们可以玩到晚上十点、十一点左右。（C证书）

高级阶段依旧会有最基本的存现表达"处所 + 有 + 什么"，如例30，这里，宾位"高速列车"为后续小句主位，缺省后向前推进描述；例31出现了变化，此例属于无生命NP做话题的方位描写，此时留学生已经不局限于初级阶段"古镇 + 有 + 晨雾""街巷 + 有 + 朦胧感"这样的简单存现表达了，而是使用了表状态的动词"沉浸"来传递存在信息，存现表达更多样、更丰富，状态动词的使用更得体、更到位；例32中，存现表达从具体的方位空间拓展到"某个国家 + 有 + 什么"。

第四类：认知轻重类。

例33. 我实在太累了，不知不觉得睡着了，当我醒来的时候，一阵阵的菜香飘进了我的房间，<u>原来外婆把我们从波士顿带来的龙虾弄好了</u>。（C证书）

例34.很小的时候，因一次意外，使我脑部受损。因此对事物的接受及反应能力都比别人差。以致功课总落在他人之后。所以小小年纪的我，思想就很消极。认为一切上天皆已注定。我命该让人瞧不起，于是不思进取，以为一切努力终将白费。好不容易才上了中学。依旧被编在最差的班级。然而，就在这里，我改变了，因为，我认识了她——化莲。（D证书）

例35.刚才到会馆时，看她安祥地躺在棺材里，真不相信棺材里的人正是昨天还跟我一起谈笑的文群，没想到昨晚的一场车祸，她就和我永别了。（D证书）

例36.因此，从我懂事开始，我就一直跟着祖父，白天和他一道下田，一道出街，一道看戏，晚上一道睡，可说是形影不离。（D证书）

例33、例34中语序与常规语序不同，此时作者的心理轻重得到了凸显。例34中尤其明显，作者意欲强调自己的改变源自那个女孩子，因为"我认识了她"，这是作者的重心所在。例35、例36都是在最后一句加以评价、总括，凸显自己的表达重心"她就和我永别了""形影不离"，"叙述＋评价总括"以凸显论述重点的模式已经使用得相当娴熟了。

总体看，高级阶段留学生小句排列模式上，同初级和中高级相比，变化不大，因为都遵循着共通的认知特点。但在具体例证表述上，有一定的变化与拓展。

4.2.4 习得趋势分析与讨论

结合各水平阶段的情况，下面我们对小句排列的习得的倾向性特征加以总结并在此基础上进行讨论。

4.2.4.1 时间序列是基本序列

观察留学生从初级、中高级到高级阶段（HSK动态作文语料库中的语料）的小句排列情况后，我们发现时间序列占主体地位。

初级阶段时间序列主要出现在动态语篇中，如作文《我的一次旅行》等；中高级阶段时间序列可以出现在动态语篇中，也可以出现在描写、说明议论性语篇中；高级阶段虽然整体上时间序列是主体，但语篇体裁更加丰富，夹叙夹议、插入补充叙事等手段都得到了运用，语篇组织在以时间序列为主的前提下，更加立体化。

形式上，初级阶段以显性时间词语来标记小句排列顺序。中高级阶段时间词语更加丰富，并开始与逻辑标记词语结合使用。到高级阶段，出现了意合的流水句，可以用"动作动词＋体标记'了'"来标识顺序，还出现了表示时间的句法降级类关系小句。到高级阶段，小句排列在形式上已经很接近汉语母语者。

汉语语篇小句排列多遵循PTS，谢信一（1992）曾谈及真实时间可能是所有语言社会的共同发明，在英语中也有所表现，但推断的和想象的时间则是说汉语的人的巧妙的发明。在此，谢信一与戴浩一相同，认为汉语的时间序列相对于英语等其他类型的语言更加凸显。

廖秋忠（1992）也认为在描写或说明不同的事物或同一个事物的不同组成部分时，不管是采取静态的描写还是动态的描写，都要遵循一定的顺序原则，包括时间先后的原则、视觉显著性的原则等。廖秋忠（1992：137）强调描写顺序"带有强烈的倾向性，而不具有强制性"。篇章性质会影响小句的排列，李晋霞（2017）认为在叙事语篇中，叙事小句在线性位置上的先后关系象似性地反映了它们所描述的事件在现实世界中发生的时间先后关系，这一组小句构成了序列事件语篇。而留学生作文多半是叙述性语篇、夹叙夹议的说明议论性语篇，因此，多具有序列事件句特征，其时间序列性也更加明显。

尽管从语言类型学上看，留学生母语（如英语等）的时间序列没有汉语凸显，但随着学习汉语时间的增加、汉语水平的增长和汉语输入量的加大，留学生的小句排列顺序还是在向目的语显著靠近。

4.2.4.2 空间序列相对更易习得

观察发现，无论是初级阶段还是中高级、高级阶段，空间序列小句相对于其他类型的小句，使用正确率很高，这是很有趣的发现。从形式上，空间序列主要表现为"处所＋有＋什么"和"处所＋verb＋着＋什么"。到高级阶段，留学生开始使用状态动词表示存在，如"沉浸"等。可以说，相对于其他类型的小句，存现句空间排列更容易习得。

空间关系是客观世界里一种基本的存在关系。无论哪种语言，都会不可避免地涉及空间关系的表达问题。空间关系涉及至少三个要素：存在物、空间方位、存在方式。（崔希亮，2001）空间方位关系是一种物理关系，这种物理关系是以人类自身的认知为基础的。不同类型的语言在空间关系的隐喻方面存在着很强的一致性，这种一致性反映了人类认知—心智活动的共性。物理空间与心理空间之间的对应使得语言编码可以由物理空间引申到心理空间。

从形式上看，不同类型的语言，其空间方位的表达可以利用语法手段，如格系统、格助词、成分排列次序、介词等；也可以利用词汇手段，如表示存在的动词（是、在、有）、方位词（"上、下、里、外"等）、方所名词（公园、食堂、上海）等。

我们所考察的留学生来自韩国、日本、欧美等国家和地区，语言类型有所不同。从空间表达的手段上看，日语、韩语主要利用格助词，但是在日语和韩语中也有方位词。越南语利用介词和方位词，但方位词在名词的前面，这与汉语不同，汉语方位词是在NP之后，如"公园前面"。越南语的介词结构很灵活，可以在动词前或动词后。泰语主要用介词，方位词也在名词前，介词结构都位于动词之后。英语用介词表达空间方位，所以英语的介词比汉语要多，如表示"在"的便有at、in、on，它们分别标识不同的方位关系。俄语用介词和格的语法范畴来表达空间方位，芬兰语在名词词尾使用格标记来表达空间方位。（崔希亮，2002）总体看，用动词"有"（have）和"是"（be）来表达"在"（exist）是一种比较常见的方式。

戴浩一（1990）也认为，英语和其他语言中表示空间和时间的词语有大量的重合。空间方位说认为，不同语言中空间的表达在语法上和语义上，相比种种非空间的表达，包括时间的表达，具有更多的相似性。这也是对于空间序列小句，留学生习得偏误率比较低的一个原因。

另外，从信息地位角度看，空间序列一般标识处所，在篇章中多处于背景位置，而背景化必然导致小句动词的去时间化。（莫启扬，2011）这种去时间化使得空间序列小句中较少出现"了"等体标记，避开了留学生体标记习得难点，这也是空间序列偏误率低的另一个原因。

此外，从课堂教学角度看，表存现的"有"和"verb＋着"是课堂讲解操练的重点。教室环境中，老师可以带领学生生成无数个空间关系小句，如"教室前面有黑板、教室外面有一棵树、桌子上放着一个手机、教室墙上挂着一幅地图"等。常用存现空间类动词并不是很多，大量的可理解输入可以对学生的写作输出起到良好的辅助作用，这也是空间序列小句使用正确率高的原因之一。

4.2.4.3 从有标记关联向意合、流水句发展

除了上述两个显著特征外，留学生小句排列也从关联词语的强制使用，甚至是泛化使用，逐渐向无标记意合的方向发展。这一过程与汉语水平正相关，即到中高级、高级阶段，意合小句、流水句开始显著增多。

从形式上看，初级阶段经常使用的关联标记有"因为……所以……、虽然……但是……"等，到中高级后开始出现"如果……那么……、一旦……就……、尽管……还是……"等。高级阶段语料显示，书面化的"便"替代了"就"，"并"替代了"而且、并且"，表承接的"于是"使用自然。无标记意合小句在中高级阶段开始出现，到高级阶段增多，尤其是在叙事性语篇中，说明随着汉语水平的提高，学习者开始习得并掌握汉语的意合特性，流水句也越来越多。

关于流水句，吕叔湘先生在《汉语语法分析问题》里便提到，汉语里有特别多的流水句，汉语应以小句做观察研究的单位，汉语中零句多造成了流水句现象。胡明扬、劲松（1989）也认为，流水句具有汉语化特点，与西方一些语言不同。沈家煊（2012）认为，在大的方面最能体现汉语特点的是建立在可以独立的零句之上的流水句。也就是说，流水句的汉语化特征是很明显的，本章综述中，也有学者（何伟、刘佳欢，2019）从汉英对比的角度谈及了这一特性。

就我们的观察，中高级阶段后，留学生语料中已经有流水句用例，高级阶段去除标记语、使用意合小句更加自然。至于留学生是如何从自己母语的强标记（如英语）一步步走向第二语言的去除标记的，值得我们分国别、语言类型去进一步研究。

4.2.4.4 轻重凸显原则的显现与发展

初级阶段小句排列是规整的，到中高级后会出现语序异位，如将"因为"小句移动到结果小句后面以凸显原因等。也就是说，此时言者兴趣、焦点起了作用，认知上的轻重凸显原则起了作用。

到高级阶段时，语篇中更多地出现了"叙事＋总括断言"模式，"总括断言"凸显了言者的核心观点、认知重心。相较于初级阶段的语篇，高级阶段的语篇由于"重心"的存在，更加跌宕起伏。

但是，我们还未发现留学生以体标记标识重点句的用例。

比如"了₁"，它是留学生习得汉语时的难点，也是学界的研究热点。目前学者们达成的基本共识是体标记"了₁"不是强制性语法范畴，它有时可以缺省，有时又需要出现，它的隐现受句法语义因素的制约，也受篇章韵律等句外因素的影响。有学者（屈承熹，2006）认为体标记"了₁"在连续小句中标识高峰小句，"了₁"是顶峰标记，即该小句为言者心理重心所在。也有其他学者提出了类似观点，如焦点标记、高峰标记等，并举出了不少例证，但留学生在序列事件句中，鲜有使用体标记来标识心理重心的。可以说，体标记在序列小句中如何运用，依旧是习得的难点。

第三节　二语学习者语篇中小句设景情况分析

4.3.1 初级阶段语篇中的小句设景情况

4.3.1.1 前景凸显

在前面本体部分，依托儿童语篇、成人语篇的对比，我们发现相较于成人语篇，低难度儿童语篇前景化显著。在观察汉语二语学习者的语料后我们发现，初级水平学习者受限于汉语词汇句法表达能力、篇章组织能力，与中国儿童近似，前景化显著。

例37. 我的最大爱好是吃好吃的东西。韩国菜、中国菜、日本菜，什么都喜欢。味道都不一样。我跟朋友常常去新饭馆。最喜欢的菜是日本菜，很好吃。

（韩国学生作文《我的最大爱好》）

例38. 我的一次最好的旅行是上个星期五。我跟朋友<u>去</u>几个北京的有名的地方。景山公园，北海公园，王府井而且南锣鼓巷。那天天气很好，在景山公园到奥林匹克公园可以<u>看</u>。在北海公园<u>滑冰</u>玩儿可有意思。在这冰上许多中国人<u>也有</u>，又外国人<u>也有</u>。（韩国学生作文《我的一次旅行》）

例39. 我已经<u>来</u>中国三个月。在北京<u>有</u>很有名的地方。北京的名胜古迹我差不多都<u>去过</u>。旅行是我的最大爱好。<u>我去过的</u>地方很多，比如说天安门、故宫、北京动物园、秀水街、前门、长城、颐和园什么的。（日本学生作文《我的最大爱好》）

例40. 我的最大爱好是<u>说英语</u>。我有很多外国人的朋友，他们都会<u>说英语</u>，他们的英语提高是非常高，但是我的英语不太好，所以他们常常教我英语。<u>2年以前我去了美国</u>，当时我不会<u>说英语</u>，可是我的一个日本朋友介绍我一个美国人，她叫田中。这个名字是日本的，因为她的妈妈是日本人，所以他可以<u>说日语和英语</u>。最初她不明白我的英语。可是每天说话她，所以我的英语越来越高！她明白我的英语的时候，我非常高兴！我觉得幸福。（日本学生作文《我的最大爱好》）

例37中，可以说句句都在推进链进程，动词"吃""喜欢""去"构成了前景主线。例38中，"去""看""滑冰""有"这几个动词推进小句，小句间关系并不是很紧密。例39中，依旧是"来""去"等几个动词，小句间比较跳跃。例40围绕核心动词结构"说英语"展开，前景显著。

可以发现，初级水平的"景"设置具有这样的特点：

第一，单一前景化倾向。

尽管留学生大多为成年人，认知能力比较高，但其汉语水平与其认知水平不匹配。初级阶段留学生只掌握了很少的动词，而且多是动作动词和心理动词（如"喜欢"），因此，排列小句时，只能以这些动词组成句子，推进语篇。反复使用这些动词编织小句是留学生建构语篇时的一大特征，较弱的语言运用能力使得留学生很少会补充丰富的后景信息，造成了几乎单一的前景推进，"景"设置呈现显著的单一前景化倾向。

第二，小句间的平层倾向。

尽管留学生能生成"语篇"，但有限的词语制约了其信息表达、篇章组织。因此，我们所见的"语篇"内，连续几个小句都在用同一个或两三个动词表达、推进，前景缺乏层级性，小句间出现了"平层"现象，后一个小句没能更进一步，也难以形成重心。这也是读初级阶段留学生的文章时会有平淡、缺乏高潮、缺乏动感等感受的设景上的原因。

4.3.1.2 前景设置形式

第二章中我们介绍了国内学者的研究（王惠，1997），她认为高及物性句式更容易进入前景。汉语中最具代表性的四类句式——一般主动句、"把"字句、"被"字句和受事主语句，按照及物性强弱的连续统，应该是"把"字句处于及物性链条顶端，然后是一般主动句，其具有［＋动作］［＋完成］［＋瞬间］等高及物性特征，最后是中低及物性的"被"字句、受事主语句等。

通过观察我们发现，儿童语篇前景设置中使用了较多的"把"字句，这一点与成人语篇的差别并不大（"把"字结构有多种，在"把"的种类上，儿童语篇和成人语篇有一定差别）。但我们观察初级水平二语学习者的语料后发现，初级水平学习者的前景设置形式与中国儿童不尽相同，具有二语学习者的特征。

第一，以一般主动句"有生NP＋动词"为主体。以一般主动句设置前景是二语学习者初级阶段的显著特征。句子结构表现为"主语＋核心动词"或简单的形容词谓语句，修饰性、限制性关系的运用不明显，即使运用，也是简单的定语，如"有名的"（见例38），或简单的副词状语，如"非常"（见例40），几乎未见复杂补语和关系小句。

第二，去时间化显著。屈承熹（2006）从前后景、事件整合的视角出发，发现"了"经常用于前景句及主要事件中，但留学生初级阶段的前景设置中却很少使用体标记"了"，这从例37至例40中的三十多个小句便可见一斑。在这四个语篇中，三十多个小句的排列的时间化很不显著，可以说，学习者在有意规避时间表达、规避体标记，前景平铺直叙，去时间化现象明显，主要事件难以凸显。唯一使用"了"的一次（见例40）还是为后续小句设置情境，为后景。"过"出现了一次，对"动词+过"的用法的掌握好于"了"。

第三，未见高及物性"把"字句。"把"字句具有高前景性，但初级阶段留学生回避"把"的使用是无可辩驳的事实，这使得其前景设置单一、缺乏起伏。在其语篇中未发现受事主语句、"被"字句，而中国儿童语篇中"把"的使用与成人差别不大。这说明在一些句法格式方面，二语学习者与中国儿童相比还是有很大差异的。

4.3.2 中高级阶段语篇中的小句设景情况

4.3.2.1 从前景到后景

例41. 我记忆中有位特别的女孩儿。当时我很失望，但是<u>由于她来到了我的世界</u>，我的生活竟充满了快乐和希望，带来了阳光，<u>把我的沮丧XX了</u>。我从第一次见面就成为了好朋友，<u>每天下课时</u>，我们会常常聊天儿和一起出去玩儿，去附近的广场玩。（韩国学生作文《我记忆里的女孩》）

成人语篇特征是后景信息丰富，辅助前景推进事件链进程。二语学习者到了中高级阶段后，其语篇与初级阶段的表现有所不同，前景中经常夹杂着后景。例41中使用了高及物性"把"字句以凸显前景。尽管学生写不出核心动词，出现了习得过程中的"漏洞"〔holes，靳洪刚（2017）〕，但可以看出，中高级阶段学生已经有尝试使用高及物性"把"字句的意识，前景标记能力在提升。

另外两个画线小句分别标识原因（"由于她来到了我的世界"）、事件发生的时间（"每天下课时"），为后景。因此，中高级阶段开始，学习者语篇呈现出从单一前景向前后景交织发展的趋势。后景出现的情况怎样及后景如何设置将成为我们观察的重点。

4.3.2.2 后景的发展

留学生进入中高级阶段，"景"的设置开始丰富，后景交织着前景，推动事件向前发展，例如：

例42. 记忆里有一个男孩。我和他认识的是18岁时候。又一样的学样又一样的班。他没有特别的特点。学得也一般，长得也不是特别好看。但是我喜欢他。

<u>因为我发现了他的魅力</u>。他的性格格外从容。我到见了那个男孩一直以为世界上的男孩大部分都性格太强或对女孩不善良。但是他改变了我的价值观。（韩国学生作文《我记忆里的男孩》）

例43. 有一位年轻的女人举办了一场画儿展，当成一个礼物送给她的丈夫。她的丈夫是一位画家，很早以前就盼望着开一场个人的展。那天，他的希望实现了。可是，这场展显得不成功。<u>观众很少，连报纸也没什么消息</u>。画家很失望。他很对不起的他的妻子，<u>因为她当画家的学生时就崇拜了他</u>。这位画家觉得他自己是个骗子。

<u>但有一天</u>，有一位"海外收藏家"买了他20幅画儿。他们夫妇俩高兴极了。报纸为了这事情也写了很多新闻。他的展成功起来了。（韩国学生作文《爱情的故事》）

例44. 现在广告比比皆是，<u>简直好像那种赶不走的熊孩子一样</u>。在这个情况下不同人谈论广告这个话题会提出不同的疑问：为什么哪里都是广告？广告到底有什么好处？我被广告欺骗了，厂家会不会赔偿我的损失啊？（意大利学生作文《广告的利与弊》）

例45. <u>去年，我在荷兰学习</u>。有一天我朋友给我打电话，说我们的国王已经去世了。我听到之后，一下子回家，然后哭出来。所以泰国人都哭出来，<u>好像那天太阳不会重新出来了</u>。（泰国学生作文《我记忆里的男孩》）

例42中，前景是介绍那个男孩子的情况，如学习、外貌、性格等，中间插入了后景信息（因为我发现了他的魅力），补充说明原因。例43中，主线是办画展，画展不成功。中间以无标记形式解释为什么这个画展显得不够成功（观众很少，连报纸也没什么消息），形成补充信息的后景。例44中，主线是广告到处都是，后面将广告比喻成"熊孩子"，让人烦恼又躲不掉。比喻句用于描摹情态，充当后景，删除也不影响主线解读。例45中有时间、地点、比喻描摹用法，均是为了烘托"泰国的国王去世了，我非常难过"这一个主题。

可以看出，随着汉语水平的提高，留学生后景设置丰富起来，语篇组织开始呈现出立体、多维度的面貌，而不仅仅是单一的主线前景模式。从习得角度分析，这个进步是很有趣的一种现象。它体现了怎样的学习策略呢？

一般认为二语学习中有两种信息加工模式：一种是显性学习（explicit learning），即学习者根据输入材料进行推导，试图发现输入材料的规律性及其包含的概念与规则；另一种是隐性学习（implicit learning），即没有主观发现输入规律的目的性的输入加工（input processing），这种学习是无意识的。（戴曼纯，2005）有的学者认为二语学习中是前者在发挥作用，有的学者认为是后者在发挥作用，也有人认为兼而有之。

当把目光扩大到篇章层面进行历时观察时，我们发现，在"景"的设置上，留学生以隐性学习为主，属于潜意识的学习，大量的文本输入后，篇章知识不知不觉被内化了。因为我们的教材和语法书中，从未有"景"设置的相关介绍，也没有相关训练。而在前面"空间序列"部分，表示存现的"处所＋有＋什么"是课堂训练的重点，教材中也多有讲解及练习。因此，对于该序列，留学生以显性学习为主，这是主动的学习策略。所以，即使是同一个学习主体，在不同阶段、不同的学习项目中，其学习方式也是有变化的，而非一成不变。篇章组织方面，隐性学习这一模式凸显。

4.3.2.3 后景设置形式

根据前面的例证，二语学习者后景设置多为以下几种：

第一，原因类，用以追补信息、解释说明，如例42、例43。可以有标记，也可以无标记，形式化表达为：

"因为／由于／尽管"等（有标记形式）＋……，前景信息；前景信息，"因为／由于／尽管"等（有标记形式）＋……；无标记形式原因句＋前景信息；前景信息＋无标记形式原因句。

第二，时间地点类，如例43、例45。形式化表达多为"有一天、……的时候、在……"等。这类结构经常处于篇章的发端句位置，多提示篇章中的时间、空间，属于典型的后景信息。（潘文，2003）

第三，描摹比喻类，如例44、例45。形式化表达为"好像……、简直就像……"等。尽管教材中已经出现更书面化的"仿佛、犹如"，但因使用频率低，学生依旧选择高频使用的"好像"等用于比喻。

172

4.3.3 高级阶段语篇中的小句设景情况

老HSK作文考试B证书获得者一般具有5000以上的词汇量，比新HSK六级证书获得者的水平更高，其后景设置形式，除了前面提到的类型外，还有所增加。也就是说，其后景设置形式更加多样，更接近汉语母语者。

第一，零形主语反指形式。

例46. Φ去天津之前，我感到有点儿害怕，因为Φ这次不是旅游，Φ为了达到目的要工作。但Φ到了天津一旦看到副科长，我就放心了。（B证书）

例47. Φ₁突然接到来自日本母亲的电话，Φ₂说要来中国游三峡，Φ₂叫我也来"报到"和她们一起去。我想三峡水坝工程已动工，几年后，许多名胜古迹就要永埋水底，机会难得，而且Φ₁已有将近一年没见她们的面了，Φ₁也正好尽孝，Φ₁便兴冲冲地答应了。（B证书）

方梅（2008）认为零形主语反指是通过依附后续小句实现的，零形主语反指的背景化功能要求前面的小句在形式上做出句法降级，以凸显前景信息。高级阶段中介语语篇中，留学生已经在不知不觉中学会了零形主语反指形式，类似例子并不少。例46中，首发句通过零形反指，与后续小句构成了依附关系，首发句为后续句的后景。例47更加复杂，接电话的是"我"，可以在后续小句中找出，通过零形反指构成后景。而另外一个句子"说要来中国游三峡"的主体在后续小句中并没有直接出现，要到前面宾语位NP中提取出来。"母亲"的高生命度特征在这里发挥了作用，也符合就近解读原则，"说要来中国游三峡"与前一小句一并构成后景。

第二，描写性关系小句。

例48. 除夕那一天的下午，在丽江的街上，开始热闹起来。纳西族的老太太都穿富有民族风格的蓝色背心，逛街。在古镇里最大的音乐厅演出纳西民族音乐的节目。从内外来的游客们都享受着丽江纳西族过节日的气氛。天黑了，穿民族服装的纳西太太开始跳舞。她们互相握着手、围绕灯火，一边放音乐，一边自己唱歌。她们叫我们旅客一起跳舞。跳舞的人群越跳越大。人们的表情越跳越开心。像汉族过春节一样，纳西族也放鞭炮。鞭炮的声音好像祝福着新年的到来。（B证书）

例49. 当时我是大学2年级的学生，Φ_1虽然已经学汉语学了一年，但一到中国我就发现自己差不多什么都听不懂。Φ_1<u>连"我要这个""多少钱"等不可少的日常对话都不太懂</u>。这个问题给我很多生活上的麻烦。幸好北京人正义感强，人家看我有困难，Φ_2都愿意来帮我。（B证书）

这类描写性关系小句，在初中级阶段的语篇中很少见，高级阶段的语篇中却有不少。

例48中，"从内外来的游客"（"内外"应为"国内外"）、"穿民族服装的纳西太太"、"跳舞的人群"等都属于描写性关系小句。没有使用"纳西太太穿着民族服装，开始跳舞"这一形式（另两个例子解读略），而是以简练的关系小句形式将服饰描摹部分背景化了，凸显了动态的"跳舞"等欢乐的前景信息，这也就实现了让一个结构不出主语而具有依附性，进而成为主要信息句的辅助依伴信息这一功能。（陈满华，2010）

例49中也有描写性关系小句，其还嵌在了复杂的"连……都"格式中，不是一般主动句，而是NP受事话题句，"日常对话"为受事话题，移到了心理动词"懂"的前面。可以看出，到高级阶段，汉语母语者常用的后景设置形式、有书面语体特征的形式，留学生已经开始使用了，而且使用得比较得体。

4.3.4 分析与讨论

根据前面的分析，在此我们将留学生语篇中的小句设景情况做一个汇总，结果见表4-2：

表4-2 初级、中高级和高级水平小句设景情况

水平等级	设景			
	前景		后景	
	设置特征	形式	设置特征	形式
初级	前景凸显；句间平层，缺乏高峰	一般主动句"有生 NP + 动词"；去时间化，体标记较少使用；高及物性"把"字句未见使用	后景不显著；偶有原因句补充信息	—

174

（续表）

水平等级	设景			
	前景		后景	
	设置特征	形式	设置特征	形式
中高级	前后景开始交织	体标记"了"出现；高及物性"把"字句出现，但不多	后景开始丰富	第一，原因类。"因为／由于／尽管"等（有标记形式）＋……，前景信息；前景信息，"因为／由于／尽管"等（有标记形式）＋……；无标记形式原因句＋前景信息；前景信息＋无标记形式原因句。第二，时间地点类，介绍事件背景。第三，描摹比喻类
高级	前后景交织	体标记"了"使用增多，用于标记前景	后景更加丰富，向汉语母语者靠近	零形主语反指形式；描写性关系小句

据表4-2，下面我们对观察到的主要的发展变化特征做汇总分析。

4.3.4.1 形式上，从前景凸显向前后景交织发展

初级阶段，学生受限于汉语语法、词汇水平，词不达意，往往以最基本的一般主动句来传递信息。一般主动句及物性较高（王惠，1997），是用来表现前景的主要手段，它在中介语语篇中的大量使用使得初级水平语篇前景化凸显。

中高级阶段，前景设置上学生开始尝试使用高及物性"把"字句，同时，前景中交织着后景，后景开始丰富，并以有标记或无标记原因句、比拟句、时间地点句等方式设置后景。语篇从单一的前景凸显向前后景多维立体化方向发展。

高级阶段，后景设置开始接近汉语母语者，出现了零形主语反指、描写性关系小句等方式，语言中的经济原则、重心原则在此都发挥了作用。通过句法降级，实现了后景化功能，组构了衔接更连贯、语义更清晰的篇章。

我们说接近汉语母语者，是因为有些设景形式在高级阶段语料中也未曾发现，比如非反指类零形主语。这种情况下，前一个小句的零形主语与后续主句

的显性主语不一致，并不是反指后续小句的主语，因此称作"非反指零形主语"（陈满华，2010）。例如：饿了三天，火气降下去，身上软得像皮糖似的。［老舍《骆驼祥子》，例子转引自陈满华（2010）。］首发句缺省的是"祥子"，而"祥子"无法在后续主句中寻找得出，后续出现的是"火气"，首句零主语并非反指后续主语。这类句子在汉语中是合法的、成立的，在英语中却不同。

英语的"悬垂分词短语"（dangling participle phrase）与汉语的非反指零形主语小句有一定的相似性，指分词结构在句首做状语时，其（隐含的）逻辑主语与全句的主语不一致，即该结构的零形主语与主句没有句法依存关系，导致该结构是"悬垂"的。悬垂分词短语一般被认为是一种病句，如"Walking up the hill, the view was very beautiful"（陈满华，2010），"走路上山"的主体"人"在前面小句中缺省了，也不能去后面的主句中消解（主句主语变成了"the view"）。而将其翻译成汉语后，"走上山，风景真是美极了"接受度还是很高的。非反指零形主语在汉语中有不少例证。

英语背景的学习者由于其母语中该格式的不合法，而回避使用汉语中合法的非反指类零形主语后景句，但是日本学生呢？日语中前后小句主语不统一的非反指零形主语小句是可以使用的，然而惧错心理和二语习得中的求全心理使得日本学生也不敢尝试这种用法，其母语并未带来正迁移。这便是我们未发现相关用例的原因。

4.3.4.2 语篇组织维度趋向立体

从初级阶段到中高级阶段、高级阶段，随着后景的丰富，语篇复杂度开始增加，初级阶段语篇的小句平层现象开始减少。小句排列从"前景＋前景＋前景……"向"前景＋后景＋前景＋……"发展。宏观上看，语篇组织维度不再是单一的，而是呈现出立体化态势。

随着留学生汉语水平的提高，对于同一个真值事件，言者有了更多的表达方式。由于表述者角度、注意焦点、详尽程度不同，其头脑中形成的意象图示也会有所不同。将一些前景形式后景化（如描写性关系小句、零形反指等）后，其语言构式、意义和功能也会发生变化。同时，不断丰富的后景也能够为语篇提供新信息，引出新话题。这些有助于组建信息更为丰富的语篇，语篇的复杂度提高了，语篇难度等级提高了，语篇的功能也更丰富了。

4.3.4.4 语篇功能强化

第一，传递基本信息的功能。我们知道，前景用来推进事件链进程，构成故事主线，传递主要线索信息。初级阶段前景凸显，因此，在信息包装上的表现是传递核心信息，初级阶段大体能实现这一最基本的功能。

第二，引出新话题的功能。随着汉语水平的提高和后景设置的发展，一些新话题开始从后景中引出，话题种类开始丰富，留学生篇章表达能力开始提高。

第三，补充新信息的功能。后景中的时间地点句及存现句提供了事件发生的环境信息，相当于戏剧中的布景，使得舞台上的表演有了立体的衬托，为理解篇章提供了新信息。

第四，阐释功能。后景中的原因句、让步条件句可以加深读者对主线的理解，起到阐释、释疑的作用。

第五，描摹功能。比喻句和描摹情态句可以丰富语篇表达，其后景性更多地体现在增添文本的文采，以及增强语篇组织的表现力这两个方面。

第六，凸显重心的功能。到中高级、高级水平阶段，留学生语篇组建能力提升，开始使用零形反指、关系小句等形式凸显重心，其篇章所具有的功能进一步丰富。

尽管我们看到留学生的小句设景在一步步向前发展，但其篇章缺乏高潮、缺乏跌宕起伏、总体平淡也是我们的基本印象。为什么会这样呢？问题到底出在哪里呢？下面我们从本体语篇设景分析中去寻找原因。

前景、背景是言者对客观世界进行主观调控的结果，言者想要凸显某个客观行为，则可以通过一定的语言手段将其置于前景地位；相反，不想凸显某个客观行为，则可以借助一定的语言手段使其处于背景地位。其中，动词与设景关系密切，决定动词界性特征的语法手段"界标"就是言者进行语篇地位凸显度调控的语言手段。（李晋霞，2017）

根据李文的研究［以下例子转引自李晋霞（2017）］，有界化标志使动词拥有前景地位，而无界化标志使动词拥有背景地位。常见的有界化语法手段有这样几种：

第一，"了"与 AA 式重叠。例如：

例50a. 说完，他就<u>放了</u>小老鼠。

例50b. 她用嘴<u>梳理梳理</u>羽毛，蹲在草地上，不一会儿，"咯咯哒——！"一个金色的、光洁的大鸡蛋就躺在草地上。

第二，部分补语成分。例如：

例51a. 小蝙蝠马上<u>张开</u>自己的翅膀。

例51b. 乌龟被小鸡的呼救声<u>吵醒</u>。

例51c. 小白兔<u>站出来</u>，说："'咕咚'就在那边的湖里。"

例51d. 狼马上<u>沉下脸</u>，说："哼，你能从我的嘴里平安地出来就该谢天谢地了，还敢向我要钱！"

例51e. 女娲继续捏呀捏，揉呀揉，<u>一直捏揉到月亮出来</u>。

第三，做状语的数词或数量短语。例如：

例52a. 黄鼠狼仔细<u>一看</u>，说："真是一只小老鼠！"

例52b. 北风张大嘴巴，对着行人<u>一阵猛吹</u>。

无界化标志主要包括"正（在）"与"着"（例53a、例53b），以及部分补语成分（例54a、例54b）。

例53a. 不一会儿，猩猩们都喝多了，他们相互<u>打闹着</u>，把草鞋穿在了脚上。

例53b. <u>走着走着</u>，她被一条小河拦住了去路。

例54a. 玩具们<u>吵得要命</u>，珍妮走到哪里，玩具们就跟到哪里。

例54b. 小驴驮着小猴子和他买的那些东西，<u>走得很慢</u>。

可以看到，这里的语法手段都是对外汉语教学中的难点、重点。

第一，"了"（例50a），它是外国人学习汉语时的一大绊脚石。学界流传的一个外国人学"了"的段子很好地说明了这一点：你（母语者）"了"我不"了"，我（外国学习者）"了"你不"了"；何时应该"了"，没人知道了。这例子里还只是"了"的简单用法，复杂的、变换的用法还有很多。

第二，例51中是补语用法，汉语中的各类补语具有其独特性，有的还具有抽象性（如"狼马上沉下脸"）。前面例子中有结果补语、趋向补语、趋向补语的引申用法等，这些都是教学中要费时费力去讲解和操练的内容。

第三，例52中数词或数量短语做状语的用法比较抽象，"黄鼠狼仔细一看"，留学生经常会问为什么用"一看"？不能用"看一看、看一下"吗？不能，因为语义不同，后续小句不同。然而，我们语法书中的细致讲解是无法照搬给汉语水平不高的留学生的，因此，这些疑惑会对他们对这一用法的理解、使用构成障碍。

按照李晋霞（2018）的研究，伴随状态状语和表结果、状态、程度、方向等的补语主要是出现在故事高潮前景中，而不是故事序幕、结局等后景中，也就是说，要描摹语篇高潮，是应当使用这些句法形式以实现"高潮"功能的。可见，留学生对这些语法难点掌握欠佳，使得其篇章中高潮和前景的表达受到制约，其后景的铺陈也受到制约。学习者母语（第一语言）篇章组织能力或许很强，但学习第二语言（汉语）时，对表现前景和后景的语法手段还未习得，或掌握得不好，这是其语篇平淡、缺乏起伏的设景方面的解释。

参考文献

陈满华，2010，由背景化触发的非反指零形主语小句，《中国语文》第5期。

崔希亮，2001，空间方位场景的认知图式与句法表现及语义映射，《中国语言学报》第10期。

崔希亮，2002，空间关系的类型学研究，《汉语学习》第1期。

戴浩一，1988，时间顺序和汉语的语序，黄河，译，《国外语言学》第1期。

戴浩一，1990，以认知为基础的汉语功能语法刍议（上），叶蜚声，译，《国外语言学》第4期。

戴浩一，1991，以认知为基础的汉语功能语法刍议（下），叶蜚声，译，《国外语言学》第1期。

戴曼纯，2005，二语习得的"显性"与"隐性"问题探讨，《外国语言文学》第2期。

范晓，2001a，关于汉语的语序问题（一），《汉语学习》第5期。

范晓，2001b，关于汉语的语序问题（二），《汉语学习》第6期。

范晓，2016，句式的几个问题：基于语言习得的视角，《海外华文教育》第6期。

方梅，2008，由背景化触发的两种句法结构：主语零形反指和描写性关系从句，《中国语文》第4期。

郝琳，2018，反喻性"A不是B"句的语篇模式和信息组配，《汉语学习》第2期。

何伟、刘佳欢，2019，英汉语小句间逻辑语义关系及表征方式对比研究，《北京科技大学学报》（社会科学版）第2期。

胡建锋，2015，前景化与"知道吗"的功能，《语言科学》第2期。

胡明扬、劲松，1989，流水句初探，《语言教学与研究》第4期。

靳洪刚，2017，有效输出在第二语言习得与教学中的作用，《世界汉语教学》第4期。

李晋霞，2017，叙事语篇的"前景—背景"与动词的若干语法特征，《汉语学习》第4期。

李晋霞，2018，汉语叙事语篇高潮的语言特点，《汉语学习》第5期。

李少儒，2006，英语长句的汉译，《湖北师范学院学报》（哲学社会科学版）第5期。

李挺，2010，叙事篇章中存现句的前后景转化，《当代修辞学》第6期。

廖秋忠，1992，《廖秋忠文集》，北京：北京语言学院出版社。

吕叔湘，1979，《汉语语法分析问题》，北京：商务印书馆。

莫启扬，2011，语言中的时间性及其操作：去时间化研究，西南大学博士学位论文。

潘文，2003，存现句在不同语体中的差异考察，《修辞学习》第6期。

屈承熹，2006，《汉语篇章语法》，北京：北京语言大学出版社。

沈家煊，2012，"零句"和"流水句"：为赵元任先生诞辰120周年而作，《中国语文》第5期。

盛丽春，2016，现代汉语流水句研究，吉林大学博士学位论文。

王惠，1997，从及物性系统看现代汉语的句式，《语言学论丛》（第19辑），北京：商务印书馆。

王寅，2005，语篇连贯的认知世界分析方法：体验哲学和认知语言学对语篇连贯性的解释，《外语学刊》第4期。

谢信一，1992，汉语中的时间和意象（下），叶蜚声，译，《国外语言学》第3期。

张国宪、卢建，2010，"在+处所"状态构式的事件表述和语篇功能，《中国语文》第6期。

Haiman, J. (1980). The iconicity of grammar: Isomorphism and motivation. *Language*, *56*(3), 515-540.

Haiman, J. (1983). Iconic and economic motivation. *Language*, *59*, 781-819.

Osgood, C. E. (1980). *Lectures on Language Performance*. New York: Springer-Verlag.

第五章 以整句／依附零句为参数的语篇习得研究

第一节 相关研究概述

前面几章已经谈及，语篇习得及偏误方向的论文主要集中在衔接连贯、话题习得等方面，如指称偏误（曹秀玲，2000；周晓芳，2011）、照应偏误（肖奚强，2001）、省略偏误（邢志群，2016）、话题习得（曹秀玲、杨素英、黄月圆等，2006；高玮，2014）等。中国知网检索显示（截至2020年3月1日），从语篇整句、零句视角出发研究留学生习得情况的论文只有马文津、施春宏（2016）这一篇。可以看出，针对中介语语篇中整句、零句使用情况的研究还非常少，未知的、需探寻的领域还很广阔。

马文津、施春宏（2016）借鉴自然语言处理领域的研究者宋柔（2008，2013）提出的标点句理论及基于意合机制的"整句"和"零句"思想来切分学习者语言（learner language），避开了有关"句子"的争议。中介语是一种特殊的"自然"表达系统，在交际本质上与"自然句"相通，因此按整句—零句切分是可行的。另外，作者选取了HSK动态作文语料库中不同水平等级日本学生的语料，基于共时表现推测其篇章输出的历时发展层级，方法上也是可靠的。

文章发现，在境零句是组织堆栈结构、构建篇章的难点与关键，学习者经历了整句优先、不同性质零句非同步习得并逐步完善这样一个阶段大体分明但又交互递进的过程，篇章表达系统的构建包括"起步—发展—优化—拓展"四个阶段。句子层面与语用篇章层面的发展是不同步的，篇章影响到了句法构建，这是句法和语用互动作用的结果。该研究拓展了汉语中介语篇章习得研究的领域和方法。

侯睿颖（2019）以英语学习者为调查对象，对其零句习得情况进行了分析。限于篇幅，她的论文未考察整句习得情况。

从语言类型学角度看，英语属于印欧语系，是主语凸显型语言；日语、韩语属于黏着语，是话题—主语凸显型语言；汉语属于孤立语，是话题凸显型语言。基于此，该文希冀发现语言类型与日语不同的英语国家学生学习零句时的特点。

该文以HSK动态作文语料库为依托，从中选取了100篇英语母语留学生作文，并分为高分组与低分组分别进行考察。由于完全追踪的习得研究难度较大，该文采取了共时层面的历时推测方法进行研究。另外，为了与汉语母语者的使用情况对照，该文还选取了50篇汉语母语者语料。

从研究思路上看，该文是先做本体视角的分析，然后将这150篇语料转换为堆栈结构，对比英语母语留学生与汉语母语者的零句使用情况，从在境零句、离境零句、堆栈结构深入度、话题链延续情况这四个主要方面进行了详细的考察和统计。该文发现：

第一，在境零句使用方面，英语母语留学生在境零句使用量与其汉语水平正相关，在境零句是英语母语留学生学习汉语语篇时的主要难点。

第二，离境零句使用方面，表达逻辑关联的框式介词与准框式介词对于HSK写作50分以上的留学生而言不构成显著习得困难。但是英语母语留学生的使用中存在泛化现象，使用比例和丰富程度不佳。

第三，堆栈结构构建方面，随着汉语水平的提高，英语母语留学生具备了主动构建具有成分共享关系的堆栈结构的意识，但是还不完全具备理清堆栈结构中成分共享关系、有序推进话题的能力。

第四，话题链延续方面，随着汉语水平的提高，英语母语留学生语篇中在境零句的复杂度进一步提升，话题链的延续值进一步加大，更加接近汉语母语者的表现，且共享同一成分的各个在境零句间的语义关联程度加深。

第五，汉语缺少形态变化，许多句子的衔接通过意合来实现，具有类型特点，与有丰富形态标记的英语很是不同。该文通过语料观察发现，英语母语留学生对汉语意合机制的运作规律还无法熟练地理解和运用，即使是对于高水平组，也依然构成习得困难。

除了归纳英语母语留学生零句使用的特点外，该文还对英语母语留学生零句使用的偏误情况进行了考察，发现偏误情况主要存在于在境零句、离境零句、堆栈结构中。

该文发现了英语母语留学生学习零句时的一些特点、规律，与马文津、施春宏（2016）类似，是限于一种语言类型的研究。相关研究很少有人涉及，因此具有一定的新意，我们将在本章对二语学习者整句、零句的使用情况做更详细的介绍与例证分析。

在本书第二章本体部分，我们对整句和依附零句做了界定与分析。整句主要是主语所指不依赖其他成分的、主谓结构完整地存在于语篇中的句子。依附零句包括两类：一类是句法不自足的、主语需要在语篇中依附上下文追踪的小句，这里的主语含上位大主语；另一类是说明时间地点的零句，其依附语境而存在，简称"时空零句"。零句的种类很复杂，我们主要讨论上述两种。

本体研究发现，儿童语篇中整句使用数量显著多于成人语篇，成人语篇中依附零句使用数量显著多于儿童语篇。因此我们认为，整句数量与汉语语篇难度负相关，文本中越追求句子的句法完整、表意充分，完整句就越多，文本就越容易解读；依附零句数量与语篇难度正相关，需要依托语境寻回信息以便理解的依附零句数量越多，语篇就越难以理解，语篇难度等级就越高。

另外，语篇压制也与语篇难度相关。成人语篇中，不"合乎语法"（grammatical）但进入语篇中"合用"（well-used）的句子，即我们前面提到的语篇合法句，比儿童语篇中的多。这种语篇压制某种程度上改变了句子的输出形式，显示出了篇章对句法的制约。

基于上述思考，我们在本章将观察不同水平层级的留学生整句、零句的输出情况，主要涉及如下问题：

初级阶段留学生整句、零句输出分布情况怎样？形式上有哪些特点？

183

随着汉语水平的提高，中高级阶段留学生整句、零句输出情况是否发生了变化？

到高级阶段，是否出现了不合乎单句句法但合乎语用的语篇合法句？

母语为不同类型语言的汉语学习者（日本学生、英语国家学生），其整句、零句输出情况怎样？是否存在差异？母语类型是否对其习得构成了显著的正迁移或负迁移？到哪个阶段才产生正迁移？迁移的阶段性怎样？等等。

第二节　初级阶段留学生整句 / 依附零句习得情况

5.2.1 整句 / 依附零句的分布情况：整句凸显

根据留学生作文语料，我们对初级阶段留学生整句 / 依附零句的使用情况做了统计，情况见表5-1：

表5-1　初级阶段留学生整句 / 依附零句使用情况

类型	数量（个）	占比
整句	712	76%
依附零句	219	24%

从表5-1可以看出，初级阶段语篇中整句占比达到76%，接近八成，而依附零句只有两成多一点。整句凸显是初级阶段的显著特征。请看下例：

例1. 我去过许多地方。我去奥林匹克公园。我也去北京北京动物园。我最喜欢的地方是西单。我在那边吃了拉面。拉面店的名字叫兵马俑。我不知道为什么叫这个名字。因为北京没有兵马俑。但是那拉面的味道非常的好。我回之前想再一趟。

来北京四个月了。我学到了很多的东西，我不会忘记这个经历过的经验。我只剩下一个星期留在北京。所以我要去很多的地方。明天我要去天安门。跟我的几个朋友。（韩国学生作文《我的一次旅行》）

例1中大量的整句并存，从"我去过许多地方。我去奥林匹克公园。我也去北京北京动物园。我最喜欢的地方是西单"到结尾的"明天我要去天安门"，小句间等立关系显著。"跟我的几个朋友"由于缺省生命体指称而与前面的小句勾连在了一起，但这种依附小句在语篇中占比太低。十几个句子间缺少依附关系，使得语篇衔接连贯力弱，这印证了习得初期的"整句凸显"现象。

为什么初级阶段整句凸显呢？

第一，教学输入的原因。由于学习者处于初级水平，教材中的句子以单句输入为主。初级语法如名词谓语句（今天星期六）、形容词谓语句（他很聪明）、一般主动句也都是基于单句进行教学的，单句表达句法完整、语义清晰，这是符合语言学习入门期的规律的，并没有什么问题。

第二，学习者的模仿心理。学习者在教师大量操练刺激下，会模仿课堂学习的内容，这便是心理学上的"学习即模仿"理论。20世纪70年代，美国心理学家班杜拉在大量实验研究基础上提出了该理论，认为学习者对示范行为的保持依存于两个储存系统，一个是表象系统，另一个是言语编码系统。表象由感知过程产生；示范行为（在此可以理解为教师的教学行为）的重复呈现会使得示范行为更为持久，并以符号的形式表象化。这样，学习者通过符号这一媒介，便可以将示范保持在长时记忆中，以后可以被唤起，形成"模仿学习"（imitation learning）。

第三，学习者的规避心理。学习者初期有明显的错误规避心理，因此追求单句完整这一特征便显现出来了。此时，学习者汉语篇章意识尚未产生，因此，写作输出时，其篇章中存在整句凸显现象。而我们观察本体语料发现，本体中成人语篇并不是整句凸显的，所以，整句凸显是习得初级阶段的一个表现。

5.2.2 整句/依附零句的表现形式

5.2.2.1 整句的表现

我们先来看整句的正确输出情况。

正确输出时，整句经常表现为去时间化的一般介绍描述句、主动句。

第一类，表示状态判断的"是"字句，如"我是大学生""我最喜欢的地方是西单"。

第二类，表示存现的"有"字句，如"北京没有兵马俑""我的房间里有很多韩国电影"（出自例2）。

第三类，常用动作动词、心理动词构成的动词谓语句，如"明天我要去天安门""我喜欢看电影"。体标记"过、了"也出现了，但占比不高，如"我去过许多地方""我学到了很多的东西"。

第四类，简单形容词谓语句，如"拉面的味道非常好""西安的景京（风景）非常好"（出自例3）。

例2. 我喜欢看电影。我13岁左右的时候，最喜欢的是美国电影。我最喜欢的美国电影内的男人是非常好看。现在也我喜欢他。我常常去朋友家，我和朋友一起看电影。我16岁左右的时候，最喜欢的是韩国电影。非常有意思。因为我每天看，所以我的韩语水平越来越高。我的房间里有很多韩国电影。现在我是19岁的。我最喜欢电影是日本电影。我是大学生。大学生可以打工。所以我有钱。所以我可以去电影院看电影。我家附近的电影院一般是大约80元。但是早上或者每星期一是大约60元。所以我星期一一定去电影院。星期一去电影院是我的最大爱好。（日本学生作文《我的最大爱好》）

下面，我们观察下整句的偏误情况。

整句偏误主要表现是整句的羡余，即不应该使用整句，而应该使用依附零句时，使用了整句。其结果就是相邻小句由勾连关系、主次依附关系变成了等立关系，破坏了句间的衔接连贯，独立的、合乎句法的整句打破了语篇衔接链条。

如例2中，"我常常去朋友家，我和朋友一起看电影"——两个小句自立，主谓齐全，关联度低，完全可以转换为"主＋次（依附）"关系：我常常去朋友家，和朋友一起看电影。依附关系的存在可以增强小句衔接力。

整句偏误的另外一个表现是整句内词语句法偏误。如例2中，"早上或者每星期一是大约60元"，应去掉"是"，直接以名词谓语句的形式表达；"我最喜欢的美国电影内的男人是非常好看"，应直接以形容词谓语句的形式表达。这些是单句层面的问题，不是本书关注重点，本书主要关注的是篇章层面的问题。

5.2.2.2 依附零句的表现

初级阶段语篇中依附零句数量较少，占比只有24%，主要是零形下指用法，如例3中，"我的父母去年去过西安，来家以后向我说景京（风景）很好"。比较有意思的是，"……以后、……的时候、……以前"这种标识时间的小句在留学生语篇中常表现为依附零句形式，留学生对此篇章运用掌握得较好，如例3中的"来北京以后""中国来以前"（应为"来中国以前"，但学生零指称用法是正确的）等。

例3. 我的一次旅行介绍一下。来北京以后，跟留学院朋友一起去旅行了。我跟朋友一起去过西安。坐火车去十三个小时。太累了。但是很有意思。中国来以前，我想去西安。我的父母去年去过西安，Φ来家以后向我说景京很好。我们跟中国人一起旅行。除了我们以外都中国人。西安的天气不太好，一直西天下雨了。好吃的东西很多吃。我中国来以后很多地方旅行。旅览了。真有意思的旅行之一是西安旅行。一直下雨，但是我觉得北京比西安公气好。西安的景京非常好。（韩国学生作文《我的一次旅行》）

第三节　中高级阶段留学生整句／依附零句习得情况

5.3.1 整句／依附零句的分布情况：整句开始减少

中高级阶段学生整句／依附零句使用情况见表5-2，示例见例4。

表5-2　中高级阶段留学生整句／依附零句使用情况

类型	数量（个）	占比
整句	1030	63%
依附零句	599	37%

例4. 我也一直喜欢那个奇怪男生，所以我交往。我们过很幸福的时间了。每天很开心，很幸福，但是去年夏天我要去一个实习，他要参加日中学生会议。所以我们觉得没办法，结束以后再见面，一起过幸福的时间吧。但都很忙，不能

联系。时间过去了。一个月后我们都结束了。我很放心,跟他再能见面。但他说"我有一个梦想,你应该不能追求我。所以我们分手吧。"我很怀疑他。不能理解。所以我问他你心里有别的人吗?他脸子变了红色,然后他说他们已经交往一个月了。参加会议的一个女生很喜欢他,她表白他,他也有好感。所以他们交往了。

听说他们的观点差不多一样,所以我不太生气。现在他幸福,那就好。(日本学生作文《请讲述一个你记忆里的男孩》)

由表5-2可以看出,随着汉语水平的提高,中高级阶段语篇中整句占比有所下降,从近八成下降到六成多一点,整句没有初级阶段那么凸显。例4中,该日本学生使用了不少零句,如"每天很开心,很幸福""但都很忙,不能联系"等,其主语需要去前面寻找。依附零句占比上升,从初级的两成多一点上升到近四成。

前面对汉语母语者语料的统计显示:成人语篇中整句占比为47.8%,依附零句占比为52.1%;儿童语篇中,整句占比为69.1%,依附零句占比为30.9%。也就是说,到中高级阶段时,汉语学习者的整句零句连级能力、篇章组构能力依旧与成人汉语母语者存在差距(我们先不考虑单句内的丰富程度),但与儿童汉语母语者十分接近。

5.3.2 整句/依附零句的表现形式

5.3.2.1 整句的表现

先来看整句的正确输出情况,有这样几种表现:

第一,整句话题NP复杂度提升。整句的话题开始表现为两个或多个生命体NP交错出现,而不是像初级阶段那样以单一NP到底为主。如例4中,"去年夏天我要去一个实习,他要参加日中学生会议","我"和"他"都是话题,交错出现构成整句;例5中,"我问她'到底这是什么',接着她回答'我也不知道'"也是两个不同NP做话题。所以说,到中高级阶段时,虽然语篇中整句占比依然较高,但语篇的话题复杂性增强了,篇章的丰富度、可读性也有所提升。

第二,体标记"了"的使用正确率提高。如例4中,"一个月后我们都结束了";例5中,"我见了一个初恋"。

第三，表示变化的"了"运用比较得当。例5中，"我一眼爱上了""我对于她的行为开始怀疑了"都是描摹事态的发展变化，即"爱上了""开始怀疑了"。

第四，整句内复杂度提升。这表现在核心动词的丰富程度、句式的多样程度开始增强。例5中，"她的样子符合我的理想，她也欣赏我的样子和条件"，"符合""欣赏"等动词更为复杂。另外，句中开始使用离合词或结构，"我受特别大的冲击""我特别生她的气了"，"受……冲击""生……气"这类用法是初级阶段语篇中未出现的。

"我一眼爱上了"中为"数量短语 + 动词"形式，用数量短语做状语且使用正确，这对留学生而言非常不易（初步推测是语块教学的成效，教师直接教授"一眼爱上了"，学生记住后直接使用，而不是数量短语做状语的教学）。

句式开始丰富是此阶段整句输出的另一特征。

例5中，"她又漂亮又可爱"一句以"又……又……"格式替代了简单的形容词谓语句"她很漂亮，她很可爱"。例6中出现了比喻格式，"他对所有泰国人简直像爸爸"。

例5. 在高中学的时候，我见了一个初恋。我觉得她又漂亮又可爱。怎么形容她呢？是因为我的好朋友给我介绍。第一次约会的时，我一眼爱上了，因为她的样子符合我的理想，她也欣赏我的样子和条件。我们大概见了三次以后，就开始谈恋爱。那时候我开心死了，越谈越她的性格也特别满意，但是谈了一年以后，出问题，首先我对于她的行为开始怀疑了。为什么呢？因为我发现了她的钱包里一张照片，这就是另外一个男生的照片。所以我问她"到底这是什么"，接着她回答"我也不知道"，那时候我只好相信她。但是不久以后出大事。我看他们的约会现场，然后我受特别大的冲击，所以我特别生她的气了。可是那时候我还是爱她，不过这件事是忍不住的，从而我只好跟她分手了。（韩国学生作文《记忆里的女孩》）

整句偏误方面，与初级阶段类似的问题（应用依附零句而用了整句）依旧存在（"受……冲击"和"生……气"所在小句应使用零指称形式），但偏误量减少了。

5.3.2.2 依附零句的表现

正确输出的依附零句占比开始提升，主要有这样几类：

第一，ZA，跟初级阶段相同，见例6画线部分。

第二，出现了零形反指。例4中，"听说他们的观点差不多一样，所以我不太生气"，首发小句零形反指。

第三，时间地点类零句增多。例6比较明显，"从古代""在泰国历史中""从那时候"等都标识后续小句发生的时间背景。例5中也有一些，如"在高中学的时候""第一次约会的时"等。

第四，出现了不依附前后情境的离境零句，如例5中，作者使用了设问形式，"为什么呢？"，然后自己进行了回答。从修辞上看，这是在提请阅读者关注后面的答案，说明学生此时初步具备了运用在境、离境零句多种方式组构篇章的能力。

例6. 我记忆里的男孩不是普通人，但他是一个国家的国王。从古代，泰国有无数国王，在泰国历史中，他们一直很重要。但是对我来说，我们的第九个国王是特别好。他对所有泰国人简直像爸爸，他十八岁的时候就当泰国的国王了。从那时候，他坚持照顾他的七百万个孩子。他年轻时，<u>就每个年去泰国的东、西、南、北，救助贫困的人</u>。对艺术方面来说，这个国王做很多东西，<u>为了泰国文化和社会的发展</u>。（泰国学生作文《记忆里的男孩》）

偏误方面，部分依附零句中应用体标记的地方缺失了体标记。如例5中，"我们大概见了三次以后，就开始谈恋爱""谈了一年以后，出问题"及"不久以后出大事"缺失"了"。时间类零句中，短语格式经常用错，例如，例6中的"从古代"应为"从古代开始"，"从那时候"应为"从那时候开始"，等等，不过这属于小句内问题。

第四节　基于HSK动态作文语料库的不同语言类型的研究

相关研究概述中已经提及基于日语背景学习者和英语背景学习者的研究，由于相关论文很少且语言类型不同，在此，我们对相关文章做较为全面的介绍和分析，看看不同语言类型的学习者习得汉语时的表现怎样，是否有差异。

5.4.1 日语背景留学生的习得情况

马文津、施春宏（2016）限定学生的母语类型为日语，将调查样本分为低水平和高水平两组，以作文分数和证书等级标记水平。低水平组作文分数为60～70分，没取得证书或者证书为C级，HSK总分平均分为290.87分。高水平组作文分数为80～90分，取得了B级证书，HSK总分平均分为391.67分，比低分组的高出了一百分左右。作者在此基础上历时地观察学习者语言输出的发展变化。

整句、零句具体输出情况如下［例子转引自马文津、施春宏（2016），下同］：

例7. 我一边儿吃瓜子一边儿看窗外的风景。（低水平组）

例8. ①大概过了五十分左右，②巴士到了南京西路站，③我下来一看周围的高楼大厦就感觉到了上海这城市的特色气氛。（高水平组）

整句的正确输出（见例7）占比从低水平组的94.49%小幅度上升至高水平组的99.35%。零句的正确输出（见例8）占比则从低水平组的78.70%显著上升至高水平组的94.96%。

这里作者使用的是"整句的正确输出"，即低水平组输出的所有整句的正确率为94.49%。需要注意的是，这里作者所使用的概念与我们的有所不同。我们前面统计的是留学生整句输出的占比（相对于依附零句），而这里作者统计的是输出的所有整句中正确整句的占比。整句在低水平组、高水平组中相对于依附零句的比例情况，文章中没有提及，只是提及了整句的正确使用情况。因此，我们难以据此推断日本学生整句输出同整句和依附零句整体的比值。

不过，从低水平到高水平，整句输出的正确率越来越高，这一点与我们的观察一致。

零句输出分两类：一类是在境零句，指的是与相邻或相近的标点句之间存在跨句成分共享关系的非主谓形式的标点句；另一类是离境零句，指的是与相邻或相近标点句之间不存在成分共享关系的非主谓形式的标点句。

在境零句方面，低水平组在境零句的正确输出比例为54.78%，而高水平组则明显上升至75.54%。这说明进入高水平阶段后，学习者对于标点句之间成分共享关系的认识显著加深，比起低水平阶段的回避与误用，高水平阶段的学习者更有能力选择正确的配位方式对句法成分进行有效经济的配置。在境零句输出的正确率提升，这与我们的语料考察结果是一致的。

离境零句方面，低、高水平组的正确输出比例差异较小，分别为23.91%、19.42%，说明此类零句的整体习得难度不高。作者认为这与离境零句的性质有关，离境零句常常提供篇章开展所需要的时间、地点信息，如"今年暑假、日本横滨"等。这类零句性质接近语块（lexical chunk），便于学习者整存整取。

在我们的研究中，这类离境零句算作时空零句，起到定位、定时作用，并没有完全离开情境。因为交际中若单用"日本横滨"，则听话人并不能理解言者要传达的究竟是什么信息。另外，中高级阶段时，时空零句输出的数量还是多于初级阶段。

整句和零句的偏误方面，偏误数量均呈现减少的趋势，整句的偏误输出（见例9）占比由低水平阶段的5.51%降至高水平阶段的0.65%，零句的偏误输出（见例10）占比由低水平阶段的21.30%明显降至高水平阶段的5.04%。其中整句的偏误总体数量相对有限，低水平阶段为15句，而高水平阶段仅有2例。

例9.①他的右足的骨头折断了。②后来他不能去学校学开车了。（低水平组）

例10.①通过很幸福的经验，②为了在中国能拼命地学习，③能够"充电"我的精神，④在心理上的休息，⑤这是我最理想的假期过法。（低水平组）

例9中整句的问题是其单句正确、合乎语法，但在语篇中非法，即为"语篇非法句"。作者称为"不合用"（unwell-used），意思相同。这类"不合用"的非合式整句占据了整句偏误的主体。这与我们对初级和中高级阶段语料的观察结果是一致的，只不过在高级阶段这种现象占比较低。

例10语义破碎，为"碎句"（sentence fragment），即破碎的零句，其偏误涉及句法和篇章两个层面。

就句层面而言，学习者的篇章习得大体经历了整句优先、不同性质零句非同步习得并逐步完善这样一个阶段。作者的上述观点与我们观察初级、中高级水平留学生语料所得到的结论基本是一致的，整句优先在初级阶段是最为显著的特征，到中高级阶段后整句数量开始减少，依附零句数量开始上升。

作者随后又从堆栈结构角度，进一步考察了不同水平组篇章结构的复杂程度差异。堆栈结构是从计算机识别语言的角度提出的一个分析多层小句、进行语义识解的概念［具体可参考宋柔（2013）］。

在低水平阶段，基础的句法表达式承担起组织篇章、表达意义的主要功能，堆栈结构形式简单，学习者在尝试将其复杂化的过程中往往因话题穿越而导致堆栈类碎句出现。在高水平阶段，学习者的篇章组织能力有了明显的提升。一方面，堆栈类碎句仍呈顽固存留态势，学习者在构建堆栈结构时仍然会出现话题穿越的情况；另一方面，学习者具备了一定的将篇章单位复杂化的能力，正确输出的堆栈结构的复杂程度明显提升。这说明句法和篇章这两个层面的习得是相互促动、相互制约、交互递进的，这使得中介语语篇不断向流利、复杂的方向发展。

我们在HSK动态作文语料库中所发现的语料也基本可以佐证上述观点，即语篇复杂度在高级阶段显著增强，如例11、例12、例13。其中，例12、例13都是日本学生写的作文，画线整句出现了偏误，需要注意。

例11中，不仅有复杂的词汇，如书面化的"目睹""莫大""观影处"等，更有篇章层面的ZA、话题游移，以及小句排列的时间序列、逻辑序列等。语篇表达跟母语者几乎无异，接近母语者水平。例12、例13也是如此。

例11. 五月二日，Φ_1起了一个大早，Φ_1四点不到就被饭店的叫醒服务惊醒；Φ_1四点半左右到了日观峰，此时到处都是前来观日出的人，Φ_2把整座日观峰观影处挤得水泄不通。虽然人很多，但Φ_2想目睹太阳露出云层的一瞬间的心情是一样的，可是那天却没有观看到日出的壮观景象，Φ_1有点遗憾，但此次的旅游，却给我带来莫大的喜悦与欢乐，不愧是一次愉快的假期。（B证书）

例12. 在五月二日，<u>我和我太太从大连乘坐飞机到大阪去了</u>。Φ_1到了大阪关西新机场后，我们坐了两个小时的电车，Φ_1就到了姐姐家附近的火车站。Φ_1没想到姐姐家全家人到火车站来接我们，让我们感到又惊讶又高兴。后来<u>我们一起去附近的餐厅一起吃了饭</u>。<u>我在餐厅好好的观察他们的女儿</u>，Φ_2觉得她特别可爱，Φ_3真像我姐姐。我姐姐的新的丈夫，对我姐姐，对她们的女儿都特别用心，Φ_4很温柔，我看他们一家人的样子，Φ_2感到这次的结婚不会像上一次那样

的不好的结果。（B证书）

例13. 这是我第一次坐船出国的。真不凑巧，那里很大的台风正在接近日本列岛，我所乘坐的客船受它的影响，Φ_1有时摇摆，Φ_1有时倾斜，Φ_2在船要站住也站不稳，终于我晕船了，我本来是好晕的，所以Φ_2晕得厉害，Φ_2到上海后才能吃下东西了。我好不容易踏上了中国大地后，Φ_2访问一个中国朋友。她在日本留学的时候，我认识她了。她现在在上海日系公司做翻译，Φ_3跟父母和姐姐住在一起。隔了半年，我们又能见面了。然后我和她一起去看电影，恰好那时在电影里放映我喜欢的张国荣演出的电影。我们一边聊天一边看电影，Φ_4过了很快乐的时间。（B证书）

5.4.2 英语背景留学生的习得情况

侯睿颖（2019）依托HSK动态作文语料库，以英语母语者为考察对象，分低分组、高分组两个组，分析其语篇中零句使用及发展变化情况。与前面一文不同的是，该文引入了汉语母语者语篇，先考察本体的零句使用情况，然后将留学生情况与其对照。

本体研究中，作者使用了"非独立整句"这一概念，即与前后标点句有共享成分、不能脱离语境理解的具有"主语—谓语"形式的标点句。例如"祥子……，头上冒着热气，……"，"头上"与前面小句的话题为种属关系，"头上"句不能脱离前面小句进行解读，这类小句称为"非独立整句"。事实上，非独立整句与零句相同，都存在着与前后小句的依附关系，都可以看成依附零句。之所以单独列出，是因为非独立整句在中介语语料中有一些自己的表现。

本体研究发现，汉语母语者语料中，在境零句与非独立整句占比为46.89%，将近一半。可见，依附零句在汉语母语者语篇中凸显。母语者经常通过依附关系来实现语篇的衔接连贯，这体现了简洁经济原则。在境零句中，经常有零形反指现象。

离境零句分为提供时间地点信息类、表逻辑关联的框式介词与准框式介词类及无主句三类，其整体占比为7.97%，使用比例不大。

从习得方面看，英语母语留学生高分组的语篇中，非独立整句与在境零句的总体占比为30.57%，低分组仅为21.39%。非独立整句方面，高分组与低分组语篇中，其占比相差不多，都为2.50%左右，这也是本体研究中单独将其列出的原因。这说明对于留学生而言，种属类（高生命度NP+……，头／手……）非独立整句并不构成显著习得障碍，低分组的习得情况与高分组差不多。

但在境零句方面，高分组与低分组差异显著，高分组语篇中，其占比为28.11%，相比低分组的18.84%，高出近十个百分点。低分组经常是本该用依附零句时却以整句表达，如例14、例15［例子转引自侯睿颖（2019），下同］。

例14.①他不但是外表出众，②他的人品也很好。（低分组）

例15.①因为她关心我们，②她经常会给我们提意见，③但她从没强调让我们根据她的要求做。（低分组）

离境零句方面，高分组语篇中，其占比为6.20%，低分组语篇中为6.68%。总体来看，高分组和低分组离境零句的使用比例相差不大。

做好数据统计后，作者将汉语母语者、英语母语背景学习者的情况（高分组、低分组）做了对比，统计结果如图5-1（每一个统计项目中的三列分别对应汉语母语者、英语母语留学生高分组、英语母语留学生低分组的情况，其上数值为对应比例）：

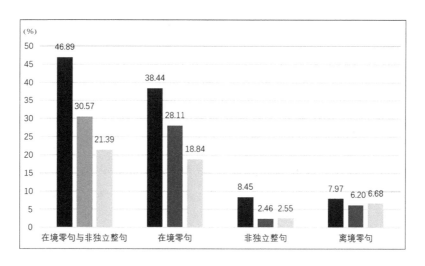

图5-1 汉语母语者、英语母语留学生高分组与低分组零句使用情况对比

可以看出这样几点：

第一，依附零句（在境零句+非独立整句）的使用量与汉语水平正相关（低分组语篇中占比为21.39%，高分组中为30.57%）。随着汉语水平的提高，留学生使用依附零句连缀语篇的能力也在加强。这些结论与前面马文津和施春宏的观察、我们的观察是一致的。

第二，不同水平组离境零句运用情况相似（低分组语篇中占比为6.68%，高分组中为6.20%）。这部分与我们的观察不一致，差异的产生应源自语料的等级。我们所界定的初级学习者是刚刚接触汉语的学习者，词汇量为600左右，因而，其还没有掌握时间地点类、框式介词类、无主句的使用。因此，初级与中高级水平学习者在离境零句的使用上有所区别。

再结合马文津、施春宏（2016）（不同水平组离境零句输出差异较小），我们可以推断出：当留学生汉语水平达到高级阶段以后，4000词汇量或6000词汇量在离境零句表达上不构成显著差异（因为马文津、施春宏文和侯睿颖文都使用的是HSK动态作文语料库中的语料）。

第三，与汉语母语者相比，留学生依附零句的使用能力依旧较弱，说明造成衔接力差异的语篇层面的原因主要是依附零句的使用问题。

偏误方面，主要是这样几类：

首先是在境零句误用为独立整句（如前面的例14、例15）。这与我们的观察一致，说明即使到了高级阶段，学习者依旧存在这样的问题。其次是小句间语义混乱、模糊（例16、例17），有句法问题，也有篇章层面的问题。例16中，"流行歌曲"是首发句的宾位新信息，但在后续小句中，却位于主位。这里由于没在主位出现过"流行歌曲"，因此后续不能缺省，应使用代词"它"指称，否则语义不清，妨碍解读。例17也是，中间小句缺省的是前面画线部分"同性之间的互相竞争"，这种随意缺省反而导致了歧义，经济原则必须建立在保证能够清晰解读的基础上。

例16. 有些人蔑视流行歌曲，但是Φ能给一个时代的人一个声音，Φ让他们说出来他们的思想和感情。（高分组）

例17. 我认为<u>同性之间</u>的互相竞争比与异性的大，Φ可以让学生们有更大的自觉性与别人比较，Φ并锻炼我们的竞争能力。（高分组）

另外，高级阶段还出现了在境零句泛化现象，即多个小句均缺乏明确指称，这是我们在初级、中高级阶段没有发现的情况：

例18. ①回想两个月前才兴高采烈的迎接假期，②现在又要依依不舍地回到我的书本里。③最不舍得的当然是要跟我在假期认识的好朋友**。④跟他来往虽然只是短短的日子，⑤但已经觉得很开心。（高分组）

与前面日本学生习得情况对照后，我们发现：

第一，随着汉语水平的提高，依附零句使用量增加，无论是话题凸显的日语背景学生，还是主语凸显的英语背景学生，在此的表现倾向是一致的。这也与我们的初级和中高级语料分析结果一致。

第二，离境零句的使用在高级阶段低分组、高分组中不构成显著差异。无论是针对日本背景学生还是英语背景学生的研究，结论都是一致的。

第三，尽管日语、英语语言类型不同，但学习者习得汉语语篇整句—零句系统时，其习得情况、偏误类型方面，尚未发现由不同母语背景导致的显著差异。

第五节　分析与讨论

前面我们对初级、中高级、高级阶段整句、零句使用情况分别做了描写、统计，结果见表5-3及表5-4。

表5-3　初级、中高级阶段整句／依附零句使用情况

水平等级	整句		依附零句	
	用量占比	形式	用量占比	形式
初级	76%	"是"字句； "有"字句； 动词谓语句（动作动词、心理动词等）； 形容词谓语句	24%	零形下指； ……以后； ……的时候

（续表）

水平等级	整句		依附零句	
	用量占比	形式	用量占比	形式
中高级	63%	两个或多个生命体NP交错做话题； 体标记"了"的使用； 表变化的"了"的使用； 语篇复杂度提升	37%	出现零形下指； 出现零形反指； 时间地点类零句增多； 出现反问设问句

表5-4 高级阶段整句／依附零句使用情况

水平等级	整句	依附零句		
		在境	非独立整句	离境
日本学生 低分组	94.49% 输出正确率	54.78% 输出正确率	—	23.91% 输出正确率
日本学生 高分组	99.35% 输出正确率	75.54% 输出正确率	—	19.42% 输出正确率
英语国家学 生低分组	—	18.84% 使用率	2.55% 使用率	6.68% 使用率
英语国家学 生高分组	—	28.11% 使用率	2.46% 使用率	6.20% 使用率

5.5.1 整句使用与汉语水平的关联：负相关

从表5-3和表5-4可以看出，随着汉语水平的提升，语篇中整句占比开始下降，从初级的76%降低到中高级的63%。根据对汉语本体语料的研究（侯睿颖，2019），汉语母语者语篇中，整句用量占比约为45.14%。这说明整句用量与汉语水平负相关（限定在叙事语体）。

整句占比下降后，小句句式更加灵活，依附零句增多，篇章灵动性和衔接连贯性增强。整句输出的正确率随着汉语水平的提升而提升，到高级阶段，高分组正确率极高，说明整句已经基本不构成习得困难。

从形式上看，整句从大多数情况下的单一生命体NP贯彻始终，向两个或多个生命体NP话题交错出现发展。

整句中，主动谓语句为主体，从最基本的"是"字句、"有"字句，向体标记"了"的使用、表变化的"了"的使用发展，语篇复杂度提升。

5.5.2 依附零句使用与汉语水平的关联：正相关

从初级到中高级，依附零句用量占比从24%提高到37%。对英语国家学生的调查也发现，依附零句用量占比从低分组的28.07%发展到高分组的36.77%。汉语母语者语篇中，零句（含在境零句、离境零句、非独立整句）用量占比约为54.86%（侯睿颖，2019）。这说明依附零句用量与汉语水平正相关，即汉语水平越高，学习者使用依附零句连缀语篇的能力越强。这一能力并不是无限制增强的，而是无限接近汉语母语者的水平。

高级阶段日本学生不同水平组离境零句使用情况差别不大，英语国家学生不同水平组离境零句使用差别也不大，说明到高级阶段，时间地点、框式介词类用法的使用情况基本是一致的，不构成显著习得困难。

零句的形式上，初级阶段基本体现为零形下指、"……以后"、"……的时候"等等，到中高级阶段增加了零形反指、离境的设问用法等。

需要说明的是，在赵元任先生所说的"零句"中，典型的一类是叹词，但无论是初级、中高级还是高级阶段，无论是日本学生还是英语国家学生语料中，均未发现叹词的使用。中级阶段经典综合课本《桥梁》（陈灼，1997）中已经出现了较多的叹词，如"唉、哎、啊、咦"等，但表达同样语义的叹词在不同国家中发音差别较大，叹词的使用对语境要求较高，留学生难以准确地在合适语境中用叹词清楚地传达语义，还不如用短语或句子代替。因而，学习者在口语中回避叹词的使用，加之作文中又有汉字书写因素，学习者便更不使用这些叹词了。

5.5.3 习得中的语篇非法句、语篇合法句分析

5.5.3.1 习得中的语篇非法句分析

第二章中，我们谈到了语篇压制与语篇合法句问题，举例说明了"了"和形容词谓语句在语篇中由"不合法"转为"合法"身份的现象，是基于本体的研究。这里，我们来看看留学生习得中出现的类似问题。

前面说到的整句的使用中，有一部分是正确的输出；但有的整句，尽管单看是正确的，可进入语篇后，是不合法的、不合用的（比如马文津、施春宏文中所说的应为零句却用做了整句）。针对后者，我们提出了"语篇非法句"这一概念。

语篇非法句不是单句视角的句法问题，也不是语义问题，而是篇章层面的问题。这类句子单句句法正确、语义清晰，但进入语篇后，削弱了小句间的衔接连贯力，影响了前后景关系。也就是说，这类句子与语篇不能很好地兼容，我们将其归入语篇非法句范畴。语篇非法句极少出现在汉语母语者语料中，主要出现在以汉语为第二语言的学习者的中介语语篇中。例如：

例19. 我高考以后，<u>为了读大学离开我老家去汉城，我一个人租房子解决吃的穿的问题</u>。那时我妈一个月两三次左右把好吃的带来给我吃，那时我知道我妈多爱我。（C证书）

例20. 那时她的年龄已经不小了，都二十六岁了，可是<u>她的意志很坚强</u>，开始准备考大学了。<u>虽然家人以她的年纪大为理由反对她的决定</u>，但是她的愿望越来越强烈。她下了很多时间和工夫，终于实现了自己的愿望。（C证书）

例21. 曾经我在日本工作过十年。那个时候也有假期，但Φ_1非常短，而且我的心身都很累。所以Φ_2没有力气做什么。29岁时我很着急，Φ_2觉得"我没有什么技术，而且Φ_2精神状态也不太好，但我快30岁了。将来会不会产生坏结果了"，于是<u>我下了决心</u>，Φ_2来到了中国。（C证书）

这里举的例子是HSK动态作文语料库中高级水平学习者的输出，选用这些语料是想说明，即使到了高级阶段，语篇非法句的现象也是存在的。例19中，"为了读大学离开我老家去汉城""我一个人租房子解决吃的穿的问题"单看都没什么问题，句法正确，表意清楚。但进入语篇后，这两个句子便有拖沓冗余之感，因为出现了该用ZA而用PA的情况。如果说第一个句子还可以接受，第二句便有些勉强了。事实上，ZA的运用恰恰可以连缀起各个小句，PA泛滥使单句语义自足，却切断了小句关联。

例20也类似，"家人以她的年纪大为理由反对她的决定"一句，单看是正确的，但进入句群后有冗余之感。例21中，"我下了决心，来到了中国"，单看两个小句，也是没有问题。但最后一个小句使用了体标记"了"，动作完成而且处于终结位置，是显然的前景。前面一个小句也使用了体标记"了"，"我下了决心"，但其与后面小句之间存在着逻辑关系、时间关系，是后景，可以不使用体标记，改成"我下决心，来到了中国"，这样可以凸显前景主线"来到了中国"这一事件的完成。

语篇非法句是一种中介语语篇现象，说明留学生的汉语水平依旧有待提升。

5.5.3.2 习得中的语篇合法句分析

第二章中，我们提出了"语篇合法句"这一概念，其指的是单句视角看并不完全合乎句法规则（也就是缺失完句范畴），但进入语篇后，适切语篇、合用的句子。与语篇非法句相比，合法句现象在汉语母语者语料中不少，因此第二章本体部分我们已经论及，它并不是一种中介语语篇，而是从篇章视角看，汉语小句连缀组织时出现的一种现象。对留学生来说，通过缺省一些完句范畴来组织话题链是具有习得难度的，因而对这一方式的运用也可以在一定程度上标识学习者的汉语水平。

这部分我们是从学习汉语的视角来进行分析。

关于完句范畴，有研究者特别指出了其在对外汉语教学中的作用（司红霞，2003），认为介绍完句成分可以使学生树立正确的汉语句子概念，说、写出合格、完整的汉语句子。完句成分的引入还有助于中高级学生的篇章写作，是篇章教学过程中不可忽视的重要环节。该文立足于对外汉语教学，归纳总结了形述结构、动述结构的完句范畴与表现形式。

形述结构中，完句范畴包括程度范畴等，表现形式是副词"有点、很、十分"及表程度的补语；动述结构中，完句范畴包括时体范畴（时态助词如"过、了$_1$"，时间名词如"今晚、明年"，时间副词如"正在、将要"）、时体和数量范畴（形式为"了$_1$／着／过＋数量词"）等。

作者认为，在句型教学时，不仅要讲解句型的结构、语义，还应该注重语用表达功能的讲解。一个句子完全实现其交际功能应该是结构、语义、表达三者有机结合、共同作用的结果。"我吃饭"虽具备基本的语义和句法结构，可以理解它的意义，但并不能理解它的内容，即交际价值。它只是一个静态的语言备用单位，要使之成为可用于交际的"活"的句子，就必须添加一些词语，如语气、时体、模态、数量等与具体言语交际事件有关的范畴，使之带上形式标记，具备新的信息。

再比如介绍形容词谓语句时，仅仅指出它的结构框架和语义还不够，还应该告诉学生"她漂亮"不是一个能独立用于交际的句子。要使它成为现实交际中的句子，必须在"她"和"漂亮"之间加上"很、十分"等完句成分，这样才能使其实现交际功能。从单句教学看，这无疑是正确的。

关于时体范畴，尤其是时态助词"了$_1$"，作者也发现，随着句子结构的复杂化，其完句作用越来越弱，呈现出渐弱的连续统。

在动态形容词谓语句中，时态助词"了$_1$"和语气范畴合为一体，共同完句。到了动述结构里，当宾语是有界名词时，时态助词"了$_1$"可以完句；当宾语是无界名词时，它要和数量范畴配合才能完句。当动述结构中有了补语时，整个结构的完句要视补语的情况而定，只有补语是单音节趋向动词或形容词时，"了$_1$"才能和数量范畴一起完句。若补语是复合趋向动词，"了$_1$"则完全退居次要位置，也就是说，此时数量范畴自己便可以完句。

完句范畴是句子层面的概念，其研究对句子教学很有价值。作者在这里也间接论述了"了"在完句时并非不可缺少的问题，但该文主要是在句子层面进行分析。我们关心的是：在语篇层面，完句范畴是否是不可缺失的呢？答案是否定的。那么什么时候可以缺失，什么时候不能缺失呢？这些对汉语学习者来说，多么难以掌握！也就难怪留学生在语篇表达中频频出现问题了。

下面我们以教学中的"了"和程度范畴形容词谓语句为例，探讨下这一现象。

1. "了"的功能切分与语篇合法句

"了"是对外汉语教学中的难点，为学界所公认。对"动词 + 了"句，以往学界认为其中的"了"可能是"了$_1$"，也可能是"了$_2$"，还可能是"了$_{1+2}$"。

（吕叔湘，1980）许多语法书、对外汉语教材中也是这样介绍的，强调动作的完成时是"了₁"，强调事件的完成、变化时是"了₂"，有时是二者的叠加。但是这一划分在教学中并不好操作，对留学生来说这些都是"了"。

关于"了₂"的语篇功能，以往的研究，如Li & Thompson（1981）、屈承熹（2006）等认为，"了₂"在语篇中标志着"篇章单位的结束"，也有学者对这一观点提出了疑问（金立鑫、邵菁，2010）。对"了₂、了₁"的功能，学界始终在探索。近期有研究者（徐晶凝，2014）通过大量的语料分析发现，"了₂"表达说话人对事件在事件进展链条上的关注，"了₁"则关注事件自身的终结。在一个叙述性语篇中，事件的进展链条就是故事自身的发展过程。"了₂"用于标注故事发展的主要阶段，这些阶段通过"了₂"句的标注在时间链条上形成凸显的推进关系，与其他指向成分共同设置故事进展的时空大框架；"了₁"则用于叙述该大框架中的具体事件，以及用于点题和回应部分。

基于此，作为对外汉语教师的作者分析了中介语语篇中"了"的偏误：

例22a.（昨天）我先去西单了，在那儿吃饭了，买了一些东西，还去书店了，然后就去国贸大厦了。

从单句看，"了"的使用都没有问题，也就是说，各小句都是"正确的单句"，但语篇整体不好，因为有语篇非法句。学生受母语影响，在每一个句子中都添加了表示过去的"了"。表示系列行为的5个合法的单句，在5个"了"进入语篇后，反而出现了问题。

作者认为，第一个"了₂"引入新的进展，即引入新的时空大框架，其后语句中的"吃饭""买东西""去书店"作为并列的几个具体事件，是隶属于该进展框架的，应该使用"了₁"，因为"了₁"的功能是叙述大框架下的小事件。最后一句如果仍然作为该事件框架下的一个具体事件，那么也应该使用"了₁"；如果作者要强调"然后去国贸大厦"是一个新的进展，那么可以使用"了₂"。按照其说明，该例可变成下面两个合法序列：

例22b.（昨天）我先去西单了，在那儿吃了饭，买了一些东西，还去了书店，然后就<u>去国贸大厦了</u>。

例22c.（昨天）我先去西单了，在那儿吃了饭，买了一些东西，还去了书店，然后就<u>去了国贸大厦</u>。

这里涉及"了"所在小句由语篇非法句变成语篇合法句的现象，尽管作者没有提及这一概念。下面我们借作者的例子，继续观察，看看语篇非法句如何变成语篇合法句。

例22d.（昨天）我先去西单了，<u>在那儿吃饭</u>，<u>买东西</u>，还去书店了，然后就去国贸大厦了。

例22d将前面"买了一些东西"这一合法句修改成了不带时体情态的"买东西"。此时，"买东西"跟完句成分一文（司红霞，2003）中讨论的"孩子们吃晚饭"差不多，是一个基本的语义—句法结构，是抽象的、没有具体内容和指称意义的形式。要使这种形式和现实发生联系，就应该为其添加某些成分（包括语气），使其变为：

孩子们吃了晚饭。　　　　　（添加体标记）

孩子们吃晚饭吗?　　　　　（变成疑问语气）

孩子们，吃晚饭!　　　　　（变成祈使语气）

孩子们吃了一顿晚饭。　　　（添加体标记和数量成分）

加上时态、语气等语用成分，就可以使静态的形式变成承载一定语用信息的动态的句子。也就是说，没有添加时体、语气情态的"买东西"是静态小句，非常抽象，缺乏明确的指称意义。然而，我们发现，"买东西"在例22d这一语篇中是可以接受的，后续的"还去书店了"中有"了"，可以标识事件的完成。也就是说，看似不合法的小句进入语篇层面后，由于语篇整体语义、句法等的压制，变成语篇合法句了。这些机制需要我们在语法书、教材中说明，并教授给留学生，否则学生是很难无师自通的，要在黑暗中摸索很久。

2."了"的隐现与语篇合法句

有研究者分析了叙事语篇中"了"的隐现问题（李姝姝，2018），"了"的隐现是一个非常复杂的现象，我们很难用单句句法中的"表完成""表事态变化""表出现了新情况"等来生成单句并使其进入语篇。屈承熹（2006）注意到了这一点，认为"了"可以标记顶峰，是顶峰标记。李文基于大量语料统计认为，当序列事件分别以篇章小句的形式进入语篇层面时，焦点说或顶峰说对序列事件句尾句中"了"的分布的预测力较弱。有"了₁"的小句不一定都是焦点事件或顶峰事件，而焦点事件或顶峰事件也不全都带"了₁"。

作者搜集的序列事件句语料中，共有102例尾句谓语是动趋式或动结式且从句法上看"了₁"可以自由隐现的序列事件句，占比约为六成。尽管这些序列句具有强烈的时间性、事件性，但结句可以不使用"了"，而将"了""隐藏"起来。从认知的角度看，动补短语由一个动作同指示该动作结果的行为或状态结合而成，补语使动词具有［＋有界］这一特征，所以动补式谓语往往能够表达一个动作行为的完成，因此可以结句。（石毓智，2010）语言类型学的研究也表明，表示结束或方向移动含义的动词是含表结果或表完结的标记的词汇的来源，表结果或表完结的标记是完成体的来源。（吴福祥，2005；陈前瑞，2003）从篇章角度看，"了"的隐现应还有其他原因，如下面两例［转引自李姝姝（2018），下同］，一个是原文没有体标记直接结句，一个是添加了体标记"了"结句。

例23a. 上官吕氏怒冲冲地站起来，走过穿堂，<u>拉开大门</u>。（带着成熟小麦焦香的初夏的西南风猛地灌了进来。）（莫言《丰乳肥臀》）

例23b. 上官吕氏怒冲冲地站起来，走过穿堂，<u>拉开了大门</u>。（带着成熟小麦焦香的初夏的西南风猛地灌了进来。）

可以看出，两个都可以结句。也就是说，"了"是可以隐现的。"了"的"隐藏"与语篇中后续小句主语的转换有关，如例24；但也有的写作者在后续小句主语改变时，为前一小句加上体标记"了₁"，如例25。

例24. 马鹏很快地召集了柳媚、王杰、高空，然后<u>打开大门</u>。<u>庄璇玑</u>行到门外，拦住了银衣人。（BCC语料库）

例25. 嘉和就推了推罗力的背，上前一步，<u>打开了大门</u>。<u>浓弥的夜气</u>，立刻就扑进来了。（BCC语料库）

这两个例子说明，有时候，在"了₁"可以自由隐现的情况下，最终是否使用"了₁"反映了说话人的主观性和使用偏好。如果说话人有意凸显某一小的事件，那么他可以使用"了₁"；如果说话人无意凸显这个事件，那么他可以不使用。牵扯到言者、使用者的主观性，"了"的问题愈发复杂了。有时隐，有时现，有时与后续话题的转换有关，有时与写作者偏好有关，似乎神龙不见首。尽管艰难，但这个问题是我们语言工作者必须面对、解决的问题，否则，二语教学中怎么办呢？

因此，教学中，我们不能简单地、仅以单句的句法教授学生"了"的用法，不能讲得太绝对，而应考虑到语篇层面的合法和非法问题、隐现问题，给学习者留有摸索的余地。如果仅强调单句句法中"了"的正确使用，那么中介语语篇中"了"的问题便难以消除。

3. "了"的语篇合法句是显性学习还是隐性学习

前面谈到，二语习得中，有显性学习与隐性学习，这是两种不同的信息加工模式。前者指学习者试图发现输入中呈现的规律性及包含的概念和规则，后者指没有这种目的性的输入加工。有的学者认为在习得中占主体的是前者，也有人认为是后者，还有人认为兼而有之。在我们所见的初级课堂作业中，个别学习者虽然汉语水平很低，却用对了语篇合法句。那么，这是哪一种学习带来的成效呢？例如：

例26. 我来北京以后，我去上海和天津旅行了。我介绍我的上海旅行。我今年十月跟我朋友一起去上海了。我们一个星期五的晚上坐火车，十二个小时才到上海了。我们早上八点到上海，然后去上海迪士尼乐园了。这个地方是我们在上海特别想去的。所以我们非常开心。然后，我们去外滩看美丽的夜景。这里有很多人。我照了很多片。我们很感动看这么漂亮的夜景。下天，我们去田子坊了。这里有卖礼物的商店。但是我们在迪士尼已经买礼物了。所以只看卖的东西，我们没买。我们只有两天了去上海旅行。这个时间太少了。所以我想再去上海旅行，而且也想去别的中国有名的城市。（日本学生作文《我的一次旅行》）

这里，"我们早上八点到上海"叙述的是过去已经发生的事件，表意不是很清楚，不知其要说明的是到达得早还是晚，是强调时间还是地点，没有使用体标记"了"。但其进入语篇后，可接受度高，成了语篇合法句。

206

在初级阶段，对外汉语教材里并没有针对"了"在篇章中如何使用的讲解与训练，教师一般也不会涉及这一点，因此，不会是显性学习。"我们去外滩看美丽的夜景"中也没有"了"，但依然是语篇合法句；"我们去田子坊了"中，作者便添加了"了"。同样是核心动词"去"带上处所构成的句子，为何有时加"了"，有时缺失呢？可能是潜移默化的隐性学习，更有可能的是，这是对"了"无把握而误打误撞的结果。这是非常有意思的现象，需要对该学生进行调查、跟踪分析后，才能得出更妥帖的结论。看看随着其汉语水平的提高，进入中级阶段后，这种"了"的合法句是否依然存在。初级时如果是误打误撞，那么中级时便会出现"回退"现象，即反而会用错，进而说明初级的正确是种"假习得"。

另外需要说明的是，面对这类中介语语篇，前面关于"了$_1$、了$_2$"的功能分类，似乎并不能很好地解释留学生的语篇现状。徐晶凝（2014）认为"了$_2$"的功能是开启时空进展的大框架，后续以"了$_1$"对具体事件进行描述。然而例26中，"我们去外滩看美丽的夜景"句委实是开启了新的事件进展的，后续也有关于新事件的具体描述，但这里不用"了$_2$"并没有问题。所以，这个复杂的"了$_1$、了$_2$"问题，仍需我们进一步探索。

再来看一下HSK高级水平中低分组（证书等级C）、高分组（证书等级B）的情况：

例27. 我们一号晚上从天津坐火车到苏州，Φ_1<u>在苏州玩了一天</u>，然后Φ_1<u>再到上海了</u>。在上海的第一天，我们去周庄；它是在上海的郊区，Φ_2从秦代开始建设还保留着明清样式的一个村子。第二天，<u>我们参观了豫园</u>。第三天Φ_1<u>去了有鲁迅故居附近的文化馆</u>。（C证书）

例28. 我在中国的朋友家过春节之后，Φ_1<u>到了云南的好几个地方</u>，然后Φ_1坐船经过三峡到武汉。Φ_1<u>到了武汉之后</u>，<u>因为Φ_1旅游了三个月</u>，我们感觉疲劳，需要休息。因此我们选了桂林附近的一座小小的城市、阳朔，Φ_1决定到阳朔去休息。Φ_1<u>到了阳朔之后</u>，Φ_1再三天什么也没做。Φ_1每天在咖啡厅看书，Φ_1随便逛逛古城。古城的周围都是桂林独特的岩石，Φ_2像古代的水墨画似的。还有古城的旁边有一条大河，我河边散步的时候，特别是早晨，Φ_3感到非常清爽。

我自己先走，Φ₃走到离城市50公里的一个小村庄。我心理非常不安，但Φ₃不想回去。<u>然后Φ₃再走一条小路</u>。正好下雨之后，路不好走。Φ₃路上摔倒了好几次，Φ₃全身都是脏了。但我坚持向前走。<u>然后Φ₃到了一座小桥</u>，叫"遇犬桥"。（C证书）

例27中，几个"了"句大体合法，"然后再到上海了"一句出现了偏误，"了₁"和"了₂"混淆。例28中，"到了武汉之后，因为旅游了三个月"（"旅游"应改成"玩"，用词错误暂不讨论），两个小句连用，"了"冗余，可以去掉第一个"了"。纵观全文，对于所有的"到＋地点"句，学习者都在"到"后添加了"了"，具有规律性。但在两个小句连用时，"了"还是冗余了，说明低分组语篇中"了"的问题依然存在。

高分组的情况要好很多：

例29. 我是个日本女性，Φ从小没有吃过多少苦，但1997年我跟一个老挝人结婚以后，<u>我的生活一下子都改变了</u>。我边工作边养孩子，家里的事情大大小小都是由我来做，Φ实在忙不过来，我再三再四地请求丈夫帮我做一些家务，但他是一个老挝大丈夫，怎么可能帮我洗衣服，打扫呢？……一切都这么顺利，我兴高采烈地睡也睡不着，但最重要的问题还没解决，Φ攻读博士学位非得通过考试的，因此我开始准备考试。Φ白天有工作，Φ下午回来看孩子做晚饭，Φ吃晚饭后开始看书看到深更半夜。就这样，<u>我好不容易在复旦开始攻读博士学位了</u>。（B证书）

例30. 我一生中最难忘的假期是2000年寒假。那时候我在大连的一所大学留学，Φ₁来中国刚过了半年。我利用寒假，一个人来上海和南京旅游。是我的第一次一个人旅游。

我出机场后发现了几辆机场巴士，Φ₁随便上去了。我坐的巴士是到市中心南京西路的。当时我听说过那条路的名字，而且Φ₁知道很繁华的地方，但是我还是很担心……开始，我犹豫该不该跟他过去。但是我连路都不知道，所以Φ₁<u>跟他上了一辆出租车</u>。<u>他先把我送到宾馆</u>，而且Φ₂车费都付了。我很感激。<u>我下了出租车时</u>，Φ₁<u>忘了问他名字</u>。所以我从那时到现在一直很想跟他再见面，

但是没有办法。（B证书）

例29、例30中，所有的"了"的使用，接受度都很高。只有一个例外，就是"我下了出租车时，忘了问他名字"。"我下了出租车"单看是可以接受的，但进入语篇后成了接受度低的非法句。因为此时它标识的是时间，为后景，缺省"了"与其功能地位更匹配；后续小句为主句前景，以"了"标记。

如果教学中有语篇合法句、非法句的相关练习，且教师有意培养学习者的自觉意识，让显性学习与隐性学习相结合，那么学习者汉语篇章水平可以得到提升。

下面，我们再来看另一个类型的语篇合法句在留学生作文中是怎么表现的。

4. 形容词谓语句与语篇合法句

一般说来，形容词谓语句若想完句，是要添加程度范畴的，如"她漂亮"要表述为"她很漂亮"。英语国家学生受母语影响，经常忘记添加程度范畴，直接用"我好"（I am fine）回答"你好吗"。类似偏误很多，在初级阶段，提醒学生添加程度副词的情况在课堂上经常发生，于是学生就意识到，汉语中形容词谓语句的谓语前面必须加"很、非常"等，用例很多：

例31. 昆明不是曾经我们想像的那样，昆明是一个大都市，Φ_1有车、有大楼，Φ_1路上很干净。这次Φ_2第一次坐了卧铺汽车，车里很挤，Φ_3不算干净，上车的人都像个农民，Φ_4穿地衣服比我们乱。我们最初很害怕，但Φ_2过了一段时间就习惯在这样的情况下睡觉。（C证书）

例32. 我最印象深刻的地方是中甸。中甸是民族自治的地方。Φ_1海拔很高。我在中甸去了玉龙雪山。它的海拔5000多的，Φ_2顶上下雪。Φ_2一年四季都下雪的。从顶上看的风景非常美丽。一面银世界，Φ_2空气也很好。我们坐车移动的时候，我们的导游唱藏族的歌给我们听。她唱得特别好。我们很长时间坐车，Φ_3一听她唱的歌就不累了。还有我喜欢藏族的民族衣服。我觉得Φ_4颜色很漂亮，衣服的设计也很有特色。特别个子高高的漂亮的姑娘穿的样子非常神秘的感觉。（C证书）

例31中，"路上很干净""车里很挤""我们最初很害怕"，以及例32中，

"我觉得颜色很漂亮，衣服的设计也很有特色"，每一个小句的谓语前都加了程度副词"很"来修饰，单句语法掌握得不错。最后这个例子，学生不知道其实可以更简洁地表述为"颜色漂亮，也有特色"，说明对于形容词谓语句这个句法项目进入语篇时的合法句表达方式，其还没能掌握。

汉语母语者语料中的类似用例不少。我们检索CCL语料库后发现，不加程度副词的形容词谓语句，如"她聪明"，用量相当多。不合法的小句进入语篇后却合用了，成了语篇合法句：

例33. 杀人鲸结结巴巴地说："<u>她聪明，你漂亮</u>。""但你只可以喜欢一个！"她生气地说。"你们很相似。"他憨憨地说。"我和她一点也不相似！你去找她吧！不要再来找我。"（CCL语料库）

有学者论文（司红霞，2003）中提到的不能接受留学生的"她漂亮"等用法，这是单句视角的考量。上述母语者的例证"她聪明"告诉我们，"她漂亮"进入语篇时可以是合法的。为什么呢？这是篇章修辞格在发挥作用。

可以发现，"她聪明"这类形容词谓语句之所以缺少程度范畴后仍能成立，是因为它与后续小句构成了对举结构、排比结构。

例33是对举，在叙述"她聪明"的同时，对举了"你漂亮"。对举是用两个相互对应而各自并不独立的分句，共同表达一个完整的意思的一种修辞方式。（唐松波、黄建霖，1989）两个分句相继出现，中间不插入其他成分，结构相同，语义对应，但一般不单独使用。其功能表现是对仗整齐、音韵和谐、朗朗上口。这种修辞格的使用使得单一小句的句法形式发生了改变，程度范畴在这组对举里不再是完句标记。再有：

例34."徒弟"？！我一时不知话从哪儿说了。只是从那以后，我便称呼她"小楠"了。她也爽快地答应着。小楠的长相酷似邓小平。<u>她聪明，有悟性，也勤快</u>，钣金活的理论和关键一点就透，虽然手上功夫还不行，但已算入了门，而且还学会了做点儿粗加工一类的活儿。（CCL语料库）

例35. 芭卡娜丽娅已经16岁了。<u>她聪明，美丽</u>，在中学读书时不仅是成绩最优秀的学生，同时由于她天真活泼、秀丽动人，被同学们称之为"校园之花"。

210

（CCL语料库）

例36. 另一对形成鲜明对照的人物是拉布丹夫人塞勒斯丁和包杜阿耶夫人伊莎贝尔。拉布丹夫人是本书的中心人物，也是作者倾注了大量笔墨和感情的（本篇初稿原名《高超的女人》就是指拉布丹夫人）。<u>她聪明</u>，<u>美丽</u>，<u>才华出众</u>，受过完备的名门闺秀的教育，具备做贵夫人的一切条件。（CCL语料库）

例34至例36中是排比，排比项目数量大于等于2。排比是一种把结构相同或相似、意思密切相关、语气一致的词语或句子成串地排列的修辞方法，各排比项意义范畴相同，有列举和强化性质。排比修辞格关注的是一串结构，而不是单一小句，这时小句的完句范畴被削弱了，形容词谓语句中不再需要程度范畴"很"等。例36有三项，"她聪明，美丽，才华出众"，不使用"美丽"，后接成语，一样成立，即"她聪明，才华出众"。下面两个例子相同，不再赘述，观察可知，这类排比的排比项目数量大于等于2。需要注意的是，这里对于"排比"的定义及对其中项目数量的要求是基于语料观察和我们的需要所得出的，并非通行的对于"排比"的理解。

例37. 悠扬的长笛声里，夹杂着几声咿呀的二胡，好熟悉，这二胡是阿萍拉的，<u>她聪明</u>，<u>有悟性</u>，凡是乐器，不用教，一摸就会。（CCL语料库）

例38. 现在的孩子都是一个样的，哪家姑娘不是能说会道的？她们总是听老师的话，跟共产党走。兰珍这孩子嘛，那张嘴是厉害点儿，<u>不过她聪明</u>，<u>懂事</u>，只要给她把道理说清楚了，她也听你的。（CCL语料库）

对汉语母语者语料的观察证明语篇合法句例子并不少，我们应将其挖掘出来进行梳理总结，这样才能更方便地在二语教学中加以应用。

5.5.3.3 为什么要提出语篇非法句、合法句？

目前，学界对于上述谈到的"了"的隐现问题、形容词谓语句缺失程度范畴问题等，一般的解读都是"语用上有问题"或"不合乎语用"。

我们知道，有的留学生在了解到中国人常用"吃了吗？"进行问候以后，在卫生间遇见老师，也用"吃了吗？"来打招呼。这时，我们说学生的表达在句法、语义上没问题，但语用上出现了问题，因为使用场景不适宜。

再有，当我们称赞刚来中国的美国学生"你的汉语真棒！"时，对方回答"是吗？我太高兴了，谢谢你！"，答语从中国文化角度看，在语用上也不适切。"我太高兴了"本身并没有什么问题，只是这里用"哪里，还要努力"更妥帖，后者在语用交际层面可接受度更高。场景、文化差异、言者身份等外在因素导致了语用上的问题。

跟这些情况比较起来，"了"在语篇中的隐现及形容词谓语句中不用程度范畴依旧合法等问题并不是言者说话地点的改变、身份的改变、文化的改变带来的（用"语用"来概括并不全面准确），而是汉语本身所具有的语言现象，是汉语系列句子进入成段表达输出、书面输出后所产生的具有汉语自身特点的现象。因此，我们认为，对这一现象的分析不能完全套用印欧语法框架，而应基于汉语自身的特点，提出符合汉语实际的概念并使其服务于汉语研究。

其意义与价值如下：

第一，符合汉语的类型学特点。语言类型学已经很清楚地告诉我们，汉语是孤立语，缺少印欧语中清晰的形态标记。汉语往往通过意合来连缀小句，意合连缀的小句与形态标记的小句有其自身的特性，我们应在尊重事实的基础上去做汉语研究，这样才能更好地发现汉语的特点。

第二，符合汉语作为语篇倾向型语言的特性。许多学者的研究已经表明，汉语是语篇倾向型与话题凸显型语言，近年有相当多的学者从篇章视角探讨语法问题，视野更加开阔，得出了许多有启发、有价值的结论。（方梅，2005；彭小川，2004；朱庆祥，2014；徐晶凝，2014；姚双云，2015；陈平，2017；等等）前文已经提及，这里不再赘述。

第三，可应用于汉语作为第二语言的语篇教学。目前语篇视角的研究有一些，但还未能转化到应用中，因为时下即使是高级阶段的汉语教材，也只是停留在复句教学层面，还缺乏语篇层面的教学讲解、设计及训练。留学生始终处于自我摸索的隐性学习中，对于句群中某些表示过去的"了"可以缺省（成为语篇合法句）这一用法，他们是不清楚、不知道的。

提出语篇非法句、合法句概念并加以讲解，有助于提升学生的语言预测意识，加快其阅读理解速度。在句子理解的过程中，语言预测是一个重要的方面。（文炼，1992）当学生的语言能力逐步提高后，其对文本中句子的阅读是伴随着对后续句子的猜测、预测的，比如读到"她漂亮"时，如果我们教给了学生"此句在篇章中具有合法性，可以排比使用、并列使用"，学生就不会花费时间怀疑这个句子的不合法问题（缺少程度范畴），而会预测到后续将出现并列的形容词——这是加快输入的问题。从输出角度看，这一做法也会使得学生的口语成段表达和写作表达更加清晰简洁，语篇组构更流畅。

第四，某种程度上，可以标识学习者的汉语水平。根据第二语言习得理论，学习者在某些范畴上，可以达到本族语水平，但在不同语言范畴的界面上，如句法—语义界面、句法—语用界面等，其表现会存在差异。汉语语篇合法句、非法句的存在，客观上给二语学习者的语篇组构增添了绊脚石。难度也是种信号，可以说，留学生写作中语篇非法句越多，说明其汉语篇章组构能力越低，语篇合法句使用得越好，说明其汉语篇章组构能力越强——大体如此。

因此，语篇合法句、非法句的使用，某种程度上，可以标识学习者的汉语水平。

参考文献

曹秀玲，2000，韩国留学生汉语语篇指称现象考察，《世界汉语教学》第4期。

曹秀玲、杨素英、黄月圆等，2006，汉语作为第二语言话题句习得研究，《世界汉语教学》第3期。

陈平，2017，话语的结构与意义及话语分析的应用，《当代修辞学》第2期。

陈前瑞，2003，汉语体貌系统研究，华中师范大学博士学位论文。

陈灼，1997，《桥梁》，北京：北京语言文化大学出版社。

方梅，2005，篇章语法与汉语篇章语法研究，《中国社会科学》第6期。

高玮，2014，从语篇角度看先行语中数量结构的偏误及其成因，《语言教学与研究》第3期。

高增霞，2005，从非句化角度看汉语的小句整合，《中国语文》第1期。

侯睿颖，2019，英语母语留学生汉语语篇零句使用情况分析，北京语言大学硕士学位论文。

金立鑫、邵菁，2010，Charles N. Li 等"论汉语完成体标记词'了'的语用驱动因素"中某些观点商榷，《当代语言学》第4期。

李姝姝，2018，汉语序列事件句尾句中"了"的隐现及其与后续句的关联，《语言教学与研究》第6期。

吕叔湘，1980，《现代汉语八百词》，北京：商务印书馆。

马文津、施春宏，2016，基于整句—零句表达系统的汉语中介语篇章现象考察：以日语母语者汉语语篇为例，《世界汉语教学》第4期。

彭小川，2004，关于对外汉语语篇教学的新思考，《汉语学习》第2期。

屈承熹，2006，《汉语篇章语法》，北京：北京语言大学出版社。

石毓智，2010，《汉语语法》，北京：商务印书馆。

司红霞，2003，完句成分在对外汉语教学中的运用，《汉语学习》第 5 期。

宋柔，2008，现代汉语跨标点句句法关系的性质研究，《世界汉语教学》第2期。

宋柔，2013，汉语篇章广义话题结构的流水模型，《中国语文》第6期。

唐松波、黄建霖，1989，《汉语修辞格大辞典》，北京：中国国际广播出版社。

文炼，1992，句子的理解策略，《中国语文》第4期。

吴福祥，2005，汉语体标记"了、着"为什么不能强制性使用，《当代语言学》第3期。

肖奚强，2001，外国学生照应偏误分析：偏误分析论丛之三，《汉语学习》第1期。

邢志群，2016，美国大学生汉语作文省略偏误研究，《世界汉语教学》第4期。

徐晶凝，2014，叙事语句中"了"的语篇功能初探，《汉语学习》第1期。

姚双云，2015，连词与口语语篇的互动性，《中国语文》第4期。

赵元任，1979，《汉语口语语法》，北京：商务印书馆。

周晓芳，2011，欧美学生叙述语篇中的"回指"习得过程研究，《世界汉语教学》第3期。

朱庆祥，2014，从序列事件语篇看"了$_1$"的隐现规律，《中国语文》第2期。

Chao, Y. R. (1968). *A Grammar of Spoken Chinese.* Berkeley: University of California Press.

Chu, Chauncey C. (1998). *A Discourse Grammar of Mandarin Chinese.* New York: Peter Lang Publishing.

Li, C. N., & Thompson, S. A. (1979). Third-person pronoun and zero anaphora in Chinese discourse. In T. Givón (Ed.), *Syntax and Semantics* (Vol. 12) (pp. 311-335). New York: Academic Press.

Li, C. N., & Thompson, S. A. (1981). *Mandarin Chinese: A Functional Reference Grammar.* Berkeley: University of California Press.

Tsao, F. F. (1979). *A Functional Study of Topic in Chinese: The First Step Towards Discourse Analysis*. Taipei: Student Book Co.

Tsao, F. F. (1990). *Sentence and Clause Structure in Chinese: A Functional Perspective*. Taipei: Student Book Co.

第六章　结　语

第一节　研究结果图表汇总

本小节，我们以图表的形式，对研究结果进行汇总，共包括三个图表，分别是：

6.1.1 研究结果框架图

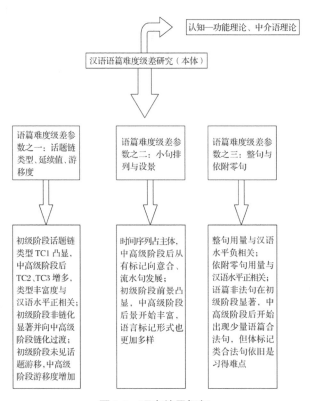

图6-1　研究结果框架

216

6.1.2 汉语语篇难度级差表（本体部分）

表6-1是基于本体研究后得出的汉语语篇难度级差参数。

表6-1 汉语语篇难度级差（本体）

参数	小类划分	儿童语篇	成人语篇	情况说明
话题链	话题链类型	TC1 占绝对优势，TC2 用例极少，TC3 未见	TC1 用例减少，TC2、TC3 用例增加	话题链类型随着汉语水平的提高而丰富，二者正相关
	话题延续值	CL 绝对凸显	CH 占比显著提升，与儿童语篇中 CH 之比为 23∶1	ZA 分布距离象似话题的管辖功能与辖域，话题辖域随着语篇难度提升而增大，二者正相关
	话题游移度	话题固定在首发句	话题游移出现；反指消解	儿童为"顺序"链，回指消解零指称；成人可以逆序反指消解零指称
小句排列与设景	小句排列	时间序列凸显；高生命度话题	时间顺序加空间顺序、逻辑因果顺序、心理轻重顺序等多种复杂排列方式	从单一时间序列向多元化排列发展
	小句设景	前景凸显；设景形式有标记	后景开始丰富；后景设置形式多样化	后景设置的丰富度与语篇难度等级正相关
整句与依附零句	整句	占比约为七成	占比约为四成	整句用量与语篇难度等级负相关
	依附零句	占比约为三成	占比约为六成	依附零句用量与语篇难度等级正相关

6.1.3 基于语篇难度级差的语篇习得情况表

依托本体成果，我们对以汉语为第二语言的学习者的相关习得问题进行了研究，汇总结果见表6-2：

表6-2　基于语篇难度级差的语篇习得情况

参数	小类划分	初级阶段	中高级阶段	趋势说明
话题链	话题链类型	TC1 高频；非链化显著	TC3占比提升	话题链类型逐渐丰富
	话题延续值	ZA延续值低	ZA延续值提升	话题辖域逐步增大，与汉语水平正相关
	话题游移度	话题基本不游移	游移度接近汉语母语者	话题所处位置的灵活度与汉语水平正相关
小句排列与设景	小句排列	时间序列为主；有标记逻辑序列	时间序列；有标记逻辑序列；无标记逻辑序列、意合关系；认知轻重序列	小句排列方式愈发多样丰富，与汉语水平正相关；形式化表达逐渐多样
	小句设景	前景凸显	后景开始丰富，形式多样化	设景逐渐丰富，篇章复杂度提升
整句与依附零句	整句	占比约为八成	占比约为六成	初级阶段语篇非法句较多
	依附零句	占比约为两成	占比约为四成	依附零句占比开始提升，衔接力增强；语篇合法句出现，但属于隐性学习

第二节　汉语语篇难度级差研究图表分析

通过对汉语成人、儿童语料的分析，我们发现，判定叙事语篇难度等级的参数有话题链、小句设置、整句/依附零句三个（参见表6-1）。

6.2.1 叙事语篇难度级差判定参数之一：话题链

话题链方面，主要表现在话题链类型、话题延续值、话题游移度的差异上。

在低难度儿童语篇中，话题链类型单一，往往是TC1，占比达98%，话题NP具有高生命度，易于识解；TC2少见，TC3未见。儿童语篇话题延续表现为CL，延续值小于3，经常是1，CL占比达99%。儿童语篇中话题游移现象未见，因为话题游移会增加语篇识解难度。

在高难度成人语篇中，话题链类型开始丰富，TC2 、TC3用量显著增加，话题可以是多个NP生命体，也可以是非生命体，合计占比为18%。话题延续方面，CL是语篇主体，但CH占比显著提升，与儿童语篇中的CH之比为23∶1。话题可以首发空位，游移到后续小句，下指消解。

本体语篇话题链倾向性表现如下：

低难度语篇（儿童）：

NP（如：小白兔）+……，Φ（ZA）+……。NP（如：小白兔）+……，Φ（ZA）+……。

高难度语篇（成人）：

（1）NP1（如：祥子）+……，Φ（ZA）+……，Φ（ZA）+……，Φ（ZA）+…… NP2。

（2）NP1（如：祥子）+……，Φ（ZA）+……，Φ（ZA）+……，Φ（ZA）+……，NP2（如：洋车）+……，Φ（ZA）+……，……。

（3）NP1（如：祥子）+……，Φ（ZA）+……，Φ（ZA）+……，Φ（ZA）+……，NP2（如：虎妞）+……，Φ（ZA）+……。

（4）Φ（ZA）+……，NP1（如：祥子）+……，Φ（ZA）+……，Φ（ZA）+…… NP2。

6.2.2 叙事语篇难度级差判定参数之二：小句设置

小句设置方面，主要表现在小句排列顺序、小句前后景设置机制的差异上。

在低难度儿童语篇中，以时间顺序排列的儿童语篇占比高达92%，空间排列情况极少，占比为2%。儿童语篇前景凸显，前景占比为91%。前景设置形式包括有标记"把"字句、体标记 "了"、一般主动句等几种形式，后景设置方式为比喻标记。

在高难度成人语篇中，以时间顺序排列的成人语篇占比只有44%，显著低于儿童语篇中该排列方式的占比；时间顺序加空间、逻辑因果、心理轻重顺序等多种复杂排列方式，是成人语篇区别于儿童语篇的特征。前景设置形式包括有标记"把"字句、体标记"了"、一般主动句等几种形式，与儿童语篇在类上相同。成人语篇后景丰富，占比为54%，显著高于儿童语篇。后景设置方式丰富，包括零形主语反指、关系小句、比喻标记、因果关联等。

6.2.3 叙事语篇难度级差判定参数之三：整句／依附零句

整句／依附零句方面，主要表现在整句／依附零句用量、语篇压制程度等的差异上。

在低难度儿童语篇中，整句占比为69.1%，数量是成人语篇中的1.5倍，整句凸显。这说明儿童语篇为了适应儿童认知能力与解读水平，多使用主谓完整的自立句，以降低解读难度，突出识字重点。依附零句占比为30.9%，只有三成，比例很低，说明儿童语篇较少使用依附零句，因为依附零句本身需要结合前后文进行意义消解，增大了语篇解读难度。整句、零句的运用应与解读主体的认知水平相匹配。从功能上看，小句句法完整性凸显必然使得语篇小句间的衔接力弱于成人语篇，连贯性弱，有顿挫感。

在高难度成人语篇中，整句占比为47.8%，不到一半，说明成人语篇中不追求单句进入篇章时的句法完整性。依附零句占比为52.1%，超过了整句，说明非完整性小句表达在成人语篇中倾向于常态化。成人语篇中依附零句数量是儿童语篇中的1.7倍，成人语篇中依附零句凸显，这与成人较高的认知解读水平是相匹配的。

成人语篇中语篇压制现象显著多于儿童语篇，非法句进入语篇成为合法句的现象更多。从形式上看，有体标记变化序列事件中"了"的缺失、形容词谓语句中程度范畴的缺失、排比中的非合法现象等。从功能上看，依附零句的增多使得成人语篇衔接力显著高于儿童语篇，连贯性强，行文流畅。

第三节　基于难度级差的语篇习得研究图表分析

基于前面的本体语篇难度级差参数——话题链、小句设置、整句／依附零句的研究，我们对留学生语篇习得情况进行了考察（参见表6-2），对其中介语语篇偏误、习得趋势有了一定的了解。

6.3.1 话题链习得情况

初级阶段，TC1在初级水平二语学习者的语篇表达中占绝对优势，占比为78%。静态、空间描写语篇中有较多TC2，句法形式上多为存现句，以"有"引导，偏误率低，说明初级阶段留学生已经基本掌握"处所 + 有 + 什么"这一用法。

小句间非链化显著，在TC1中占比达到66%，是中高级阶段的3.7倍，说明初级阶段语篇中单句自立性强，难以构成前后句链接。话题延续比例低，且一般延续值为1。初级阶段留学生在话题延续上的表现不如中国儿童，学习者非链化泛滥，而中国儿童语篇是低延续的。

话题游移用例非常少，主要出现在时间性小句"Φ + VP + 以后"（来北京以后）中。

中高级阶段，TC3用量显著上升，占比为56%，为初级阶段的3.5倍。此时主语经常与话题重合，因此，母语为主语凸显还是话题凸显，对汉语二语学习者习得汉语TC1没有影响。到高级阶段，TC1偏误依然顽固存在，只是偏误率比较低。

话题延续方面，中高级阶段非链化占比为18%，CL占比为46%，比值相较于初级阶段大幅降低，且一般延续值为2~3，说明非链化现象在减少。

话题游移已经出现，其形式化表达基本是表示时间的"Φ + 的时候""Φ + VP + 以后"、表示目的的"Φ + 为了 + VP"、表示伴随的"Φ + 随着 + NP"等。HSK动态作文语料库中高分组（高级阶段）学习者的话题游移能力已经接近汉语母语者。

总体看来，TC1为二语学习者在习得初期常用的建构语篇的手段。随着汉语水平的提升，其他两个类型的用量增加，话题延续值、话题游移度也开始增加，语篇建构更加灵活多样，难度表现为一个由低到高的连续统。

学习者语篇话题链倾向性表现如下：

初级阶段：NP（如：我爸爸）+……，NP（我爸爸）+……。

中高级阶段：（1）NP1（如：我）+……，Φ（ZA）+……，NP2（如：我朋友）+……，Φ（ZA）+……，……。

（2）Φ（ZA）+……以后（的时候），NP（如：我们）+……，Φ（ZA）+……。

6.3.2 小句设置习得情况

初级阶段，时间序列凸显，集中在动态语篇中，其形式化表达多为年、月、日等时间词语；也有逻辑序列，是有标记的；存现句引领的空间序列使用情况良好，偏误率低。

设景方面，初级阶段前景凸显，句间平层，缺乏高峰。前景设置形式主要是一般主动句"有生NP + 动词"，较少使用体标记，去时间化明显。跟中国儿童不同的是，儿童前景设置形式中有高及物性"把"字句，而初级水平汉语学习者回避了"把"的使用。

中高级阶段，时间序列依旧是主体，但其所在语篇类型更加丰富。不仅是动态语篇中，描写性语篇、议论评述段落中也按照时间序列编排小句。形式化表达更加丰富，有时间名词及"……的时候""……之后（以后）""有一天"等。此外，还有逻辑序列，可以是有标记的，也可以是无标记意合方式。到高级阶段，学习者开始使用小句降级方式表示时间，意合组织小句的能力开始趋近汉语母语者，流水句出现。

设景方面，前景中几乎不出现高及物性"把"字句，即使到中高级阶段，其设景能力依旧低于中国儿童。后景开始丰富，其形式化表达主要有三类：第一类，原因类，"因为 / 由于 / 尽管"等（有标记形式）、无标记形式原因句 + 前景信息、前景信息 + 无标记原因句；第二类，时间地点类，介绍事件背景；第三类，描摹比喻类。

到高级阶段，前景设置更多地使用体标记"了"，后景中出现了零形主语反

222

指形式、描写性关系小句。但在利用"了"的隐现凸显前景和高潮的能力方面，学习者依旧有所欠缺。

6.3.3 整句 / 依附零句习得情况

初级阶段，整句占比为76%，整句凸显，其形式主要有"是"字句、"有"字句、动词谓语句（动作动词、心理动词等）、形容词谓语句等。依附零句占比为24%，其形式主要有零形下指及"……以后""……的时候"等。

中高级阶段，整句占比为63%，依然高于汉语母语者语料中整句的占比，说明学习者依旧有追求单句句法自足的心理。依附零句占比为37%，零形下指、零形反指、时间地点类零句增多，也出现了设问句等。相较于初级阶段，依附零句占比有所提升。

尽管日语、英语语言类型不同，前者是主语—话题凸显型语言，后者是主语凸显型语言，但习得汉语语篇整句—零句系统时，在偏误类型方面，尚未发现由语言类型造成的显著差异。

赵元任先生所说的典型零句如"叹词"，尽管中高级课本中已经出现，但学习者语篇中未发现用例。

语篇习得中，部分非法单句进入语篇后合法，合法句进入语篇后非法，因此，我们提出了"语篇合法句""语篇非法句"概念。语篇非法句越多，说明留学生篇章组构能力越差，汉语篇章表达水平越低；相反，留学生若能自如地使用语篇合法句，甚至能用体标记（缺省或添加）凸显前后景、勾连相邻小句，那么说明其汉语水平很高。这两个概念可以标识汉语学习者的语篇组构能力及其汉语水平。因此，这两个概念对本体研究和教学应用研究都具有价值。

第四节　问题与展望

6.4.1 语篇难度级差的参数问题

从语篇中提取参数，进而判断语篇难度等级，应该说困难重重。不仅是因为缺乏前人的相关研究，更是因为相较于汉字、词汇、句法研究，语篇研究中的变量、不定量太多，组成语篇的单位信息更加复杂，这是由语篇本身特性决定的。因此，我们目前选取的语篇难度级差参数体现的是一种倾向性，有的是强倾向，有的是弱倾向，并不是严格确定的规则。另外，我们所考察的语料主要为叙事语篇，新闻语篇如领导人讲话、说明性语篇如菜谱操作等的表现是否与叙事语篇相同，依然需要进一步去探索。

关于语篇等级的判定，也有学者从其他视角提出一些标准。冯胜利、王洁、黄梅（2008）认为，衡量HSK作文优劣时，可以用"庄雅度"作为判定参数，使用书面语的、文白相间的作文要优于大白话的作文。为了说明语体判别的单位，冯胜利、施春宏（2018）进一步提出了"语体单位""语距单位"等概念，建立了语距语素到语距篇的层级系统。

不过，作者提出的庄雅度主要取决于汉语书面语体中的一套词汇系统，包括嵌偶单音词、双音书语词、合偶双音词等，也取决于大量口语里少用的书面语句型。也就是说，作者所言的语篇优劣等级的判定依旧是跟词汇、短语、句型密切相关的，很多是《语法大纲》中的丁级词汇和更书面化的句型。这与本书的"语篇视角"研究不同，但其方法值得借鉴。

本研究中谈及低难度语篇小句间多为时间线性排列，高难度语篇以时间轴为主，辅以逻辑因果、空间排列等。近期有学者撰文《时间顺序原则与像似性的"所指困境"》（张敏，2019），从另一个方面佐证了汉语中PTS相较于其他语言原则的凸显。

作者认为汉语的语法组织更多地依赖象似原则。在不同类别的象似动因中，有些在作用范围、效度方面并无显著的跨语言差异，如距离象似性；有些（如时间象似性）则跨语言差异较为突出，"与其他许多语言相比，该原则在汉语里的作用范围少见地宽。尽管英语里也有不少符合时间像似性的构造，但其核心的语序安排可无视时间顺序"，汉语更多地受制于PTS。我们观察叙事语篇小句排列规则发现，叙事语篇中也是PTS凸显，尤其是在低难度语篇中。

然而，对于语篇难度的判定，这些参数依旧是不够的、有限的，语体类型差异对参数有何影响仍值得探讨。

6.4.2 不同语体类型对语篇参数的影响

朱德熙（1987）明确指出：书面语语法研究和口语语法研究应该分开进行，不同语体的区别对于语法研究很重要。这表明研究语法首先应明确语体，因为任何一种语体因素的介入都会带来语言特征的相应变化。（张伯江，2007）

比如整句、零句的问题，赵元任（1979）曾谈及这两种类型的句子在篇章和句子的功能类型中的分布情况，认为：在连续的篇章（connected discourse）中，整句占主导地位，是受偏爱的句式（the favorite sentence type in Chinese）；在对话（two-way conversation）、伴随动作的言语活动（speech interposed or accompanied by action）以及祈使句、呼语句和答句中，零句更常见。这里谈到了篇章类型对整句、零句分布的影响。陶红印（1999）不认为零句是整句的变体，通过考察口语体谈话例证发现很多时候零句是整句不能替代的，具有自己特定的功能。语体差异影响到了整句、零句的表现。

关于前景、后景的设置，也有学者（铃木庆夏，2010）发现，其跟语体形式密切相关，这是很有意思的研究。作者发现，表达同样一个命题内容的文雅语体形式与白话语体形式在篇章功能及语用价值上存在着差异。比如这样的例子［转引自铃木庆夏（2010）］：

例1. 伯乐成了相马高手后名声大振，获得了国家一级相马师的专业技术职称，成了相马界的权威人士。他通过给大家挑选千里马发了财，娶了一个漂亮媳妇，<u>出有车，食有鱼</u>，日子过得挺滋润。（来卫东《伯乐算命记》）

例2. 我已经开了几年的餐馆，起见，伙计换了一茬儿又一茬儿。干得最长的一年两年，最短的，还有三天五天便走人的。<u>弃我去者，可谓各有其因</u>，大部分都是家里有事了，结婚呀，盖房呀，或者母病父危什么的，都是一些客观琐事。（荆永鸣《取个别名叫玛丽》）

以往学者认为，文雅语体与白话语体的区别在于庄重与非庄重、正式与随便、典雅与通俗的不同（陶红印，1999；冯胜利，2006；冯胜利、王洁、黄梅，

2008；等等），是文体风格、庄雅度的差异。而作者认为，文雅语体在叙事体中不参与具体事件的叙述，往往是描写故事构件的情况或状态、提示事理原则、描写情景等（见例句画线部分），承担着意象具体化的篇章功能，不负责推动事件链的发展；白话语体主要承担推进事件进程的功能，白话语体与文雅语体的语体转换（style-shift）是一种表示要叙述事件进程或要呈现意象的篇章标志（discourse marker）。它们承担着不同的与前景、后景有关的篇章功能。

作者在文章中论证了文雅语体与后景的对应关系，而文雅语体相较于白话语体难度更高，这也证明了如果后景较少，前景较多，那么语篇难度等级相对更低，与本书中关于设景可以作为参数、低难度语篇前景凸显的观点是一致的。不过，本书中没有关注文雅语体的问题，叙事语篇中是纯白话，还是文白相间，二者的差异对语篇难度参数有哪些具体的影响，也是后续应该关注的问题。

不仅是语体差异会影响到语言形式，同一语体的不同进程，是静态的还是动态的，也会影响到语言选择。赵元任（1979）把口语细化为很多种类，如照稿子念的独白、有提纲的即席发言、面对面的谈话等，不同的类型会影响到输出时语法形式的选择，这是时下互动语言学研究者主要关注的内容。

互动语言学认为，自然口语中的句子是在真实时间内经成分的逐步递加（increment-by-increment）而构成的，是在线生成的，是即时浮现的，是通过互动达成的。一个句子或小句是说话人和受话人通过实时协调他们各自的行为而构建的，说话人、受话人都参与到话语的组配中，这是"行进中的句子的句法"[the syntax of sentences-in-progress，方梅、李先银、谢心阳（2018）]。口语互动、行进，以及交际中不同功能目的的变化影响到了后续语言形式的选择。从互动的视角看，话语中的话题链、链延续、小句排列组构、设景、零句等语篇参数的情况依旧是未知的。

刘云、储小静（2021）从语体视角切入，发现：说明类语体中，复句主要分布于前景，常见的是因果复句和转折复句，后景中相对常见的是转折复句。无论是事物说明文还是事理说明文，语篇前景复句均呈现低及物性特征，语法表现形式则不完全相同，复句的运用有明显的语篇动因，受制于语篇。李晋霞、刘云

（2021）进一步发现：论证语体语篇与说明语体语篇相同，也是一种低及物性语篇；而叙事语篇不同，它是一种高及物性语篇。在参与者、行为动作、体、瞬时性等及物性参数方面，不同语体的语篇存在着一定的差异。

考虑到上述诸因素后，语篇难度等级判定中的参数还有哪些变化，还能进一步提取出来哪些，都是有待进一步研究的。

我们目前对中介语语篇和留学生习得情况的分析是基于本体的研究参数。若本体参数更加丰富，更有说服力，那么对留学生语篇习得的考察也将更加全面。

6.4.3 二语学习者母语背景对语篇习得的影响

我们知道，学习汉语的留学生，其母语在语言类型上存在差异。英语是主语凸显型语言，日语、韩语是话题—主语凸显型语言，语言类型差异对其习得语篇会产生哪些正迁移、负迁移，我们还知之甚少。

目前有一些国别化的、针对具体问题的研究，如英语、日语、韩语背景的汉语学习者的话题句习得研究（曹秀玲、杨素英、黄月圆等，2006），英语国家学生、韩国学生书面语复杂度研究（吴继峰，2016，2018），日本学生整句、零句习得研究（马文津、施春宏，2016），欧美、日韩学生指称、照应、省略偏误情况的研究（曹秀玲，2000；周晓芳，2011；邢志群，2016；等等），针对泰国学生的语体习得能力研究（周芸、张婧，2010），等等。不一一罗列。总体上看，这些文章集中在几个研究热点，与本体的先行研究成果大体是一脉相承的，是基于本体的习得研究，这也就同样难以避免"点"状而非"带"状、"片"状研究的现象，难以避免零散化研究的问题。

本书尽管注意到了二语学习者语言类型问题、母语背景可能会影响汉语语篇习得的问题，有一些习得趋势方面的发现，但限于篇幅与主旨，并没有对话题—主语凸显的日韩学生、主语凸显的欧美学生的语篇习得情况做全方位的对比。

研究中，我们发现：在初级阶段，不同母语背景学习者（日韩或英语国家）习得语篇话题时的差异不显著。这与Jin（1994）和曹秀玲、杨素英、黄月圆等（2006）的观察基本一致，母语中话题相对凸显的日韩学生在习得语篇话题句时，其表现并没有好于英语国家学生。然而进入高级阶段，日韩学生母语背景（话题凸显）开始发挥作用，零指称使用更多，母语中话题管控能力强这一特征开始正迁移到汉语学习中。那么中级阶段情况又是怎样的呢？是怎样的一个连续统呢？这些都需要去做进一步的数据分析。

在这里，学习者所处的汉语水平阶段其实是一个自变量x，当自变量发生变化时，某种程度上会影响到因变量y，即y = f(x)，究竟是怎样影响的，需要依赖大量的数据去进一步分析。

另外，学习的具体内容、项目也是一个变量，内部关系比较复杂。

比如前面说到，习得话题链时，日语、英语（或欧美）背景学习者初期差别不大。习得空间关系时，在欧美学生内部，其母语在空间表达方式上便出现了差异。芬兰语、俄罗斯语在空间关系表达上与英语是不一样的，无论是表空间的介词还是格关系，那么这些母语差异是否会影响汉语习得呢？习得小句排列时，英语对于过去的表达有明确标记，而日语、韩语属于黏着语，通过后缀黏着来表达关系，那么在学习汉语小句排列时，这些差异是否也会带来影响呢？再有我们讨论的语篇中"了"的问题，日韩与英语国家学生的表现是否也存在差异？这些差异出现在什么汉语水平阶段呢？是初级阶段偏误相同，到高级阶段受母语语言类型影响出现了分化，还是初中高级偏误类型几乎一致？等等。

可以说，如果把学习者汉语水平阶段看作自变量x_1，那么，上述这些具体习得项目便是x_2、x_3、x_4、x_5……，它们形成复杂的组合关系，任何一个自变量的变化，都有可能引起因变量的变化，所以需要考察各种组合的表现。

按照不同语言类型，对这些问题可以展开做细致、全面的论述、统计与分析，是后续非常值得做的、很大的课题项目，是语言类型学视角下的习得对比研究，是非常重大的团队项目。尽管做起来相当有挑战性，但值得我们今后去探索、挖掘。

6.4.4 语篇研究成果的转化问题

关于应对留学生进行语篇教学，很早便有学者呼吁。陈灼（1991）提出应加强语篇研究，加强对留学生的语段教学。李杨（1993）也在论及中高级阶段汉语教学时，强调要培养留学生成段、成篇表达能力，借此来带动中高级汉语主干课教学。有鉴于此，《语法大纲》在1996年修订版中，补充了"多重复句"，新增了"句群"这一大单位。但多重复句依旧是用关联词语有标记地连缀小句的现象，重视的是小句间逻辑关系，与我们所说的语篇并不完全一致。

刘月华（1998）谈到，汉语教学过去一般是教到句子为止，因为过去的语法研究也是到句子为止。但目前看，句子并不是语法教学的终点，应加强连缀句子成篇章的教学。在篇章层面，一定要区别不同的语体，因为在不同的语体中，句子连成段落或段落连成篇章的连接成分与连接方式等都有所不同。对话体、非对话体不同，在非对话体中叙述体、描写体、说明体、议论体也有所不同。彭小川（2004）也呼吁，话语交际能力的培养决不是光靠字、词、句的训练就能奏效的，语篇表达能力在语言交际中有着不可忽视的重要性。作者继而在文章中对语篇教学内容做了说明，包括照应、省略、词汇衔接、句式选择等。

冯胜利、王洁、黄梅（2008）从语体的角度谈到，对学汉语的人来说，不但要能说正确地道的口语，而且要会写正式典雅的文章。这是语言输出的两大任务：口语输出、笔语输出。笔语输出主要体现在篇章层面。

然而，尽管学者们的呼吁已经是十几年、二十几年前的事情，但截至2020年的对外汉语教材中，相关教学内容依旧是停留在复句层面，尚未有语篇层面的教学讲解、教学设计、练习设计等内容。虽然说最近十几年语篇研究较比以往有了更多的进展，但成果转化依旧是待开垦的处女地。主要原因是：

第一，语篇研究尚没有系统化。目前语篇研究成果中，相对来说比较成熟的是话题指称、照应、省略等的研究。（陈平，1987，2015，2016；徐赳赳，1995，2010；肖奚强，2001；田然，2003，2004；等等）语篇中的句法现象研究有一些进展，但较为分散，不够系统。比如有研究语篇中"了"的使用问题的（徐晶凝，2014；朱庆祥，2014；李姝姝，2018），也有研究语篇中的连词的（姚双云，2015），还有研究篇章中的句法与设景机制的（方梅，2008，2019；李挺，2010；李晋霞，2017；郝琳，2018；等等），形成了局部热点，但未能形成整体的、系统的框架。这些研究依旧是在"种树"阶段，整体的"森林"究竟应是怎样的，有多大，应囊括多少树种，森林应分割成多少个块状，块状的边界如何，每个块状自己的主体支撑是什么，等等，依旧有待探索。

另外，目前语篇研究没太考虑到语篇文本的难度等级，所研究的语料绝大多数都是成人语篇，针对低难度等级的儿童语篇的研究很少。正如本书中所谈到的（如零指称与可及性），语料难度等级不同，语篇分析的结果也可能不同，所以要区分文本等级。总之，要做的工作还很多。

第二，不同语言类型的语篇习得研究依旧缺乏。习得研究是以汉语语篇本体研究成果为参照的，如果本体研究是零散的、点状的，那么势必会阻碍习得研究的进一步展开。前面已经论及，这里不再展开。

本体、习得方面的原因制约着语篇研究成果向对外汉语教学领域应用的转化，本研究也面临着成果如何转化的问题。

从本体上来说，我们探索了汉语语篇的难度级差，提出了几个衡量语篇难度级差的参数标准，丰富了本体研究的内容。同时，我们从习得角度，发现了留学生从初级到高级阶段，习得语篇时，在话题链、小句排列设景、整句／依附零句方面的发展趋势。那么，这些研究可以应用到哪些地方呢？虽然前面谈到语篇成果转化困难重重，但是研究者与教师仍旧需要从细微处入手，尝试一点一滴努力去做起来。万事开头难，不积跬步无以至千里，不积小流无以成江海，只要我们一点一点"种树"，如同西部治沙一样，那么，辛勤耕耘下便会逐渐形成语篇教学的"绿洲"和"森林"。

本研究的应用领域包括如下几部分：

第一，转化到教材编写中。

编写教材时，不应仅仅关注词汇是甲级、乙级，还是丙级、丁级，或句式的难度层级如何，而应增加篇章层面的标准，即话题链类型、延续值、设景机制等参数都应在考量范围之内。尤其是阅读文本，后景数量多少、前景是否凸显，以及依附零句怎样，都影响着文本的可输入性和难度等级。

第二，转化到写作教学中。

语言学习的目的或者说大量听和读的目的，是输出，输入服务于输出。有效的输出主要表现在口语的成段表达与书面语的写作中，而写作又是习得的难度高坡。针对不同水平的学习者，从话题链、链延续、前景与后景、整句与零句设置等篇章角度入手，构建出适合那个等级学习者的写作框架，必然会促进其写作输出水平的提高。

第三，转化到标准化考试中。

标准化考试目前有口语的HSKK，还有作文考试。评判标准目前是词汇难度等级、语法句式难度等级、连贯程度等。篇章层面优劣的判定有较强的主观性，我们的研究可以增强判定的客观性，增强考试评价系统的信度和效度。

第四，转化到计算机语言识别中。

计算机语言识别中，语篇的识别和解读是一个难点。链延续、话题共享、话题游移等可以为计算机更好地解读篇章提供参考。

可以看到，语篇方面需要探索的未知领域还很多，"语篇难度等级大纲"还是空白，"对外汉语语篇教学大纲"也是未见。语篇成果的转化及其如何转化是我们急需面对的课题。如果不着手开始做，那么，1991年便开始的"关注语篇教学"的呼吁，还可能继续停留在呼吁层面。

尽管语篇研究前期成果相对较少，研究中涉及的变量非常多，语料（母语、中介语）分析不易，但是我们依旧要在这片荆棘之地不懈地开垦，因为这里蕴含着宝藏，蕴含着趣味，蕴含着打开一些不解现象之门的钥匙。

路漫漫其修远兮，吾辈同人将上下而求索。

参考文献

曹秀玲，2000，韩国留学生汉语语篇指称现象考察，《世界汉语教学》第4期。

曹秀玲、杨素英、黄月圆等，2006，汉语作为第二语言话题句习得研究，《世界汉语教学》第3期。

陈平，1987，汉语零形回指的话语分析，《中国语文》第5期。

陈平，2015，语言学的一个核心概念"指称"问题研究，《当代修辞学》第3期。

陈平，2016，汉语定指范畴和语法化问题，《当代修辞学》第4期。

陈灼，1991，试论中级汉语课的设计，《中高级对外汉语教学论文选》，北京：北京语言学院出版社。

方梅，2008，由背景化触发的两种句法结构：主语零形反指和描写性关系从句，《中国语文》第4期。

方梅，2019，《汉语篇章语法研究》，北京：社会科学文献出版社。

方梅、李先银、谢心阳，2018，互动语言学与互动视角的汉语研究，《语言教学与研究》第3期。

冯胜利，2006，论汉语书面正式语体的特征与教学，《世界汉语教学》第4期。

冯胜利、施春宏，2018，论语体语法的基本原理、单位层级和语体系统，《世界汉语教学》第3期。

冯胜利、王洁、黄梅，2008，汉语书面语体庄雅度的自动测量，《语言科学》第2期。

郝琳，2018，反喻性"A 不是 B"句的语篇模式和信息组配，《汉语学习》第2期。

李晋霞，2017，叙事语篇的"前景—背景"与动词的若干语法特征，《汉语学习》第4期。

李晋霞，2021，从"话题—述题"看叙事语篇流水句的"断"与"连"，《语言科学》第2期。

李晋霞、刘云，2021，论叙事语篇与论证语篇的及物属性，《当代修辞学》第3期。

李姝姝，2018，汉语序列事件句尾句中"了"的隐现及其与后续句的关联，《语言教学与研究》第6期。

李挺，2010，叙事篇章中存现句的前后景转化，《当代修辞学》第6期。

李杨，1993，《中高级对外汉语教学论》，北京：北京大学出版社。

铃木庆夏，2010，论文白相间的叙事体中文雅语体形式的篇章功能，《语言科学》第3期。

刘英林，1996，《汉语水平等级标准与语法等级大纲》，北京：高等教育出版社。

刘月华，1998，关于叙述体的篇章教学，《世界汉语教学》第1期。

刘云、储小静，2021，基于篇章语法的说明语篇前景复句考察，《汉语学报》第2期。

马文津、施春宏，2016，基于整句—零句表达系统的汉语中介语篇章现象观察：以日语母语者汉语语篇为例，《世界汉语教学》第4期。

彭小川，2004，关于对外汉语语篇教学的新思考，《汉语学习》第2期。

陶红印，1999，试论语体分类的语法学意义，《当代语言学》第3期。

田然，2003，现代汉语叙事语篇中NP的省略，《汉语学习》第6期。

田然，2004，叙事语篇中NP省略的语篇条件与难度级差，《语言教学与研究》第2期。

吴继峰，2016，英语母语者汉语书面语句法复杂性研究，《语言教学与研究》第4期。

吴继峰，2018，韩语母语者汉语书面语句法复杂性测量指标及与写作质量关系研究，《语言科学》第5期。

肖奚强，2001，外国学生照应偏误分析：偏误分析论丛之三，《汉语学习》第1期。

邢志群，2016，美国大学生汉语作文省略偏误研究，《世界汉语教学》第4期。

徐晶凝，2014，叙事语句中"了"的语篇功能初探，《汉语学习》第1期。

徐赳赳，1995，话语分析二十年，《外语教学与研究》第1期。

徐赳赳，2010，《现代汉语篇章语言学》，北京：商务印书馆。

姚双云，2015，连词与口语语篇的互动性，《中国语文》第4期。

张伯江，2007，语体差异和语法规律，《修辞学习》第2期。

张敏，2019，时间顺序原则与像似性的"所指困境"，《世界汉语教学》第2期。

赵元任，1979，《汉语口语语法》，北京：商务印书馆。

周晓芳，2011，欧美学生叙述语篇中的"回指"习得过程研究，《世界汉语教学》第3期。

周芸、张婧，2010，泰国学生汉语谈话语体能力习得调查，《云南师范大学学报》（对外汉语教学与研究版）第3期。

朱德熙，1987，现代汉语语法的研究对象是什么?，《中国语文》第5期。

朱庆祥，2014，从序列事件语篇看"了₁"的隐现规律，《中国语文》第2期。

Jin, H. G. (1994). Topic-prominence and subject-prominence in L2 acquisition: Evidence of English-to-Chinese typological transfer. *Language learning*, *44*(1), 101-122.

附录 本书术语

典型范畴	prototype-based category
典型语境	home environment
顶峰标记	peak marker
顶峰句	peak clause
段落	paragraph
对比分析	comparative analysis
对话	two-way conversation

F

非内嵌依附小句	non-embedded dependent clause
非自足句	non-self-sufficient clause
分话题	subtopic
复现	reiteration

G

概括词	general word
概念功能	ideational function
概念结构的象似性	iconicity of the conceptual structure
功能句法	functional syntax
共指话题	co-referencial topic
关系小句	relative clause

H

合乎语法	grammatical
合用	well-used
后景	background
话题	topic
话题链（主题链、主题串）	topic chain
话题凸显	topic prominence

话语分析	discourse analysis
回应	coda
回指	anaphora
会话分析	conversation analysis

J

及物性	transitivity
监控	monitor
交际价值	communicative value
焦点	focus
接受者设计原则	recipient design principle
句子语言学	sentence linguistics

K

可及性标示语	accessibility marker
可及性理论	accessibility theory
可加工性理论	processability theory
可渗透性	permeability
空论元	null argument
跨度	scope

L

离境零句	minor sentence independent of context
理想认知模型	ICM (Idealized Cognitive Model)
连续的篇章	connected discourse
邻近零形回指	immediate zero anaphora
零句	minor sentence
零指称（零形回指）	zero anaphora

M

描写性关系小句	descriptive relative clause
名词性回指	NA（Nominal Anaphora）
模仿学习	imitation learning
目的语材料的过度泛化	overgeneralization of the target language linguistic material

N

内嵌	embedded
内容	content
内在性	innateness

P

偏爱的句式	the favorite sentence type in Chinese
篇章标志	discourse marker
篇章管界	textual boundary
篇章语法	discourse grammar
评述	comment
普遍性	universality

Q

前景	foreground

R

认知处理努力	cognitive processing effort
认知基础上的功能语法	cognition-based functional grammar
认知语法	cognitive grammar
认知语言学	CL (Cognitive Linguistics)

S

设景	grounding

石化	fossilization
时	tense
时间范围原则	PTSC (Principle of Temporal Scope)
时间顺序原则	PTS (Principle of Temporal Sequence)
事件整合	event integration
输入加工	input processing
述位	rheme
双重标记	double marking
碎句	sentence fragment

T

T单位	T-unit
同现	collocation

X

系统功能语法	systemic-functional grammar
下义词	hyponym
显性学习	explicit learning
象似性	iconicity
心智上的连贯性	the coherence in mental text
信息结构	information structure
行进中的句子的句法	the syntax of sentences-in-progress
虚化	grammaticalized
序列事件	sequential event
悬垂分词短语	dangling participle phrase
学习者语言	learner language
训练的迁移	transfer of training

Y

依附	dependent
依附小句	dependent clause
易推信息	accessible information
意象	image
意义	sense / conceptive meaning
隐性学习	implicit learning
语块	lexical chunk
语篇	text / discourse
语篇合法句	grammatical sentence in context
语篇倾向	discourse tendency
语篇衔接力	force of discourse cohesion
语篇语言学	text linguistics
语气	mood
语体倾向性	genre preference
语体转换	style-shift
语言的迁移	language transfer
语言运用分析	performance analysis
语域	register
元功能	metafunction
元话语	metadiscourse

Z

在境零句	minor sentence in context
早现性	early emergence
照应	reference
整句	full sentence

整句—零句	full sentence-minor sentence
指称距离	referencial distance
中介语假说	interlanguage hypothesis
中介语理论	interlanguage theory
种属型话题链	TC2
逐步递加	increment-by-increment
主次	cosubordination
主次型话题链	TC3
主题	topic
主题串	topic chain
主题凸显型语言	topic-prominent language
主位	theme
主要事件	main event
主要小句	main clause
主语	subject
追踪	track
子链	subchain
自立小句	independent clause
自足的	self-sufficient
自足句	self-sufficient clause
最简连接原则	principle of minimal attachment

后　记

经过几年的辛苦耕作、反复修订，这部探索语篇难度级差与语篇习得的书稿终于得以完成。抚今思昔，真是感慨良多。

二十世纪九十年代初，我偶然读到了系统功能学派创始人韩礼德先生的弟子北京大学胡壮麟先生的《语篇的衔接与连贯》以及留美学者曹逢甫先生的《主题在汉语中的功能研究——迈向语段分析的第一步》等著作，感觉它们跟以往的句法研究很是不同，非常有趣。于是教学之余，我结合课堂语料，写了一篇《外国学生在中高级阶段口语语段表达现象分析》，发表在1997年的《汉语学习》上，从此便与语篇研究结下了不解之缘。

由于那几年教学任务紧张，一直也没有时间或者说没有勇气去尝试申请大的课题。2010年研究生新年晚会期间，作为硕士生导师的我恰好坐在我们学校科研处处长张老师身边。张老师催促我申报教育部项目，二月份开学时提交上来。有了张老师的鼓励与点拨，我便鼓起勇气撰写了第一个教育部课题申报书，课题名称为"对外汉语语篇语法框架构建与研究"。

2011年7月，科研处通知我课题获得了教育部立项，真是幸运！

当时留学生数量很多，课时任务繁重，我很难找到整块时间来完成课题。幸运地，我遇到了第二位张老师，时任北京语言大学对外汉语研究中心（教育部重点研究基地，现更名为"汉语国际教育研究院"）主任的张博教授。2012年9月，按照我校政策，我去了汉研中心驻所，专门从事科研工作。

对外汉语研究中心有太多优秀的专家学者，从前辈赵金铭教授到中青年学者张博教授、孙德金教授、江新教授等，大家经常去外地交流学习，这种学术交流为长期从事教学工作的我打开了另一片天地，获益良多。在撰写完课题书稿，项目结项后，我意犹未尽，感觉还有一些问题值得探索，于是2014年申报了第二个教育部项目"现代汉语语篇难度级差及应用研究"（系列论文）。然后我就受学校派遣，去了英国谢菲尔德大学孔子学院工作。

在英国孔院工作期间，科研处老师通知我再次获得立项。孔院工作事务繁杂，科研时间从哪里来呢？只有在晚上看书、学习、写东西了。

英国的冬季是绵绵不断的雨，天早早就黑下来了，阴冷的漫漫黑夜里正好与学术研究为伴，这样也免得一个人在异国他乡寂寞。看书、写东西时，其实是非常充实的，一盏橘黄色的台灯，一台笔记本电脑，寂静的夜里常常忘记了时间。记得有一次，吃完午饭就开始写，由于太投入，写得顺手，等站起身时发现已是午夜十二点了，这才感觉有些头晕，连续写了十多个小时了，也没吃东西，也不知腰椎、颈椎是怎么撑住的。

2016年夏天回国后，基于前期研究，我申报了国家社科基金项目"基于语篇难度级差的汉语语篇习得研究"，2017年7月获得立项。2017年9月我再一次去到对外汉语研究中心，开始了课题研究工作。

驻所研究期间，我与同事们去了美国哥伦比亚大学、奥地利维也纳大学、澳大利亚悉尼大学、新西兰奥克兰大学等地开会，与海内外学者同行的交流让我切身地感受到了国际间汉语研究的脉动与最新趋势，所汲取的养分也点点滴滴地倾注到了自己的研究中。

几年下来，二十万字终于完成，其间我多次与同行专家研讨，向他们咨询并对书稿加以修订，快乐并痛着，痛并快乐着。尽管小心查证，谨慎落笔，然而语篇研究中变量太多，也受限于时间精力与水平能力，书稿中难免有纰漏谬误，恳请学界方家斧正，不胜感激。

回首过往，唯有感激！

感谢国家社科基金项目的资助，感谢北京语言大学的带课题驻所研究政策，感谢给我帮助的师长前辈与同事朋友们，感谢帮我搜集语料的研究生，感谢永远给我鼓励支持的家人！

　　感谢北京语言大学出版基金的立项资助，感谢北京语言大学出版社的支持，感谢出版社编辑老师的辛勤工作，让拙作得以与读者见面！

　　心存感恩，继续砥砺前行！

田然

2023年3月25日于北京学院路